文书学

韩 英 主 编

山东大学出版社

图书在版编目（CIP）数据

文书学/韩英主编．—3 版．—济南：山东大学出版社，2016.6
ISBN 978-7-5607-2252-8

Ⅰ．文…
Ⅱ．韩…
Ⅲ．文书学
Ⅳ．C931.46

中国版本图书馆 CIP 数据核字（2001）第 17277 号

山东大学出版社出版发行
（山东省济南市山大南路 20-2 号　邮政编码：250100）
山东省新华书店经销
济南新科印务有限公司
710 毫米×1000 毫米　1/16　16.25 印张　306 千字
2016 年 6 月第 3 版　2016 年 6 月第 10 次印刷

定价：32.00 元

再版前言

文书学是一门理论与实践并重的学科。在多年的教学实践中，我们特别关注党和政府对于公文工作的指导和意见。近年来，党和国家修订和颁布了一系列有关文书及文书工作的法规性文件。本书的修订与再版以国家新颁布的法规为依据，着重阐述了现行机关文书及文书工作的内容与要求，突出了文书学的实用性和现实指导性特征。

李晨、何晓倩、钮文婷、张瀚钰参加了本书的编写与修订。

由于编者水平所限，书中内容如有错误和不妥之处，恳请各位专家、读者予以指正。

韩　英

2016 年 3 月

目　录

绪 论

作为一门学科，文书学是以文书和文书工作为研究对象。文书的概念一直是文书学研究领域探讨的课题之一，有关论著中的表述也不尽相同。综各家之长，从广义上说，文书是人们用来表明意图、记录各种活动情况、进行各方面商洽和联系等所形成的书面材料。它应该包括“公务文书”和“私人文书”两大类别。“私人文书”，也有人称之为“私务文书”，它是个人根据自身需要，用来记载自身活动的文字材料，其种类、内容、保管方式等依个人需要不同而有别，应该有它专门的研究领域。我们这里所说的文书，主要是指公务文书，也就是人们常说的“公文”或“文件”。那么，什么是公务文书呢？概括地讲：公务文书是指国家机关、企事业单位、人民团体等法定的机关和组织，在其公务活动中形成和使用，作为传达意图、办理公务、记载公务活动的一种工具。它的形成必须遵守特定的要求和体式，并经过一定的处理程序。

对于上述概念，我们应着重把握以下几点：

1. 公务文书的形成，其作者身份具有法定的限制。

2. 公务文书有其特定的产生条件。

3. 公务文书有其特定的使用范畴。

4. 公务文书的形成在内容和程序上有其严格的规范和要求。

文书学的研究对象也包括广义和狭义两大方面。从广义上说，文书学的研究对象包括文书及文书工作的发展史，包括对各种专用文书和私人文书的研究。狭义的文书学主要有以下几方面的研究内容：

1. 现行国家机关、企事业单位、人民团体等所使用的公文种类及范畴，各类文书的撰写要求及方法，文书的体式与稿本。

2. 文书工作的性质与任务，文书工作的基本原则及要求，文书工作的组织方式与行文方式、行文规则。

3. 文书处理的程序及要求，文书立卷的原则与方法，案卷的整理与归档等。

从文书与档案的关系来看，两者既有联系又有区别。首先，二者的主要成分相同，绝大部分是文件材料，所不同的是，文书是指那些正在运转程序中、正在使用的文件材料，它们对各项工作正在发挥着其自身的作用；而档案则是那些文件材料在完成它们的“现实使命”之后，退出运转程序，并经过一定的程序加以整理、归类保管的文件材料。应该说，档案的绝大部分来自于机关、单位形成和使用的文件材料。概而言之，文书与档案既有着非常密切的联系，但同时又有着本质的区别。因此，在学习和应用的过程中，我们既不能模糊它们之间的界限，将其统而论之，也不能割裂它们的联系，将二者完全地孤立起来。

文书和文书工作的实践性都很强，在学习和研究的过程中，应重视实践的环节，理论联系实际。只有这样，才有助于我们在新形势下，探索出一条科学、高效的文书工作途径，从而提高文书工作的效率。

第一章 中国文书史发展概说

第一节 我国早期的文书与文书工作

据考古学家的发掘与考证，我国最早的公务文书是殷商时期的“甲骨文书”。那些被刻在龟甲和兽骨上的文字，在当时实际上就是一种官文书。据有关史料记载，殷商时期已有“史官”的设置，史官主要掌管王室活动的记录，并要在刻写的甲骨文书上签名，以示负责。殷商时期的甲骨文书内容已很丰富，涉及政治、经济、战争等情况，并且，从发掘出的完整的甲骨卜辞来看，殷商时期的文书已有了一定的格式。

周朝至春秋战国时期，文书及文书工作有了进一步的发展。成书于春秋战国时期，被称为“六经”之一的《尚书》，实际上是一部上古时期国家文献的汇编。它不仅收集了上古时期的公文，并将这些公文的文体划分为典、谟、训、诰、誓、命六种，此外还有盟约文书、诉讼文书、军事檄文等等。至周代后期，不仅公文的种类有所增加，公文被广泛地运用，而且在公文的草拟方面也有了较为严格的要求，并讲究一定的程序，说明公文在管理国家事务方面的作用愈来愈明显。

纵观我国早期文书及文书工作的发展线索，可以得出以下基本结论：

第一，公文的出现有赖于社会生产的发展，有赖于文字的出现，有赖于国家的产生。

第二，公文从其产生开始，它在国家、社会管理中的基本职能便已出现。

第三，早期的公文种类，随着国家事务的日趋频繁而趋于增多，公文的作用日益增强。

第四，在文种的使用上，虽然已有一定的区分，但仍未形成专门的文体，总体上看，在使用范围上还没有严格的规定。

第二节 封建社会文书与文书工作的发展概况

一、秦汉时期的文书与文书工作

秦统一中国以后，建立了强大的中央集权，促进了文书与文书工作的进一步规范和发展。《史记·秦始皇本纪》载："命为制，令为诏。"《文心雕龙·章表二十二》称："秦汉之辅，上书称奏。""制"，是专门用来记载和发布帝王的言论和国家典章制度的文件。"诏"，是帝王向臣下发布命令的文告。"奏"，则是臣下给帝王的一种上行文书。可见，秦汉时期，对于文种的使用已经有了较为固定的规范，像皇帝专用的"制"和"诏"，臣子所用的"奏"，都有其专用的名称和内涵。此外，秦汉时期的文书工作已经具备了一定的规模，由尚书负责皇帝的文书工作，所有的诏、令须经尚书转达丞相府颁布施行，所有的章、奏也要由尚书转呈皇帝。在汉代，负责文书工作的，除尚书外，同时还有中书官的设置。东汉还专用宦官作中常侍，掌管皇帝的文书工作。到了东汉后期，尚书台已发展成为国家的政务中枢，取代丞相府负责皇帝的文书工作。此外，汉代文书及文书工作的发展还表现在公文文种的增加和各文种使用范围的进一步明确上。如臣下上行皇帝的公文除使用"奏"外，还增加了章、表、驳议。而皇帝的下行文书，除"制"和"诏"外，另增加了策书和戒书。正如汉代蔡邕在《独断》上卷中所载："凡群臣上书天子者，一曰章，二曰奏，三曰表，四曰驳议。""凡天子命令，一曰策书，二曰制书，三曰诏书，四曰戒书。"南朝刘勰在《文心雕龙》中对汉代新增文种的使用解释道："章以谢恩，奏以按劾，表以陈情，议以执议。"而"策"则用于加封，"戒"用于告诫。

从秦开始，在公文的使用上已有了较为明确的体式，同时还出现了"避讳"制度，如在行文中出现帝王的名字，则应回避，用别的字来代替。而且，秦时还形成了严格的用印制度，公文的管理更加完善。

二、魏晋南北朝时期的文书与文书工作

魏晋南北朝时期，战乱纷争不断，政权更替频繁。文书工作方面各朝承袭前制，仍然有了一定的进步。随着文书工作的发展，产生了许多撰写公文的专门人才。魏晋始设中书省，代尚书省之后成为总揽皇帝机要的文书部门。

这一时期使用的公文种类及用途主要是：

令——秦时将令改为诏，南北朝时期又改为令，并将其专用于皇帝出巡及皇太子监国方面。后期，其使用范围有所扩大。

符——用于中央给下级的发文。

启——主要用于陈情、谢恩、举荐等。

檄——即军事公文。

笺——主要用于大臣给皇后和皇太子的文书。

此外，魏晋南北朝时期所使用的公文，除制、诰、诏、章、表、奏、议等仍沿用前朝惯用体式外，其他新增文种一般都规定了新体式。

三、隋唐时期的文书与文书工作

隋唐时期，文书与文书工作又有了进一步的发展，由尚书、中书、门下三省共同负责文书工作，即由“中书出令，门下审议，尚书执行”。到了唐代，三省制更加完善，同时，门下省的职权趋于加强，专门负责对公文的审议和封驳。封即指封还皇帝所下的诏敕，驳是指驳回臣下所上的章奏。可见，门下省担负着对公文内容的审核把关。此外，唐代在文种的使用上又有了新的规定。据《唐六典》记载，唐朝的公文有着一套较为严格的行文规范，公文分为上行、下行、平行三种不同的行文方向，不同的行文关系使用不同的文种。下行文主要有制、敕、册、令、教、符；上行文主要有表、状、笺、启、辞、牒；平行文主要有关、移、刺。可见，唐代公文的种类较之前代有所增加，而且在公文的使用上也按各自的级别有着较为严格的划分。

除上述公文种类外，随着政治的发展，经济的繁荣，唐代还增设了其他文种，主要有：

批答——皇帝对臣下所上章奏的批示答复。

堂案——唐代的法律文书，记载着对各类事务的裁决和处理。

堂帖——唐时的行政文书，唐朝宰相用以“处分百司”。

奏弹——用以弹劾百官。

此外，还增设了转贴、奏抄、咨报、榜子等文种，使唐代的公文在使用上更趋严格化。

唐代的文书工作制度也十分严密，诸如避讳制度、收发制度、用印制度、登记制度、传递催办制度、移交制度、保密制度，等等。同时，唐代还设有甲库，设置了甲库令史，专司文书的管理工作。

可以说，隋唐时期，为中国封建社会公文制度的建立和健全奠定了基础。

四、宋元时期的文书与文书工作

宋元时期，文书与文书工作又有了进一步的发展和变化。这不仅表现在文书种类的进一步完善上，还表现在文书工作制度的进一步规范化方面。宋代所用的文种主要有以下各类：

册——是皇帝用于册立皇后和太子、分封诸侯百官的诏书。

敕——是皇帝发布的用以晓谕军民、警戒百官的文书。

御札——是皇帝所用发布重大的军政命令的文书。

表状——主要用于庆贺、陈谢、陈乞、论谏、弹劾等。

关——主要用于各官府之间，用来互通情况。

移——用于移交某事于其他官府办理。

咨——各官府之间商议、征询所用。

宋代在文书程式方面，开了文书摘要之先例，实行“引黄”之制，即在文书的封皮上标明公文的主要内容和递送的日月道里，对公文程式的变革起了重要的推进作用。

宋元时期，虽承袭了隋唐时期的文书制度，但“三省制”已徒具虚名，“三省”只负责行政文书，另设枢密院掌军国机务。同时，宋代还设有通进司、进奏院、开拆房、催驱房，负责文书的收发、登记、传递和催办。

元代撤销了门下省、尚书省，中书省总揽一切政务，公文的承办工作，也由中书省负责管理。

随着元朝的灭亡，隋唐时期建立起来的三省制度也随之被撤销。

五、明清时期的文书与文书工作

明朝建立以后，对中央机构作了较大的调整，废除了三省制，由内阁掌管中央的文书工作，由内阁大学士协助皇帝处理政务。

明洪武十年（1377），设立了“通政使司”，掌内外章奏、封驳和臣民密封申诉之事，为明代中央重要的收发文机构。其长官为通政使，佐官为副使及参议。

清初沿袭明朝的制度，由内阁负责文书工作。通政使司仍然负责文件的收发。另设奏事处，专司机密奏折和诏令的收发。还设有南书房、军机处，掌管军国之要，“掌书谕旨”。

明清时期，文书制度更加严密，文种的使用名目繁多，公文程式更趋严格。

第三节　民国以后的文书与文书工作概况

鸦片战争以后，西方殖民势力侵入中国，中国沦为半封建半殖民地社会，清王朝的政府机构也发生了新的变化。清政府先后改组了各部衙门，增设了一些新的政府机构，如增设了商部、巡警部、学部，改组了外交部、度支部、陆军部、法部，出现了近代形式的国家机关，改变了过去六部分工的旧模式，采用新的分科治事制度，设置了新的文书机构，掌管机关的文书、档案、印信等。

宣统三年（1911），清政府颁布了《内阁属官官制》，在内阁中设置了承宣厅、制诰局，总揽文书工作。在内阁下属各部，也相应设立了机要科、案牍科、秘书科等机构。机要科主要负责掌管机要文书，案牍科掌管文档，秘书科负责一般文书的收发管理。

鸦片战争以后，由于社会性质的改变，使清朝后期的文书制度也发生了相应的变化。这些变化不仅表现在行文关系以及公文体式等方面，同时还表现在增加了许多新的文种。这些文种主要是为了外交的需要，如照会、国书、条约、全权证书、出使报告、护照等。

辛亥革命结束了中国两千多年的封建帝制，建立了中华民国临时政府，产生了中国历史上第一个资产阶级性质的国家政权。临时政府成立以后，很快就明确宣布废止了封建王朝的旧式公文制度，废除了封建社会沿袭了几千年的制、诏、诰、敕、奏、议、疏、题等旧式公文种类，公布了体现资产阶级民主精神的新文种，如令、咨、呈、示、状、批、公函、布告等，同时，对封建王朝的公文处理程序进行了彻底的改革。临时政府各部均设有承政厅，设置秘书长一名，总理厅务，掌管机要文书。承政厅分纂辑处、文牍处、收发处、监印处、庶务处、会计处，各处分置秘书一名，分掌各处公文及其他事务。政府各部的公文运转，通常由收发处送达秘书长、次长、总长依次审核，然后再分送各主办单位拟稿，由监印处用印，最后由收发室封发。

南京临时政府的总统府下也设立了秘书处，参议院设有秘书厅，各局、部设有秘书室、秘书科。各省都督府也设立了秘书员。从事专职文书工作的官员在政府称“书记官”，在军队称“军书官”。

辛亥革命以后南京临时政府的成立，使文书工作得到了普遍的开展并逐渐形成为一种制度。特别是临时政府明确提出的公文改用白话文的规定，使公文语言日益与人民接近，这不仅是中国公文发展史上的一场巨大的变革，同时也是一种社会发展的巨大进步。

北洋军阀时期是中国近代史上的最黑暗时期。袁世凯称帝以后，于1914年5月炮制了所谓的《新约法》，废除了国务院，改设政事堂。又改官制，将总统府秘书改称“内史”，秘书长改称“内史长”，将秘书厅改称“内史厅”，把“呈”改为“奏”，恢复了封建公文制度和御用的公文体式。

1916年袁世凯的皇帝梦告破，又恢复了国务院，总统府、国务院及各部的秘书厅等机构也相继恢复。

国民党统治时期，为强化其统治，使政府机关的文书工作趋于健全。中央政府和各省政府都设有秘书处，有秘书长、秘书等官职；行政、立法、司法、考试、监察五院和行政院所属各部也分别设有秘书处，分管各院、部的文书工作。

国民党政府自上而下虽然建立了一支庞大的文书工作队伍，但由于政权的腐败，机构的混乱，官僚主义、文牍主义的泛滥，使国民党政府机构的办文效率低下，公文缺乏权威。为改变此种局面，国民党政府曾先后多次地进行了所谓的公文“改革”。

首先，国民党政府多次颁布了有关文书和文书工作的条例，详细地规定了公文的名称、用法、格式、撰写要求等。关于公文种类，国民党政府于 1928 年 11 月公布了《公文程式条例》，规定使用的文种主要有：令、训令、指令、布告、任命状、呈、咨、公函、批。实际上基本恢复了南京临时政府首倡的公文程式。其后，公文种类有所变更。在公文的撰写方面，提倡改用白话文，公文分段落，使用标点符号，公文的格式包括标题、文种、文号、发文时间、收文机关、正文、签署、用印等。在行文规则方面，要求不越级行文，公文不直达非所属机关。在公文处理程序上，收文程序大致包括收文、审阅、分送、拟办、检查、归档等。发文程序包括拟稿、核签、撰稿、核判、缮校、用印、封发等。此外，还建立了公文保密制度。

其次，国民党政府又开展了以减少发文数量、简化运转手续为宗旨的一系列“改革”运动，1933 年，推行了“文书档案连锁法”，1938 年，又颁布了《公文改良办法》。此间，国民党政府行政院设立了“行政效率研究会”机构，以期改变政令难以施行的困难局面。1940 年，又颁布了《行政三联制大纲》。1945 年，颁发了《公文手续简化办法》。1947 年，开展了所谓的“文书处理竞赛运动”。

上述种种“改革”，都未能从根本上改变国民党政府的政治腐败局面和办文效率低下的状况，这是由其政权性质所决定的。

第四节　中国共产党领导下的文书与文书工作

中国共产党的成立，使新的文书与文书工作随之诞生。

建党初期，由于党员的人数少，组织机构相对简单，文秘工作主要由党组织的负责人兼管。随着中央和地方各级党组织的建立，1923 年，我党建立了秘书制，并在中央和一些地方机关设置了秘书，负责文件的草拟、传递、记录和管理，总揽全党的机要文电工作。1926 年，为了重点抓好党的机关工作，党扩大了秘书建制，设立了中央秘书处，地方党组织和党所领导的工会组织也设立了秘书处（科）。1927 年，为适应当时的斗争环境，党中央采取了一些相应的措施，进行了相应的机构调整，取消了中央秘书处，改设文书科，并决定在全国建立秘密交通网，以确保党的文件的递送安全。经过一段时间的恢复调整，党组织又有了新的发展，中央秘书处和各省秘书处相继恢复，文书工作又得以健全。在中央、各省的秘书处中，均设有秘书长，其下设有秘书科、交通科，分别负责文件的处理和传递工作。在当时的白色恐怖下，党的文件从撰制到传送、保管等环节均须采取十分保密的方式，以确保文件的安全。

党十分重视文书工作，并不断地加以具体的指导。1928 年 12 月，党中央发出了《中央关于文书工作给各省委的通知》和《中央关于秘密工作的技术问题的通知》。1931 年，党中央发布了《文件处理法》。这些文件的发布，对我党早期的文书工作起到了重要的指导作用。

这一时期，党的许多主要领导人都是亲自动手写文件。党的第一次代表大会召开期间，毛泽东同志既是代表又是秘书，会议的许多文件都是他亲自动手写成。党的三大决定建立秘书制。当时，秘书的地位很重要，是组织领导成员之一，“本党一切函件须由委员长及秘书签字”。毛泽东第一个担任了中央秘书，同时担任中央局委员和中央执行委员，起草了许多重要文件。

我党早期召开的几次代表大会所通过的党纲、党章，都是党的重要的纲领性文件。除此之外，党在这一时期所使用的公文种类还有会议纪要、决议案、通告、通令、通电、函、信、布告、宣告、宣言、公开信、告同胞书、考察报告等。

党的六大前后，在革命根据地成立了各级工农民主政府，政府中实行秘书制。1931 年 11 月，中华苏维埃共和国中央临时政府成立，曾一度将秘书部门改为总务部门，在中央政府各部及省、县、区各级执行委员会下，设总务厅（处），其下，均设有文书、收发、印刷、交通等股，保证了文书工作的顺利进行。

抗日战争爆发后，实行第二次国共合作。1938 年 4 月，晋察冀边区行政委员会发出了《改革公文程式的理论与实践》的指示，其后，又发布了《公文程式再加改革令》。陕甘宁边区政府也颁布了《陕甘边区新公文程式》等文件。这一系列文件的发布，对公文的名称、体例格式等方面都作了许多具体的规定，其中尤其重视公文的撰写。同时，建立了文件的统计制度和催办制度，逐步建立和健全了文书工作体制，提高了办文的质量和效率。

延安整风时期，全党整风运动对文书工作产生了深远的影响。同时进行的文书与文书工作的改革，在反对文牍主义，反对党八股，精简和调整文书工作机构等方面均取得了重大的成效，是我党建党以来在文书工作方面的一次重大建设。

解放战争爆发后，形势发展很快。随着解放区的迅速巩固和壮大发展，政府组织机构进一步完备，解放区的文书与文书工作也得到了迅速的发展，呈现出新的面貌。

一方面，公文在文种的使用、格式规范等方面趋于统一和正规。从文种的使用上看，行文关系进一步明确，对文件的用纸和格式也有了统一的规定。文种的名称进一步确定，并对使用范围作了明确的划分。上行文主要有请示、报告、签呈、转呈、呈文等；下行文有令、指令、通令、训令、指示、批复、布告、通知、通报、函、条例等；平行文主要有通知、函等。

另一方面，在公文处理程序方面则更加严密和规范，不仅明确了收发文的基本程序，同时对每一道程序的要求也作了明确的规定。

新中国成立后，在认真总结前期文书工作经验的基础上，进一步加强了机关的文书工作，发布了一系列重要的文件，奠定了新时期文书工作的基本原则，使文书和文书工作迈上了科学、高效之路。

第二章　公务文书及其作用

第一节　公务文书的性质

如前所述，公文是党政机关、企事业单位、法定团体等组织在公务活动中形成和使用的书面材料。公文在党和国家的各项工作活动中发挥着重大的作用，并受到领导机关和文书工作者的重视。明确这一问题，无论在理论上还是在实践上都具有十分重要的意义。

公文的本质属性是什么？探讨这一问题，必须将公务文书与其产生的基础条件相联系。

公文是在各机关、单位的公务活动中形成的，反映机关单位工作的基本面貌，这便是公文赖以存在的基础，也是我们认识公文本质属性的关键所在。可以说，公文的本质属性就是它的现时执行性，亦即它的现行效用。公文的这种本质属性又主要体现在公文具有针对性、政策性、指导性等方面。

第一，正是由于公文在公务活动中形成和使用，所以，它总是针对或为解决某些具体问题而产生。公文是实际工作的总结和反映，它一经形成，就要用它特有的权威去指导实际工作。没有公务活动，公文就失去了它赖以存在的基础；不将公文结合于实际，它就没有了存在的价值。

第二，各机关、单位对每一件具体问题的处理，都必须有一定的政策依据和法律依据。而党和国家的方针政策、法律法令正是通过制发文件来实现其作用。例如，中共中央的文件传达了我们党的各项方针、政策，是全国各族人民的行动指南，是全国各条战线、各项工作的准绳。国家各级行政机关所发布的文件，代表了各级政府的领导意图。所以说，公文本身具有政策性，是各机关、单位办事的依据。

第三，党和国家制发的各类文件，在贯彻实施的过程中，对各种问题的解决和各项公务的办理又具有重要的指导性。因为每一份文件的制发，总是为了解决一定的问题；而每一项具体问题的解决，正是需要贯彻执行文件的精神，或者通过文件的具体指导。因此，从这个意义上说，公文的本质属性又表现在其对问题的解决具有具体的指导作用上。上述各方面，也是我们区别公务文书与其他文字材料的基本依据。

公文的这种现时执行性，包含了两个方面的含义：

其一，文件一经制发，就必须认真贯彻执行，不打折扣，使文件真正发挥出它的权威性和指导作用。

其二，从时间概念上看，文件的这种现时执行性是有时间规定的。从这个意义上说，每一份文件都有它的现时作用，但任何一份文件都不可能永远有效。随着形势的发展变化和时间的推移，原有的文件终究要被新产生的文件所代替，任何一份文件，总有它现时使命的完结，或者由于其他的原因，其内容已经过时，不再有执行性了。因此，文件的现时执行性，是所有文件的共性。但就每一份具体的文件来说，其时间的长短就不同了，没有一个统一的固定期限，要根据每一份文件的具体情况来定。如法规性的文件，长期的计划性文件，它们的执行时间就较长。而像一份一般事项的通知，在办理完毕以后，它的现时使命也就随之完结了。

以上，我们探讨了公文的本质属性，这是我们认识文件的特性应首先把握的问题。除此之外，公文还有其他属性，如公文具有政治性、机要性、权威性等等。这些，也是我们在学习和应用中应该注意了解和掌握的。

第二节　公务文书的特点

如前所述，公文本身也是一种书面材料。在这一点上，与其他的书面材料如报刊上的文章、作品一样，都能够表达意图、交流思想、沟通信息。但是，公文绝不是一般意义上的书面材料，与一般的文章、作品等相比较，公文有其自身的特点。公文的特点，主要通过以下三方面来体现：

一、公文由法定的作者制成和发布

这里所谓“法定的作者”，是指那些依法成立，并能以自己的名义行使法定的职能和权力，并担负一定的任务、义务的组织。党和国家机关、企事业单位、人民团体等，都是依据国家有关的法律、条例、章则、决定等成立的，譬如，各级党的组织、人民代表大会、人民政府，就是根据《中国共产党章程》《中华人民共和国宪法》及有关的《组织法》建立的，在《章程》《宪法》和

《组织法》中，就相应地规定了这些国家机关的职能及其制定和发布公文的权限。如《宪法》中规定了国务院可以根据宪法和有关的法律，规定行政措施，制定行政法规，发布决定和命令。在《中国共产党章程》中，也具体规定了各级党的领导机关和党的基层组织的权限与义务。

文件的作者指的是发文的名义。一份文件以谁的名义制发，要看文件的性质和发文机关的职责权限。如中共中央文件、国务院文件、某省人民政府文件、某县县委组织部文件、某市某局文件等，就是以不同的名义制发的。在发文的名义上，通常公文是以机关的名义发布的，也有的文件是以机关的一个部门的名义制发，还有些文件是以国家的领导人和机关的首长、负责人的名义发布，如以人大常委会委员长、部队首长、学校校长的名义发文。

在这里需要说明的是，领导人的职务，有的是经过一定的选举程序产生，有的是由上级委任和批准，所以，以领导人的名义发文，并非以领导人个人的身份出现，而是代表领导人所在的机关或单位；以领导人的名义发文，是领导人行使其法定职权的一种具体体现。以领导人名义发文时，应在其姓名前冠以领导人的职务身份，如“省长×××”“××大学校长　×××”等。

除了上面所讲的具有发文权限的法定的机关、组织、领导人之外，任何人都无权假冒任何机关和组织的名义发文。我国宪法规定，对于那些伪造、变造国家机关、企事业单位和人民团体公文的犯罪分子，必须依法治罪。

二、公文具有法定的权威和效力

公文的作者是法定的，就必然决定了公文的法定权威性和行政效力。这也是公文与其他文字材料的显著不同之处。一般的文字材料，作者不受身份的限制，内容上可以阐述个人的观点，但不能将其观点强加于人。而文件却不同了，它是机关的喉舌，可以代表机关发言，体现机关领导人的意图，代表机关行使其法定的职权，是机关间沟通情况、开展工作、解决问题的一种依据。例如，中共中央的文件，代表和传达了中央对全党和全国工作的部署。再如某行政机关的发文，也体现了这一行政机关的职能和职权范围，具有行政领导和行政指挥作用。此外，就任何一份具体的文件来说，都有它自身的特定效用，代表着发文机关的意图。

三、公文具有特定的体式

公文的文体、结构、用纸尺寸、文件标记等都有统一的规定，这是国家为了维护公文的严肃性、权威性，保证公文的效用，方便各机关的办理所作出的体式上的规定。对此，各发文机关必须严格遵守，任何人都不得随心所欲，标新立异。

文件的制发和处理也必须依照一定的程序来进行。收文有收文的程序，发文有发文的程序。如收文一般要经过登记、分办、批办、承办、催办等环节；发文一般要经过拟稿、核稿、签发、缮印、用印、传递等环节。无论是收文还是发文，各环节又有各自不同的要求和规范。任何一份文件都必须经过一定的程序才能形成；任何一份文件，也只有经过一定的程序才能发挥作用。

其他的文字材料则不同。虽然其他的文字材料也是经过一定的步骤来完成的，也有一定的格式，但两者的区别关键在于：公文的体式和程序是一定的，是有依据的，是由公文的性质所决定的，是不能别出心裁，擅作处理的。

第三节　公务文书的作用

概括地说，公文的作用表现在它可以传达、贯彻执行党和国家的方针政策及管理机关各项事务，沟通机关、单位之间的联系，处理机关、单位的各种问题。具体说来，其作用主要有以下方面：

一、事务管理作用

公文具有管理国家事务的基本职能，这一点，从公文产生之日起就已经表现出来。据有关学者考证，“公文”一词，最早见于西晋时期陈寿的《三国志》中，其中记载道：“辄白曹公，公文下郡，绵绢悉以还民。”另据《后汉书》记载：“但更相告语，莫肯公文。”虽然在公文产生之初，并未冠以“公文”之称，而且各朝各代对公文的称呼也不尽相同，但公文在管理国家事务中的作用却是伴随其产生就已表现出来。

从现行机关的运行来看，各机关对其所属的地区、系统、单位等活动实施管理，离不开公文。各机关通过制发公文来表达意图，传达组织、协调、指挥、控制等方面的意向，实现其管理职能，使所属的下级机关和单位统一在一定的目标之下，形成一个目标整体，从而提高运转效率。

二、行为规范作用

首先，公文是法律规范的体现形式，而法律法规则是人们的行为准则。在一个法制社会里，人人都应知法守法，各行各业都必须遵守法律规范。法律法令在保证正常的社会秩序，安定社会生活，保证人民的合法权益等方面发挥着极其重要的作用。如《宪法》是我们国家的根本大法，依据《宪法》制定的其他基本法，以及相关的规定、制度、办法等，都具有规范作用。

其次，法规文件也是我们进行各项工作，开展各项活动的基本依据，法规文件一经颁布生效后，其权威性极强，约束力极强，必须坚决执行，严格遵守。

三、领导和指导作用

公文是上级机关对下级机关的工作进行领导与指导的一种工具。上级领导机关通过制发文件来部署工作，对下级的工作进行具体的领导与指导。如一项指示性的通知，对下级请示事项的批复等，都体现出了这种上下级之间的领导与被领导的关系。当然，这种领导与指导的作用也可以通过直接的面对面的形式来实现。但在一般情况下，对于一些重大问题的处理，对于一项重大工作的部署，对于一些重大事项的决策等，则更适宜采用书面的方式来进行，这样可以更多地体现法规性和政策性，避免随意性，使下级的工作依据性更强。譬如，上级领导机关通过下发决定、命令、通知等文件，阐明方针政策，安排工作计划和步骤，提出完成工作的要求，领导和指导着各条战线的工作。

四、公务联系作用

一个国家的管理包含着自上而下的完整体系，是一个系统的网络，而每一个机关单位就好比这个网络中的一个结点。各机关单位在处理日常事务的工作中，经常要与上下左右的有关机关单位沟通联系。例如，下级机关向上级机关呈送的请示、报告等文件，能使上级机关及时了解和掌握下级机关的信息情况，从而使上级领导机关更有针对性地指导下级的工作。而上级机关给下级机关的发文，也使下级及时地掌握了上级领导的指令，从而更好地完成自己的工作任务。同时，各机关单位也不是孤立地存在的，在处理各自的日常事务时，也要与相关的机关单位进行联系。即使是不相隶属的机关单位之间，也可以通过公文的往来，彼此沟通信息。所以说，往来公文是各机关、单位之间进行各方面公务联系的一种必不可少的手段。

五、宣传教育作用

颁发文件是宣传党的路线、方针、政策的一种重要手段，同时，也是教育广大干部和群众的一种重要方式。党和国家的各项方针政策和法律法令的贯彻实施，各项工作任务的完成，虽然离不开行政命令，但主要不是依靠行政命令。因为如果不使这些方针政策和法律法令深入人心，使广大人民群众自觉地来贯彻执行，单靠行政命令是行不通的。所以说，党和国家制发的各种指导性和领导性文件，不仅是下级机关单位重要的办事依据，同时也是很好的宣传教育工具，起着重要的宣传教育作用。

六、凭证、依据作用

公文的凭证和依据作用是很明显的。首先，公文是机关、单位在公务活动中形成的，所以，公文便成为各机关、单位各种公务活动的真实记录。其次，绝大多数的公文在进行公务联系的同时，都具有一定意义上的凭据作用。因为每份文件在传达发文机关意图的同时，又是收文机关处理工作的依据。而且，当这些工作完成之后，围绕此项工作所形成的文件，自然就成为这项工作活动的记载，可以留作日后查考的凭证。还有一些文件如会议纪要、会议记录等，本身就有十分明显的凭据作用。而那些在程序上已经办理完毕，丧失其现时执行效用的文件，其中具有保存价值的，就转化为历史文件。历史文件的凭据作用也是很突出的，是人们日后进行查考的重要资料。因此，凭据作用不仅表现在文件发挥现行效用期间，而且还表现在文件能够作为档案保存的重要依据。

第三章　公务文书的种类

第一节　公务文书的分类

公文的使用范围很广，不同性质、不同类型的机关和组织单位，在其工作活动中，都会形成和使用公文。但由于公文所反映的问题是各种各样的，而各机关和各组织单位又都有着自己的职能和活动范围，所以，适合各种不同机关和组织单位的各种业务活动的需要，就相应地形成了各种类型的公文，可谓数量大，内容多。为了更有效地使用和管理公文，为了保证文书处理工作更加高效地进行，就需要从各种不同的角度对公文进行分类。当然，对公文的分类方法也不尽相同。在这里，我们主要介绍几种最基本的分类方法。

一、从公文的来源上划分

一个机关和组织单位所形成的全部公文，其来源是不同的。

一类是由本机关、单位制发的，用来表明本机关、单位的意图，发往外机关、单位的公文。这部分公文我们可称之为对外公文或外发公文，简称“发文”。如各省人民政府给下级机关、单位的通知和命令等，各机关给上级机关的请示和报告，从制发机关的角度来看，都是发文。

一类是外机关、单位制发的，用来传达其意图，发送到本机关、单位的公文。如某省人民政府给某市人民政府的批复，从制发机关——省政府的角度来看，是发文；而从文件送达的机关——某市人民政府的角度来看，就是收来文件，即收文。

还有一类公文，制发以后是在机关、单位的内部使用，如内部的工作计划，所制定的有关规章制度，所形成的各种会议记录、电话记录等。这类文件材料虽然也有重要的使用价值和查考利用价值等，但通常不外发，我们称之为

“内部公文”。当然，这种归类也并非绝对。比如上面提到的工作计划和规章制度等，有时也需要报送上级领导机关了解或备案，这样，这些文件就可能既是内部文件同时又是外发文件了。

以上，我们从公文的来源上将其划分为发文、收文和内部公文三大类。任何一个机关和单位，根据其职能范围和业务需要，都会形成数量不等的发文、收文和对内文件。可以说，从来源上对公文进行分类，是区分公文类别的最基本、最常用的方法。

二、从行文关系上划分

首先，我们来明确一下行文和行文关系的含义。

行文，指的是一个机关单位给另一个机关单位的发文。

行文关系，是指发文机关单位和收文机关单位之间的关系，亦即由组织系统、领导关系和职权范围所确定的机关单位之间的文件授受关系。

那么，从收文机关和发文机关之间的工作关系上看，既有相隶属的上下级之间领导与被领导的关系，也有不相隶属或平级的关系。因此，按收发文机关之间这种不同的工作关系来划分，可以将公文划分为上行文、下行文和平行文三大类。

上行文。上行文是指下级被领导机关向它所属的上级领导机关的行文，即自下而上的行文。如，下级机关上报的工作报告、请示等。通常，上行文是下级机关向上级机关汇报工作、反映问题、请示事项、请求工作指导等方面的文件。

下行文。指的是上级领导机关给所属的下级机关的行文，即自上而下的行文。如，某省人民政府对所属市人民政府的行文即属此例。再如，国家教育部给所属高校的行文也是下行文。下行文常用的文种有命令、决定、通知、批复等。

平行文。是指同级机关单位或者没有隶属关系的机关单位之间的行文。如国务院各部之间，某省政府与另一个省政府之间，一个省的厅、局之间，都是平级关系，彼此之间的行文就是平行文。再如，政府与部队之间，部队与学校之间，没有隶属关系，它们之间的行文，也是平行文。平行文常用的文种有知照性的通知、公函等。

以上我们所说的三种不同的行文关系，并不是仅从发文的角度来看，而是从收发文机关工作关系的整体方面来考虑的。由于工作关系的不同，就决定了三种行文的性质和作用的不同。不同的行文关系，使用的文种各有不同，写作要求也不一样。这些方面，我们将在以后的章节中加以叙述。

三、从公文的制发机关和公文的性质来划分

从公文的制发机关和公文的性质来看，可以把公文划分为以下几大类：

法规文件。指的是由国家权力机关和行政机关制发的法律法令和行政法规。法规文件具有极强的权威性和强制执行性，它要求有关单位和人员必须坚决执行。法律法令是管理国家事务、调整各种社会关系和经济关系的重要工具；行政法规是国家机关关于行政措施、行政规范等方面的命令、决定、规定等。

行政文件。主要是由行政机关制发的为实施领导和指挥、处理日常工作所使用的文件，如各级政府所发布的命令、通知、通报等即属此类。

党内文件。是由党的机关制成和发布的，用以体现党的领导活动和组织建设、思想建设的文件。当然，党的文件也不是只发给党组织，有些也发给政府机关。在这里，我们主要指发给党组织或只在党内阅读的文件。

报请性文件。这类文件主要是指下级机关上报上级机关请求批准和答复事项的文件，如请示、报告等。从性质上看，这类文件体现了不同的工作关系，在使用上有特别的规定。

知照性文件。这类文件适用范围很广，主要是指各机关单位用以告知事项、通报情况、进行联系的公文。

除了上述几种主要的划分方法外，若按照文件的制发机关的性质来划分，还包括各民主党派、各人民团体的文件；而从文件的性质来看，还包括凭证性文件、记录性文件等等。

四、从公文的保密要求和阅读范围来划分

每一份文件都有其特定的阅读范围，有的文件又有其不同程度的保密要求，需要限定知晓范围。这样，从文件的保密要求和阅读范围来看，就可以将公文作以下划分：

从文件的保密要求上看，分为绝密件、机密件和秘密件三种。密级不同，传递、阅读和处理要求也不相同。

从文件的阅读范围来看，也可将文件划分为三大类：

公布文件——向国内外和广大群众公开发布的文件，如公告、通告、公报等，都是公开发布，一体周知。

保密文件——内容涉及党和国家的机密，或者涉及发文机关单位的秘密，需要在一定时间内限定阅知范围。

内部文件——其内容不涉及什么重要机密，但主要在机关内部使用，不对外发布。

五、从公文的使用范围来划分

从公文的使用范围上看，可将其划分为专用公文和通用公文两大类。

专用公文——在一定的工作部门或在一定的业务范围内，根据工作的需要而专门使用的公文。如司法文件、外交文件、技术文件等。

通用公文——即在党、政、军机关和企事业单位、人民团体等组织中普遍使用的公文，如通知、通报、请示、报告等等。

以上，我们对公文只是作了大致的划分，采用的也是比较普遍的划分方法。随着文书工作的进一步规范和发展，对公文的分类将会越来越严谨，越来越科学。

第二节 专用公文

一、关于文种的概念

公文有若干类，这一点前面我们已经作了介绍。同时，每一类公文又有若干种，每一种公文所具有的含义和使用范围各不相同，在这一方面国家有相关的规定。

具有相同特性和用途的公文的名称就是文种的名称。换言之，各机关单位在日常工作中所使用的公文，根据其性质和作用的不同，可以分为若干种。我们给每种公文以固定的名称，就是这类公文的名称，简称“文种”。比如，上级机关所发的命令，其性质和使用范围是指：依照有关法律公布行政法规和规章；宣布施行重大强制性措施；嘉奖有关单位和人员。即是说，“命令”就是这类公文的名称，同时也是文种的名称。再如，“各级人民政府按照法律程序向同级人民代表大会或人民代表大会常务委员会提请审议事项”时使用“议案”，那么，“议案”既是具有上述特性的公文的名称，同时也是文种的名称。其他如“决定”“请示”“批复”等，同出此理。

在这里有一个关键的问题需要我们弄清楚，那就是确定文种有什么意义。总的说来，文种的作用在于它概括地表明了公文的性质、使用范围、制发机关、发文目的和处理要求，有利于收文机关的办理，便于提高机关的办文效率。

早在 1957 年，《国务院秘书厅关于公文名称和体式问题的几点意见（稿）》中就曾指出：“不同的公文名称，反映着不同的目的和要求，也反映着行文机关之间的关系和发文机关的权限范围。划清各种公文名称的使用界线，正确地使用公文名称，对于做好文书处理工作，具有重要意义。”因此，正确地使用文种，有利于公文处理工作的规范化、制度化和科学化。

二、专用公文

前面已经介绍过，专用文种主要用于专业部门和一定的业务范围内。从大的类别划分，专用公文包括许多类，如司法文件、外交文件、计划文件、统计文件、会计文件、科技文件等等。专用公文不仅种类繁多，而且书写格式和处理要求也不相同。以下我们以司法文件和外交文件为例给大家作一简要的介绍。

（一）司法公文

司法公文是公安机关、司法机关、人民检察院、人民法院按照法定程序，在处理各种刑事、民事、经济、行政等方面的案件中形成和使用的公文。

司法公文的特点是：

1. 合法性。司法公文的制作必须依据有关的法律程序来进行。具体说来，司法公文应是适用法律的结果，必须充分体现以事实为依据、以法律为准绳的原则。文书体现的只是形式，法律才是内容。

2. 制发主体的特定性。司法文件的制发主体必须是国家司法机关。

3. 规范性。司法文件是一种高度程式化的公文，其格式、结构等方面的要求具有规范化的特征。

4. 稳定性。司法文件一经生效，任何机关、团体和个人都不能随意变更和撤销。

下面我们简要介绍一下司法公文的主要种类：

1. 诉状类。主要包括起诉意见书、免予起诉意见书、起诉书、免予起诉决定书、抗诉书、诉状（自诉状）等。

2. 裁判类。主要包括判决书、裁定书、民事调解书等。

3. 报告类。包括立案报告、破案报告、审结报告等。

4. 笔录类。包括预审笔录、讯问笔录、审判笔录、评议笔录等。

（二）外交公文

外交公文是指在外事活动中形成并专门使用的公文。

其种类名称主要有：

1. 照会。照会分为普通照会和正式照会两种。它是国家之间往来时所使用的形式上最郑重的外交文件。正式照会主要用于重大事项的通知、重要问题的交涉和礼仪方面的隆重表示。普通照会主要用于进行一般的交涉和行政性的通知等方面的外交事务。

2. 外交函件。用于政府首脑、外交人员之间的交际往来。根据内容和情况，重要事项用正式函件，事务性问题用便函。

3. 备忘录。是外交代表机关之间使用的一种外交文书。用于说明某一事件、某一问题在事实上、立场上、法律上的细节，或者用于重申外交会谈中的谈话内容。

4. 国书。是派遣国元首为了派遣或召回本国大使或公使致接受国元首的正式文书。分为派遣国书和召回国书两种。

5. 外交声明。国家、政府、政党、团体或领导人，就某个问题或事件表明自己的立场、观点或主张时使用。

6. 外交电报。是国家领导人之间、外交代表之间、各部门和各机构之间表示祝贺、慰问、吊唁及进行各种事务性联系时所使用的外交文书。

外交公文在使用时应注意以下方面：

1. 外交公文是对外交往的重要手段，因此，各种公文必须体现国家的对外方针政策和有关的法律规范。

2. 外交公文的政策性很强，内容上要准确，形式上要庄重。

3. 行文上应互相尊重，讲究礼貌用语和客套用语。

以上，我们给大家介绍了司法公文和外交公文的几种主要类别，其他各种专用文书在这里就不一一详述了。

第三节　通用公文

一、新中国成立以来国家行政机关通用公文的种类和名称的变化

公文种类的划分与确定是由国务院根据我国实际情况而作出的，全国各级行政机关都必须严格遵守执行。

中国共产党无论是过去，还是现在，一向重视国家公文建设工作。早在瑞金苏区时，中央工农政府就对苏维埃机关的公文名称、行文关系作过具体规定；抗日战争时期，晋察冀边区政府专门对新公文的名称、内容和行文提出了要求，强调注重通俗化，不用陈词滥调及一切虚伪浮夸语言等。新中国成立以来，我国党政机关公文沿用了解放区的公文形式，并为适应新的形势，逐步建立了全国统一的新的公文管理制度。以国家行政机关为例，新中国成立以来通用公文的种类和名称就经历了几次变化的过程。

1951 年，中央人民政府政务院召开了第一次全国秘书长会议，颁布了《公文处理暂行办法》，其中明确规定了所使用的 7 类 12 种公文名称，并对每

种公文的使用范围作了划分。这 7 类 12 种公文名称是：报告、签报；命令；指示；批复；通报、通知；布告、公告、通告；公函、便函。“报告：对上级陈述或请示事项用报告。”“签报：为报告的另一种形式。”它是由机关或部门负责人（领导或首长）向上级负责人请示汇报工作时亲笔书写并签署的一种报告，直接送上级领导人批阅。由此可见，新中国成立后颁布的第一个《办法》中规定的上行公文为“报告”“签报”，没有“请示”。这说明，当时“请示”和“报告”是统一的，报告情况用“报告”，请示事项也用“报告”。

1957 年，国务院秘书厅对 1951 年规定的公文名称又进行了新的调整，调整后的公文名称仍为 7 类 12 种，分别是：命令、令；指示；报告、请示；批复、批示；通报、通知；布告、通告；函。

经过这次修订和调整，删掉了“签报”“公告”和“便函”。因为“签报”是工作人员或部门负责人向机关领导人，或者机关负责人向上级领导汇报工作、陈述意见、请求指示的一种简便的工作报告，不具有公文格式，不宜作为公文种类。“便函”是联系一般事务的信函，用机关信笺书写打印，不写标题，不署文号，也不具有公文格式，所以也将其去掉了。此外，根据行文的需要，增加了“批示”和“请示”。从此，“请示”就从“报告”中分离了出来，成为独立的与“报告”并列的两个不同的文种。这是新中国成立以来“请示”与“报告”首次分离，为充分发挥“请示”与“报告”两个文种的行文效用创造了有利的条件。1981 年，国务院办公厅颁布了《国家行政机关公文处理暂行办法》，其中规定国家行政机关使用的公文名称为 9 类 15 种，分别为：命令、令、指令；决定、决议；指示；布告、通告、公告；通知；通报；报告、请示；批复；函。

这次修订和调整，增加了“决定”“决议”两个文种；把“通报”从“通知”类里划分了出来，使其单独成为一类；同时增加了“指令”“公告”两个文种。此外，因“批示”是上级机关转发下级机关公文时所加的指示性意见，而现在批转文件和转发文件都用“通知”行文，所以，就没有必要再保留批示了。

1987 年，国务院办公厅颁布《国家行政机关公文处理办法》，这是新中国成立后经过长期实践第一次发布的正式的国家行政机关公文处理办法。《办法》中规定公文的种类名称为 10 类 15 种，分别是：命令（令）、指令；决定、决议；指示；布告、公告、通告；通知；通报；报告、请示；批复；函；会议纪要。

这次主要增加了“会议纪要”，规定“会议纪要”用于传达会议议定事项和主要精神并要求与会单位共同遵守、执行。

1993年，国务院办公厅重新修订和发布了《国家行政机关公文处理办法》，规定行政机关的公文种类主要包括12类13种，分别是：命令（令）；议案；决定；指示；公告、通告；通知；通报；报告；请示；批复；函；会议纪要。这次重新修订合发布的《国家行政机关公文处理办法》，比较全面地总结了新中国成立以来特别是1987年国务院办公厅发布《国家行政机关公文处理办法》施行以来，国家行政机关公文处理工作的实践经验，使其更具操作性，适应了经济政治体制改革的需要，适应了办公现代化发展的必然趋势。

2000年8月24日，国务院发布了《国家行政机关公文处理办法》，自2001年1月1日起开始施行，对公文种类、公文格式、行文规则、发文办理、收文办理、公文归档、公文管理作出了规定，成为行政机关公文格式规范的重要依据，其中第二章第九条规定了行政机关所使用的公文种类，共有13种，分别是：命令（令）、决定、公告、通告、通知、通报、议案、请示、批复、意见、报告、函、会议纪要。

2012年4月6日，中共中央办公厅、国务院办公厅联合印发了《党政机关公文处理工作条例》（以下简称《条例》），同时废止了1996年中办印发的《中国共产党机关公文处理条例》和2000年国务院印发的《国家行政机关公文处理办法》（以下简称《办法》）。原规定中党的机关公文种类有14种（决议、决定、指示、意见、通知、通报、公报、报告、请示、批复、条例、规定、函、会议纪要），行政机关公文种类有13种［命令（令）、决定、公告、通告、通知、通报、议案、报告、请示、批复、意见、规定、函、会议纪要］，两者之间有9个文种是相同的。新实施的《条例》有效统一了公文的种类，规定公文种类有15种：决议、决定、命令（令）、公报、公告、通告、意见、通知、通报、报告、请示、批复、议案、函、纪要。

鉴于长期以来党政两大系统的公文处理法规单独运行、其对公文与公文处理工作内涵的界定不甚一致的实际情况，新《条例》重新进行了整合并作出了科学界定，明确表述为“党政机关公文是党政机关实施领导、履行职能、处理公务的具有特定效力和规范体式的文书，是传达贯彻党和国家的方针政策，公布法规和规章，指导、布置和商洽工作，请示和答复问题，报告、通报和交流情况等的重要工具。”（见新《条例》第三条）这一规定，使我们明确了党政公文形成的本质，即形成于“党政机关实施领导、履行职能、处理公务”的过程之中，这就是说，党政公文源于党和国家的管理活动，服务于党和国家的管理活动，体现党和国家的意志，在各级党政机关的公务活动中产生并发展、完善，又在党和国家的各项公务活动中产生效力和作用。《条例》的发布施行，对推进党政机关公文处理工作科学化、制度化、规范化将发挥重要作用。

新《条例》的正式施行，是我国党政机关公文处理工作的一个重大历史事件，也是我国党政机关公文处理法规建设进程中的一个重要里程碑。以此为起点，我国的党政公文处理工作必将在新《条例》的指导和规范下，不断取得新的进展，出现新的跨越，朝着科学化、制度化、规范化的目标向前迈进。因此，每一位公文工作者都应当集中精力，切实加强对新《条例》的学习研究，并认真加以贯彻落实，以不负历史和时代之重托。

二、现行党政机关的公文种类

现行党政机关的公文种类主要有以下几种：

（一）决议。适用于会议讨论通过的重大决策事项。

（二）决定。适用于对重要事项作出决策和部署、奖惩有关单位和人员、变更或者撤销下级机关不适当的决定事项。

（三）命令（令）。适用于公布行政法规和规章、宣布施行重大强制性措施、批准授予和晋升衔级、嘉奖有关单位和人员。

（四）公报。适用于公布重要决定或者重大事项。

（五）公告。适用于向国内外宣布重要事项或者法定事项。

（六）通告。适用于在一定范围内公布应当遵守或者周知的事项。

（七）意见。适用于对重要问题提出见解和处理办法。

（八）通知。适用于发布、传达要求下级机关执行和有关单位周知或者执行的事项，批转、转发公文。

（九）通报。适用于表彰先进、批评错误、传达重要精神和告知重要情况。

（十）报告。适用于向上级机关汇报工作、反映情况，回复上级机关的询问。

（十一）请示。适用于向上级机关请求指示、批准。

（十二）批复。适用于答复下级机关请示事项。

（十三）议案。适用于各级人民政府按照法律程序向同级人民代表大会或者人民代表大会常务委员会提请审议事项。

（十四）函。适用于不相隶属机关之间商洽工作、询问和答复问题、请求批准和答复审批事项。

（十五）纪要。适用于记载会议主要情况和议定事项。

从以上规定中可以看出，新颁布的《条例》中出现了许多新的变化，主要表现：

第一，新《条例》由中办和国办联合印发，这是前所未有的，充分体现出了我们党和国家对公文处理工作的高度重视。将党政两大系统的公文处理法规合二为一，是我国当代公文法规建设进程中一次具有划时代意义的重大变革，是党政机关公文处理工作发展的客观需要，对于进一步推动各级党政机关公文处理工作的统一化、制度化和科学化，规范公文运转程序，提高公文处理的质量和效率，具有极其重要的现实意义和深远的历史意义。

第二，新《条例》紧密结合党政机关公文处理实际，对党政机关的法定公文文种进行了重新梳理和排队，使之更加趋于准确、规范、科学和合理。

首先，在数量上进行了调整。这次重新整合以后，将“指示”“条例”和“规定”删除，保留了15个。去掉“指示”这一文种，是很必要的，早从20世纪90年代初开始，随着机关政治民主化建设进程的发展需要，指示的“通知”“意见”化倾向渐趋明显。特别是在涉及有关经济管理方面的内容时，用“指示”行文也显得不合时宜。因此，新《条例》将其删掉，是符合党政公文处理工作的实际需要的。

其次，对公文文种的排列顺序进行了重组，依据各个文种的效力、发布主体级别、行文方向等多方面因素，将其依次规定为：决议、决定、命令（令）、公报、公告、通告、意见、通知、通报、报告、请示、批复、议案、函、纪要。这样排列，较之原来更加科学和合理，更具逻辑性和严密性。

再次，新《条例》对相关文种的适用范围也作了一定程度的调整，出现了一些新的变化，使之更趋科学和实用。如，对命令（令）文种的适用范围进行了拓展，除原有的使用功能外，还可用于“批准授予和晋升衔级”，这是新增加的内容，对于“通知”文种，删去了原来“发布法规”及“任免人员”的使用功能；对于“通报”文种，原来的表述为“适用于表彰先进、批评错误、传达重要精神或者情况”，此次调整为“传达重要精神和告知重要情况”，使之显得更为全面准确，也符合语法规范。将“报告”文种“答复上级机关的询问”中的“答复”改为“回复”，用词更加确切；而对于纪要文种，这次将其由“会议纪要”直接简化为“纪要”，并且规定用于记载会议主要情况和议定事项，显得更加简明和确切。

总之，新《条例》无论从内容规定还是从体例设置方面都作出了相应的调整和规范，既适合党政机关公文处理工作的实际情况和工作需要，又很好地体现出了公文法规本身所应有的严密性和规范性，这必将对各级党政机关的公文工作发挥更具科学性和实效性的指导作用。

第四章　公务文书的体式和稿本

第一节　公务文书的体式

何为公文的体式？概括地说，公文的体式就是公文的体例和格式。体例说的是公文的文体，格式主要是指公文的结构、公文上的各种附加标记及格式安排等方面。各种公文的撰写和印制都必须遵守统一的规定体式，不能标新立异。这样做的目的，一方面是为了提高办文的效率；另一方面，公文只有符合规定的统一的体式要求，才能为公文处理工作提供便利，从而保证公文处理工作的顺利进行。

以下分别就公文文体、公文结构、公文标记和格式安排等方面的具体要求加以说明。

一、公文的文体

所谓公文的文体，是指公文的语文体式。

早在抗日战争时期，我边区政府就实行了公文改革，明确规定废除文言文，废除旧公文套语，改用白话文，使用新式标点符号。

1951 年，中央人民政府政务院发布了《公文处理暂行办法》，其中对国家机关的公文体式提出了比较全面的要求，规定公文应以运用语体文为原则，行文中要使用标点符号，一事一文；同时，在公文的用纸尺寸、文字排写形式等方面也作了较为具体的规定。

此后，党和政府的领导机关又多次发文，对公文的文体包括公文结构等方面不断地进行了规范和统一。

我国现行机关的公文文体是白话文，是兼有议论、说明、记叙三种主要表达方式的应用文体。这种文体的特点就在于：公文在表明意图、阐明观点、分析问题、提出要求时，有时需要作适当的议论，但它与议论文不同，不是以议论为主，不对问题作过多的议论；公文对有关情况需作必要的说明，但它又与说明文不同，不必要对细节作过多过细的说明；公文在反映问题时，需要对有关情况加以叙述，但它又与记叙文不同，不必要对过程展开来叙述，或作详细的描述。

可以说，公文的文体，虽然兼有其他文体的特点，但毕竟是一种特殊的文体。所以，在实践中，必须遵守公文的文体要求，以维护公文的庄重性和严肃性。

顺便说明一点，专用公文同通用公文相比较，由于各自产生于不同的领域，使用的文种不同，其文体要求各有侧重，总体上说，专用公文具有其显著的“专业”特征。

二、公文结构

一份公文，是由各相关要素组成的。公文结构主要指公文每一部分的组合及其在公文中的相应位置、书写要求等等。2012 年新颁布的《党政机关公文处理工作条例》对此统一进行了梳理整合，明确规定：公文一般由份号、密级和保密期限、紧急程度、发文机关、发文字号、签发人、标题、主送机关、正文、附件说明、发文机关署名、成文日期、印章、附注、附件、抄送机关、印发机关和印发日期、页码等组成。

下面，分别讲一下公文各组成部分的作用和书写要求等规定。

（一）份号

份号是指公文印制份数的顺序号，即将同一文稿印刷若干份时每份公文的顺序编号。标注份号便于加强对公文的管理，以明确责任。

按照新《条例》的规定，涉密公文应当标注份号。如需标注份号，一般用 6 位 3 号阿拉伯数字，置于版心左上角第一行。具体应该编多少位数通常应根据发文的份数来确定，如“000125”“00123”等。如果发文的数量很少，应注意在编制份号时至少不少于两位数，如“l”编为“01”，“2”编为“02”。（见后面式样）

（二）密级和保密期限

密级和保密期限是指公文的秘密等级和保密的期限。涉密公文应当根据涉密程度分别标注“绝密”“机密”“秘密”和保密期限。公文凡是涉及国家秘密的应当标明秘密等级和保密期限。秘密等级和保密期限是根据公文内容涉及党和国家机密以及发文机关的机密程度来确定的，目的是确保公文的安全。在公文上确定保密要求和标明密级是一件十分严肃的事情，必须认真地加以对待，准确地给予把握。

按照新《条例》的规定，如需标注密级和保密期限，一般用 3 号黑体字，置于版心左上角第二行，保密期限用阿拉伯数字。（见后面式样）

（三）紧急程度

紧急程度是指公文送达和办理的时限要求。根据紧急程度，紧急公文应当分别标注“特急”“加急”，电报应当分别标注“特提”“特急”“加急”“平急”。

按照新《条例》的规定，如需标注紧急程度，一般用 3 号黑体字，置于版心左上角。公文同时标识份号、密级和保密期限、紧急程度，则按份号、密级和保密期限、紧急程度顺序自上而下排列。（见后面式样）

（四）发文机关

由发文机关全称或规范化简称后加“文件”二字组成，也可以使用发文机关全称或者规范化简称。发文机关标志表明公文的作者，它是发文机关制作公文时使用的规范板式的文件版头，通常称“文头”。

按照新《条例》的规定，发文机关标志居中排布，上边缘至版心上边缘 35mm，推荐使用小标宋体字，颜色为红色，以醒目、美观、庄重为原则。

联合行文时，发文机关标志可以并用联合发文机关名称，也可以单独用主办机关名称。如需同时标注联署发文机关名称，一般应将主办机关名称排列在前；如有“文件”二字，应当置于发文机关名称右侧，以联署发文机关名称为准上下居中排布。（见后面式样）

（五）发文字号

发文字号是指发文机关按照发文顺序编排的顺序号。在公文上标明公文的发文字号，一是便于统计发文的数量，二是便于公文的检索和引用。

按照新《条例》的规定，发文字号由发文机关代字、年份、发文顺序号组成，置于发文机关标志下空两行，居中排布。年份、序号用阿拉伯数码标识；年份应标全称，用六角括号“〔 〕”括入；序号不编虚位（即 1 不编为 001），不加“第”字，在阿拉伯数字后加“号”字。

上行文的发文字号居左空一字编排，与最后一个签发人姓名处在同一行。

联合行文时，使用主办机关的发文字号。发文字号之下 4mm 处印一条与版心等宽的红色反线。（见后面式样）

（六）签发人

签发人是在上报的公文中批准签发的领导人姓名。只用于上行文。

按照新《条例》的规定，平行排列于发文字号右侧。发文字号居左空 1 字，签发人姓名居右空 1 字；“签发人”三字用 3 号仿宋体字，签发人后标全角冒号，冒号后用 3 号楷体字标识签发人姓名。

如有多个签发人，主办单位签发人姓名置于第 1 行，其他签发人姓名从第 2 行起在主办单位签发人姓名之下按发文机关顺序依次顺排，下移红色反线，应使发文字号与最后一个签发人姓名处在同一行并使红色反线与之的距离为 4mm。（见后面式样）

以上各项就是我们常说的“文头”部分的各组成要素及标注方面的基本要求。下面是几例文头部分的大致式样，谨供参考：

例一：

00001
机密★1 年
特　急

×××［2012］10 号

×××××关于××××××的通知

×××××××××：

××。

××××××××××××××××××××××××××××××××××。

×××××××××××××。

×××

例二：

00001
机密★1年
特　急

××××××
×　×　×　**文件**
××××××

×××〔2012〕10号

××××××关于××××××的通知

××××××××：

××××××××××××××××××××××。

××。

××××××××××××××××××××××

例三：

00001
机　密
特　急

××××××
×　×　×　文件
××××××

签发人：×××　×××
×××〔2012〕10号　×××

×××××关于××××××的请示

×××××××××：

××。

××××××××××××××××××××××

（七）标题

标题是对公文主要内容准确、简要的概括。一般由发文机关名称、事由和文种组成。

按照新《条例》的规定，位于红色反线下空两行，一般用2号小标宋体字，可分一行或多行居中排布；回行时，要做到词义完整，排列对称，间距恰当，通常标题排列应当使用梯形或菱形。（见后面式样）

例如《中共中央办公厅、国务院办公厅关于做好当前农业生产工作的通知》，就是一份党政高级领导机关的联合发文。以这份文件的标题为例：

中央办公厅、国务院办公厅关于做好当前农业生产工作的通知
发文机关　事由　文种

公文标题的三个组成部分我们称之为公文标题的“三要素”。通常情况下，

公文标题一般应三要素俱全，用介词“关于”引出发文的事由，并对公文所用文种进行限定，将公文的三要素有机地联结起来，使人们对文件内容有较为全面的了解，以方便人们的阅读。

也有部分公文，其标题中并非用“关于”充当介词结构，而是使用其他的关联词。比如，《国务院对胜利粉碎劫机事件民航杨继海机组的嘉奖令》《国务院、中央军委授予阎正连同志“灭火战斗英雄”荣誉称号的命令》等，就属于此类情况。对此，我们应注意灵活地加以掌握。

此外，在一些情况下，有些公文的标题可以省略其中的一部分或两部分。

例如：　　　　关于××××××工作的意见

关于××××问题的通知

以上两例均省略了发文机关。

再如：　　　　公　告

通　告

以上两例则将发文机关和事由全部略去。

从上面各种类型的公文标题来看，三要素中文种是核心词，是唯一不可以缺少的部分。

批转、转发性公文的标题，结构比较特殊。批转公文，是上级机关对下级机关报送的文件，认为具有普遍意义时，在前面加上批示性意见，发给所属下级机关参照执行；转发公文，一般是指上级机关对下级机关的来文，如果没有加上批示性的意见，可用“转发”和“印发”；本机关对上级机关和同级机关的来文，认为需要向下传达贯彻或供参照的，可以向自己所属的下级机关转发；发布本机关制定的条例、规定、办法等，可用“发布”或“印发”，但不能用“批转”或“转发”。

批转、转发性公文的标题，通常有两种写法：

一种是先写出公文作者，后面再加上被批转、转发的公文标题。如《天津市人民政府批转市规划局关于继续实施有关城市规划管理、道路建设四个文件的请示》《××市财政局转发财政部关于修改国家工作人员出差补助标准的通知》，即属此类。

另一种写法是发文机关和被批转、转发的公文后面，再加上一个文种。如《山东省人民政府关于印发山东省实施〈国家行政机关公文处理办法〉细则的通知》《山东省人民政府办公厅关于印发〈国务院公文主题词表〉的通知》，就属于后一种写法。

一则好的公文标题，首先应做到名文相符，简明、规范、准确，要注意准确概括事由，准确选用文种。其次，要注意发文机关名称的规范和语法上的规范。同时应注意，标题中除对法规、规章名称加书名号外，一般不使用标点符号。

公文标题位于文件正文上端中间的位置，排列要美观大方，并注意不能把关联的词和词组分开，如以下各例：

××省人民政府
关于任免×××等工作人员
职务的通知

××省人民政府办公厅
关于印发省政府文件样式的通知

××省人民政府
关于同意××××××××
×××××××的批复

××市公安局交通管理局
通　告

（八）主送机关

主送机关是指要求公文予以办理或答复的主要受理机关，应当使用机关全称、规范化简称或者同类型机关统称。

按照新《条例》的规定，标识在标题下空一行，左侧顶格 3 号仿宋体字标识，回行时仍顶格。最后一个主送机关名称后标全角冒号。如主送机关过多导致首页不能显示正文时，应当将主送机关名称移至版记，格式与抄送一致，并将主送机关置于抄送机关之上一行，之间不加分隔线。（见后面式样）

主送机关负责对文件的办理，相对于“落款”来说，主送机关即是“上款”，也有人习惯称之为“抬头”。在实际工作中，公文的主送机关通常有以下几种标注情况：

1. 下级机关向上级机关报送的请示、报告等，因为涉及对问题的答复和责任，为避免责任不清，应坚持只标一个主送机夫的原则。

2. 上级领导机关下发的文件，如收文机关属于同一类型，可使用统称，如“各省、自治区、直辖市人民政府”“各院校”“各企业”等，而不必将主送机关一一列出。

3. 直接面向基层和广大群众的普发性文件、公布性文件，则不必标出主送机关。

（九）正文

正文是指公文的主体，用来表述公文的内容。公文首页必须显示正文。

按照新《条例》的规定，一般用 3 号仿宋体字，每面排 22 行，每行排 28 字，编排于主送机关下一行。每自然段左空 2 字，回行顶格，数字、年份不回行。文中结构层次序数依次可以用“一”“(一)”“1.”“(1)”标注；如有小标题，第一层用 3 号黑体，第二层用 3 号楷体，第三、四层用 3 号仿宋体字。

正文是公文的核心内容，它集中表达发文机关的意图，是公文最重要的组成部分。由于文种的不同，其表述方法也不一致，但总的要求是要符合政策，实事求是，简练明确，合乎语法。通常来说，正文的撰写结构一般包括提出问题、分析问题和解决问题三部分。当然，在具体的写作中，还应根据不同的需要来灵活运用，不能生搬硬套。关于正文部分的写作要求及有关注意事项等，我们将在撰写公文的各章节中分别加以说明，在此就不一一赘述了。

（十）附件说明

附件说明是指公文附件的顺序号和名称。

按照新《条例》的规定，如有附件，在正文下空一行左空二字编排“附件”二字，后标全角冒号和附件名称。如有多个附件，使用阿拉伯数字标注附件顺序号（如“附件：1. ××××××”）；附件名称后不加标点符号。附件名称较长需回行时，应当与上一行附件名称的首字对齐。（见后面式样）

（十一）发文机关署名

署发文机关全称或者规范化简称。

按照新《条例》的规定，单一机关行文时，以成文日期为准居中排列；联合行文时，最后一个发文机关以成文日期为准居中排列。（见后面式样）

（十二）成文日期

成文日期是指公文生效的时间。

按照新《条例》的规定，署会议通过或者发文机关负责人签发的日期。联合行文时，署最后签发机关负责人签发的日期。标识在正文之下右空 4 字。用阿拉伯数字将年、月、日标全。（见后面式样）

每份公文都需要标明成文日期，因为成文日期是公文开始生效的时间，缺少了这一项，公文就没有了执行效用。当然，有些文件的成文日期和开始执行的日期不同，如一些法规性的文件，往往在正文中另行规定开始执行的时间。

确定成文日期一般有四种方法：一是一般性的公文，以机关首长签发的日期为准；二是经过会议讨论通过的公文，以会议讨论通过的日期为准；三是法规性公文，以批准日期为准；四是联合行文，以最后签发机关领导人的签发日期为准.

成文日期关系着公文的形成和生效，必须写得明确和完整。

（十三）印章

公文中有发文机关署名的，应当加盖发文机关印章，并与署名机关相符。有特定发文机关标志的普发性公文和电报可以不加盖印章。

按照新《条例》的规定，单一机关行文时，印章端正、居中下压发文机关署名和成文日期，使发文机关署名和成文日期居印章中心偏下位置，印章顶端应上距正文（或附件说明）一行之内。联合行文时，印章一一对应、端正、居中下压发文机关署名，最后一个印章端正、居中下压发文机关署名和成文日期，印章之间排列整齐、互不相交或相切，每排印章不得超过版心，首排印章顶端应上距正文（或附件说明）一行之内。单一机关制发的公文加盖签发人签名章时，在正文（或附件说明）下空二行右空四字加盖签发人签名章，签名章左空二字标注签发人职务，以签名章为准上下居中排布。在签发人签名章下空一行右空四字编排成文日期。联合行文时，应当先编排主办机关签发人职务、签名章，其余机关签发人职务、签名章依次向下编排，与主办机关签发人职务、签名章上下对齐；每行只编排一个机关的签发人职务、签名章；签发人职务应当标注全称。

签名章一般用红色。

（十四）附注

附注是指公文印发传达范围等需要说明的事项。

按照新《条例》的规定，用 3 号仿宋体字，居左空 2 字加圆括号标识在成文日期下一行。

（十五）附件

附件是指公文正文的说明、补充或者参考资料。

按照新《条例》的规定，附件应与公文正文一起装订，并在附件左上角第 1 行用 3 号黑体字顶格标识“附件”，有序号时标识序号；附件的序号和名称前后标识应一致。如附件与公文正文不能一起装订，应在附件左上角第 1 行用 3 号黑体字顶格标识公文的发文字号并在其后标识附件（或带序号）。

（十六）抄送机关

抄送机关是除主送机关外需要执行或者知晓公文内容的其他机关，应当使用机关全称、规范化简称或者同类型机关统称。抄送机关不是公文的主办单位，不负责对公文的办理。抄送机关须了解公文的内容，以便于工作中的沟通和协调。

按照新《条例》的规定，公文如有抄送，左空 1 字用 4 号仿宋体字标识"抄送"，后标全角冒号；抄送机关间用逗号隔开，回行时与冒号后的抄送机关对齐；在最后一个抄送机关后标句号。

（十七）印发机关和印发日期

印发机关是印制公文主管部门，印发时间是公文的付印时间。印发日期可以进一步地反映文件的生成时间。印发日期以公文付印的时间为准，它与公文的生效日期是不同的。

一般用 4 号仿宋体字。印发机关左空 1 字，印发时间右空 1 字。印发时间以公文付印的日期为准，用阿拉伯数码标识。（见后面式样）

（十八）页码

页码是指公文页数顺序号。

按照新《条例》的规定，用 4 号半角宋体阿拉伯数字，置于版心下边缘之下，数字左右各放一条 4 号一字线，一字线距版心下边缘 7mm。单页码居右空 1 字，双页码居左空 1 字。版记页前有空白页的，空白页与版记页均不标页码。表格横排时，页码位置与其他页码保持一致。

附：文件格式（供参考）

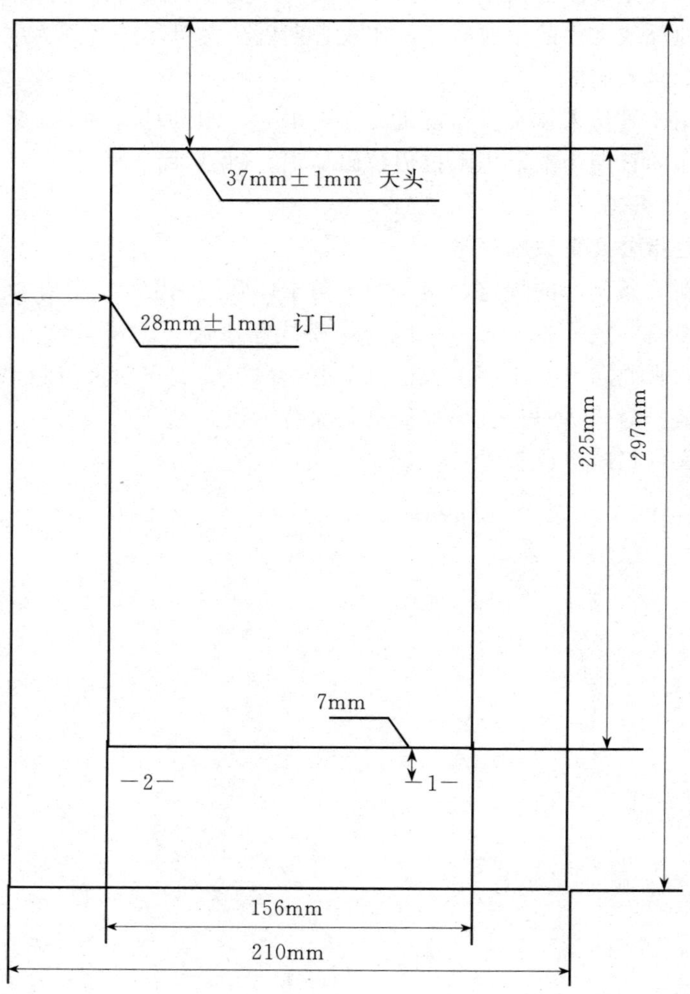
37mm±1mm 天头
28mm±1mm 订口
225mm
297mm
7mm
－2－
－1－
156mm
210mm

××××××××××××。

　　×××××××××××××××××××××××××××××
×××××××××××××××××××××××。

××××××××××××

（×××××）

抄送：××××××，××××××，××××××，××××××，
　　××××××。

××××××××××　　2012年7月1日印发

××××××××××××。

××××××××××××××××××××××××××××××
××××××××××××××××××××××××××××。

附件：1. ×××××××××××××××××××××××

2. ×××××××××××××

×××××××

× × × ×

2012 年 7 月 1 日

（×××××）

附件 2

××。

××

抄送：××××××，××××××，××××××，××××××，
××××××。

×××××××××　　2012 年 7 月 1 日印发

××××××××××××。

××。

×××部
2012年7月1日

（×××××）

抄送：××××××，××××××，××××××，××××××，××××××。

××××××××××　　2012年7月1日印发

××××××××××××××。

　　×××。

×××部　　×××部
2012年7月1日

（×××××）

抄送：××××××，××××××，××××××，××××××，××××××。

××××××××××　　2012年7月1日印发

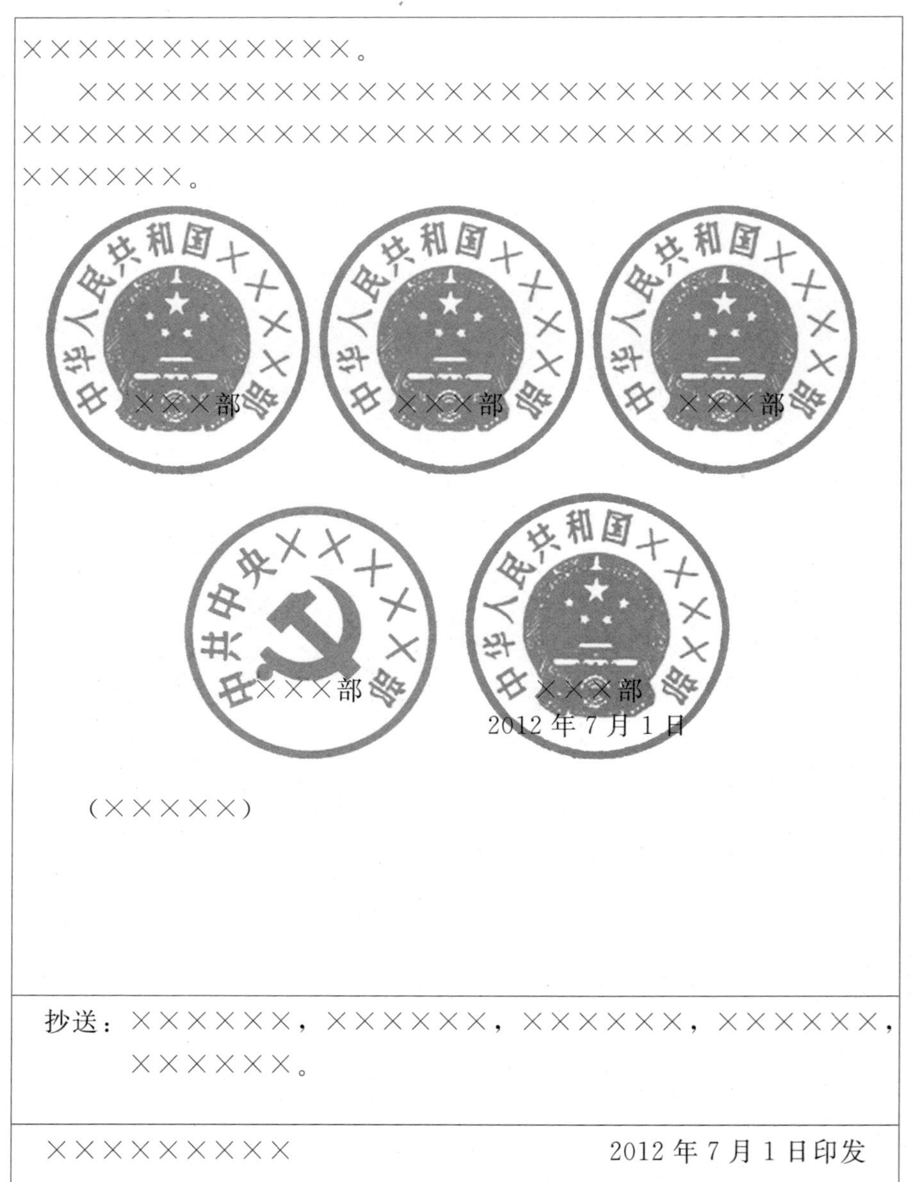

×××××××××××××。

××。

×××部

×××部

×××部

×××部

×××部

2012年7月1日

（×××××）

抄送：××××××，××××××，××××××，××××××，××××××。

×××××××××　　2012年7月1日印发

第二节　公务文书的稿本

公文稿本指的是公文的文稿和文本。因公文在内容、外观式样、效用等方面不同，所以同一份公文，在形成过程中，根据文件处理的不同需要就产生了形式、内容、作用上都有所不同的文稿或文本。以下分别加以说明。

一、文稿

公文文稿主要有以下两种：

（一）草稿

草稿是公文的原始稿件。草稿主要包括原始稿、讨论稿、送审稿、征求意见稿等，法规性公文的草稿又叫“草案”。

草稿的内容和文字表述还不够成熟，只反映了文件的撰写和起草的过程，主要提供修改、讨论、征求意见、审核之用。草稿没有正式文件的效用。

通常，一份篇幅不长的文件可能只形成一次草稿。重要的和篇幅较长的文件，则往往需要反复斟酌、反复修改和讨论之后方能形成。如有的文件根据需要可能会形成几稿、十几稿甚至几十稿，直至完善。

草稿不是正式文件，不能向外发出，主要在机关内部使用。虽然有些草稿或法规性的文件如规定、条例、制度、章程等草案，有时也向外发出，但发出的目的主要是为了征求意见，以便进一步修改，使其完善，仍不能产生实际的效用。也有的法规性文件草案颁布执行，叫做“试行草案”。

（二）定稿

定稿也称为“原稿”，但它不是指文件的原始草稿，而是文件的标准稿，是经过修改审阅后由负责人签发或会议正式讨论通过的最后完成稿，是缮印发出所用的正本的标准依据。草稿经过审核、修改、签发之后，才能形成定稿。经过对草稿的多次修改而成的文件，最后一稿经过签发即成为定稿。联合行文，最后一个机关的领导人签发后才能成为定稿。文件在印制过程中，如发现定稿有误，须经过有关签发人同意后，才能修改。

二、文本

（一）正本

正本是根据定稿印制的用作向外发出的正式文本。它内容准确，文字无误，格式规范，文件生效的标识齐全，具有法定的效用，是供收文机关使用的正式文本。

（二）副本

副本过去又叫“抄本”，按原意是指根据正本另行复制、誊抄的。由于现代印刷技术的发展，副本一般是和正本一同印制出来，因此二者在内容和形式上没有什么区别。发送给抄送机关的文件，或复制出的文件刊登于报刊的，都可以视为副本。

副本的主要作用是用来代表正本供传阅、参考、备查，便于提高文件运转和处理的效率。有时，一个机关向外发出文件时，为使收文机关阅读和处理时便利和快捷，也可以在正本之外同时发送若干份副本。收文机关也可以将收到的文件复制若干份，以便于传阅。

（三）存本

存本指的是发文机关留存的印制本，在内容和形式上与正本一样。但它的主要作用是作为向外发出的正本的样本留作存查的，留存份数可根据需要来定。

（四）试行本

试行本主要用于法规性文件，是法规性文件的一种特殊形式。当制发机关认为文件内容可能还不够成熟，有待于进一步通过实践来检验，最后再作修订时，为稳妥起见先用试行本的方式发布实施。

试行本在试行期间同样具有法定效用，应当认真执行。当有了经过修订的正式文本后，试行本即行失效。

（五）暂行本

暂行本也主要用于法规性文件。在制发机关认为一时还来不及制定详细周密的规定时，先发一个暂行的文件执行。暂行本也是法规性文件的一种特殊形式，在暂行期间具有同等的法定效用。

暂行本在经过一定时期的经验积累之后，经修订再发布正式的文本。

试行本和暂行本都是主要用于法规性文件，也都具有法定效用，二者在本质上没有什么区别。只是试行本主要是“试用”，暂行本则是强调时间。对于发文机关来讲，既然是“试行”和“暂行”，就不宜长期不动，应在其内容成熟之后，适时地制发正式文件。

（六）修订本

修订本是指已经发布生效的文件，在实行一段时间以后，进行进一步修订再行发布使用的文本。修订本具有法定效用。

（七）不同文字文本

同一份文件，在形成的过程中，根据需要有时会有两种或两种以上文字的文本。如在少数民族自治区，为了阅读的方便，发文机关往往同时使用汉文文本和少数民族文字文本，两种文字的文本都是正本，具有同等的效用。在外事工作中，也由于工作需要，往往会有中文文本和外文文本。在签订国际条约、合同、协议时，为避免文字解释上的争议，有时须同时规定以哪一种文字的文本为准。

中文在国际上也是一种正式语文。正式语文是指由国际组织或国际会议确定的共同使用的文字。用正式语文写出的文件在国际上具有同等的法律效力。

以上我们介绍的各种文稿或文本，在理解和使用中是一个很重要的问题。因为各稿本不同，其作用也不一样。只有从性质和用途上认真地加以区分，才能够正确地理解，准确地使用。

第五章　公文撰写的要求与方法

第一节　撰写公文的重要性

一、撰写公文的重要性

公文的撰写包括公文的草拟和审核、修改的全过程。它在机关工作中是一项十分重要的内容，同时也是机关文书工作的重要环节。机关公务的处理，离不开对文件的办理，因为各机关单位要利用公文来传达意图，进行沟通和公务联系。公文撰写又是文书处理工作的一个重要环节，是发文的第一道程序，相对于其他环节来说，难度要大，要求更高，需花费更加艰苦细致的劳动，是一项思想性、政策性、业务性都很强的工作。可以说，撰写公文不仅现实意义重要，同时也有着长远的历史意义。

公文的撰写是各级各类的机关单位实施管理、开展工作活动的关键环节。机关在日常工作中，要传达贯彻党和国家的方针政策，要发布法规和规章，要施行各种行政措施，要请示和答复问题，要交流经验，等等。这样，公文便成了记载上述活动的重要形式。可以说，撰写公文是发挥公文记载和凭据作用的关键。

公文作为各级各类机关实施管理、开展工作的工具，其内容既是现行机关工作的依据，同时也是机关活动的历史记录。那些反映着机关主要职能活动的有价值的公文材料转化为档案后，成了国家宝贵的历史文化财富。所以，撰写公文既是对现实工作的负责，而且也是对历史的负责。

可以说，每一个高效运转的机关单位，都非常重视公文的撰写，重视发文的质量，以保证每一份发文都能够准确地体现党和国家的方针政策，体现国家的法律法令，切实地反映机关单位的面貌和工作规律，有针对性地提出问题和解决问题。因此，公文的撰写从总体上来说，是制发机关领导思想和工作作风的一种反映，同时也体现着制发机关的政策水平和业务水平。

党和政府历来重视公文的撰写工作。在建国初期，政务院颁布的《公文处理暂行办法》中就对公文的撰写作出了相关规定。我们党和国家的领导人，也都一向重视这项工作，并常亲自起草和修改重要的文件。建国以后至今，党和国家又通过一系列的发文使公文撰写工作得到了进一步的规范，对党和国家方针政策的实施起到了很好的推动作用，对各级各类机关单位工作的顺利开展也起到很好的保证作用。

二、撰写公文应具备的能力修养

撰写公文并非一项简单的事务性工作，而是一项政策性的工作。撰写公文是一项体现综合能力的工作，仅仅具有一定的写作基础是远远不够的。撰写公文，不仅需要有正确的观点，有较高的理论素养，还需掌握翔实的材料，熟悉机关的业务。当然，一定的写作功力也是必备的一项基础能力。所以说，公文撰写人员应从多方面加强训练，提高各方面的修养，以使自己胜任这项工作。

第一，要努力学习政治理论，掌握马克思主义的基本原理和科学方法，掌握新的科学知识。

马克思主义是指导我们的科学理论，对于公文撰写者来说，只有保持清醒的政治头脑，只有以正确的理论作指导，才能深刻理解和认真贯彻执行党和国家的方针政策，才能准确地把握工作的实际。所以，公文的撰写人员必须努力加强理论学习，提高马列主义的理论水平。

第二，要认真学习和深入研究党和国家的各项方针政策，努力提高政策水平。

党和国家的各项方针政策，是指导我们开展各项工作的根本依据。为了使制发的公文能够有效地指导工作，正确地体现政策，防止盲目性，要求公文撰写人员必须努力提高政策水平，认真学习和研究有关的法律和法令，真正理解其精神实质。在这个前提下才能谈得上结合本机关本单位的实际情况，有针对性地研究和制定贯彻执行的具体办法，防止发生偏离。

第三，努力学习和进一步掌握新的科学知识。

随着科学技术的发展和电子计算机的普及，办公自动化的进程进一步加快，因此，电子文件将会越来越多地被运用。所谓电子文件，概括地说，是人们在各种活动中使用电子计算机作为工具所产生的一类在很多方面不同于纸质文件的数字化信息记录形式。是能够被计算机系统识别、处理，并按一定的格式存储于磁带、磁盘或光盘等介质上，并可在网络上传送的数字代码序列。电子文件与纸质文件相比，其性质、形成过程等都有着很大的区别。因此，必须掌握电子文件的特征，熟悉电子文件的制作过程，以保证电子文件的可靠性、安全性、真实性。

第四，熟悉并掌握本机关、本部门的基本情况。

撰写公文离不开对本机关、本部门基本情况的熟悉和了解，因为如不掌握本机关、本部门的具体情况，就不可能写出有针对性的符合实际的公文，就难免给工作造成失误和损失。

熟悉和了解本机关、本部门的业务应从以下几方面着手：

一是熟悉本机关、本部门的工作性质、工作范畴、机构设置情况、人员构成及业务分工情况等，对本机关、本部门的基本情况做到心中有数。

二是掌握本机关、本部门的工作规律，了解不同时期的中心工作，从而使撰写的公文能有的放矢。

三是熟悉与本机关具有合作关系和业务联系的其他相关机关单位的具体情况，以保证公文撰写在政策上和规定上的协调性。

四是熟悉和研究上级部门发来的文件，了解上级领导的思想意图；同时，也要熟悉和了解本机关下属单位的工作情况，分析存在的问题，从而有针对性地进行工作指导。

五是要求公文撰写者必须努力提高写作能力，熟练掌握公文写作的基本知识和基本技能。

第二节　撰写公文的基本原则和步骤方法

一、撰写公文的基本原则

第一，要明确，公文撰写绝非个人行为，而是应工作之需，是为了贯彻有关的方针政策，是为了解决工作中的问题，是为了工作的联系，因此，撰写公文决不允许掺杂个人的主观意识，不能依个人的兴趣和爱好来随意发挥，而必须符合党和国家的方针政策，坚持四项基本原则，符合国家宪法和法律。这是任何机关、单位撰制公文的基本出发点和最后落脚点，也是公文的灵魂之所在。一句话，公文的写作必须具有合法性。

第二，公文的内容必须真实有效，要实事求是，客观地反映本机关的业务活动，对上要敢于讲真话，对下不能搞瞎指挥。因为公文本身就是“办事”的工具，也是制定本机关本单位一切决策的直接依据，所以，公文是用来指导工作和处理问题的，不是花架子，不能搞主观主义，凭空想象，否则将贻害于我们的各项工作。对此，我们应予高度的重视。

第三，撰制公文必须加强纵向沟通和横向协调，了解各层次的重要规定，并在同层次间保持相互配合，避免矛盾冲突，这是公文撰写的基本要求，也是公文严肃性、严密性的具体体现。

第四，公文撰写必须体现好的文风，要条理清楚，层次分明，文字精练，用词准确。公文的写作要有明确的目的性和针对性，要从实际出发，根据客观需要来撰制，而不是随心所欲，随感而发，或搞形式主义和文牍主义，从而使公文内容失真，危害党和国家、人民的利益。公文撰写必须注重实效，不能华而不实，要简洁明了，不生疑义，要摆脱旧的文风的束缚，不做官样文章。

第五，公文撰写要主题明确，符合体式要求。公文的主题应直接、鲜明和集中，使之能够明确体现发文机关的意图和主张。同时，撰写公文还必须符合特定的体式要求，这样才能使公文的管理工作方便和快捷，才能提高办文的效率和办公的效率。否则，各自为政，各搞一套，不仅会给文件的办理造成困难，还会使文件在理解上出现混乱，不利于对文件的准确把握和正确执行。

二、公文撰写的步骤和方法

撰写公文，由于文种的不同，内容的不同，其步骤和方法也不一致。这里主要介绍一般的步骤和方法。

我们知道，撰写公文不是搞个人创作，而是一项要求缜密的集体劳动，体现的是集体的意志和领导的意图。所以，公文撰写是按一定的步骤来进行的。一般情况下，这个步骤可以分为三个阶段，不同的阶段，其方法和要求各不相同。

（一）公文撰制前的充分准备阶段

可以说，撰制前的准备工作是公文写作的基础，关系到文稿的质量，要切实做到严肃认真，详细周密。

按照公文写作的一般情况，这一阶段应着手做以下几项工作：

1. 明确发文的目的和要求

文件的撰写，每一篇都要有自己的主题。尽管每一份文件的内容有所不同，但所有的文件都有一个“中心”这一点却是相同的。我们常说：意在笔先，以文传意。就是说在下笔之前，首先要明确发文的目的和要求，并进而确定文件的主题和中心。发文的目的，是要体现发文机关的意图；而公文的主题，则是由文件的行文要求来确定。如果是领导人交办的，要准确地把握领导的意图，有不清楚的地方，应当及时请示和询问；如果是根据工作情况独立草拟文件，也要事先反复酝酿，将文件的中心确定下来，以免草率动笔，无功而返。

明确发文的目的和要求要弄清以下几个问题：

第一，准备使用什么文种。文种是不同公文在性质、用途、行文目的以及作者职权范围等方面的集中体现和高度概括。为了维护公文的权威性，在公文写作中必须正确地使用文种。那么，选择文种有哪些主要的依据呢？一是必须遵守已公布的有关公文处理法规中的规定来确定文种，不能滥用、错用或生造。二是依据行文之间的关系来确定。因为不同的行文关系，反映着不同的工作关系，所使用的文种是有区别的。三是依据发文机关的职责权限来确定。发文机关的职责地位不同，使用的文种必须符合其自身的职权范围，不得随意超越这个界线。比如，“命令”这个文种，是由国务院及其各部门，以及县级以上地方各级人民政府用于发布行政管理方面的规定的，一般的群众团体和企事业单位则不宜使用这个文种。四是依据行文的目的来确定。如发文是为了同不相隶属的机关进行工作联系，商讨问题，则应该使用“函”，而不宜使用“决定”。

第二，文件的中心写什么。即要搞清楚主要抓什么问题，主要的指导思想和解决问题的意见和措施是什么，汇报情况时应重点反映什么问题，请示事项时应重点拟请领导机关答复和解决什么问题，等等。

第三，发送和阅读的对象是谁。因为不同的文件，有着不同的阅读范围，而阅读范围的不同，就有着不同的行文要求。

第四，发文还有哪些具体要求。比如，发文是为了让对方机关了解，还是要求对方机关予以答复。是要求下级机关认真贯彻执行，还是仅供有关部门参考。

2. 收集材料，调查研究

公文的主题、观点是在材料的基础上形成的，所以说，材料是公文写作的基础，主题来源于材料，材料表现主题。它关系到文件能否正确地反映和解决实际问题。那么，材料是从哪里来的呢？材料是靠文件的撰写者通过调查研究收集整理而来。要想取得翔实有力的材料，只有通过艰苦细致的调查研究来完成。在调查研究的过程中，必须踏踏实实，注意对材料的分析与鉴别，由此及彼，由表及里。

当然，专门的调查研究工作并不是说每一份文件的写作都要进行。例如写一份简单的事务性的通知，一份内容简单的函件等，并不需要专门收集材料，作专项调查研究。在了解了发文意图之后，经过适当的考虑就可以完成了。但对于问题比较复杂，或者虽然有了原则性的意见、观点和结论，但仍需进一步地深入研究和分析的问题，如拟定工作计划，撰写工作总结，起草规章制度，请示和答复问题，对某项工作作出决定等等，则往往需要进行必要的材料收集和调研工作。一般地说，这项工作应注意以下两方面：

第一，要注意收集和阅读有关的文件材料。包括现实的和历史的文件材料。现实的文件材料最能体现新情况、新经验和新问题，历史文件材料则具有很高的对比、研究和参考的价值。例如要撰写一份贯彻上级文件的精神的通知，就要首先对上级的发文进行认真的阅读和领会，这样才能在撰写文件时全面准确地体现上级文件的精神实质。

第二，要收集相关的实际材料。包括正面的和反面的，赞成的和反对的，点的和面的，直接的和间接的，使我们对问题有一个更加全面的认识。对收集而来的材料，一定要注意深入地研究，要注意材料与观点的统一。这样，材料才有说服力，在这样的材料基础上写成的文件，才具有权威性。

（二）文稿的撰拟阶段

撰拟文稿是公文写作过程中的重要环节，直接关系到文件的质量。这一阶段一般包括提纲的拟写、结构的安排和正文的起草。

为保证文件的质量，通常在下笔之前，需要拟写一个提纲，同时，对文件的结构也要有一个整体的设计。这样，动起笔来就会少走一些弯路，就会有效地将内容与形式统一起来，撰写的效率就会大为提高。当然，并非所有的文件在拟写前都需要有那么一个提纲，像一般简短的文件，可以直接动手起草。但对于那些篇幅较长的文件，则需要拟制一个较为周密的写作提纲。而对于那些篇幅长同时又特别重要的文件，则必须拟制出一份十分细致、完备的提纲。这个提纲通常应包括以下各项内容：

第一，反复推敲，拟写文件标题。文件标题是文件主题、中心的集中体现，对阅读可以起到一种导向的作用。只有拟好标题，文件的开头才能始终把握住中心。

第二，写好文件的开头。开头是文件的起点和入笔。写好开头，不仅是全篇思路展开的关键，同时也为下文定下了基调。开头写好了，一下子就能抓住读者。文件的写作不同于其他任何写作，不兜圈子，不绕弯子，而是开门见山，直入正题。

第三，确定正文的层次。层次清晰分明，是对所有文章的共同要求。只是由于文件的写作要求更高，更严格，所以在层次的划分上也就要求得更为严谨。层次一般是指文件内容的表述次序，应该符合逻辑，联为一体。

第四，写好结尾。根据文种和内容的不同，文件有不同的收尾，也各有不同的要求。如有的文件在结尾处有一些惯用语，像“以上报告如无不妥，请批转×××执行”“特此通告”“特此通知”等等。也有的文件是以一个段落来结尾，或提出执行要求，或发出号召，或说明具体措施、办法等。无论采用哪种方式，文件的结尾都应该干净利落，总结全文，深化主题，不能故作姿态，堆砌废话。

（三）文稿的修改阶段

文稿拟好以后，还要认真把关，反复阅读，仔细修改。

文稿拟制水平的高低，与撰拟者的理论水平和文字水平固然分不开，但修改也非常重要。尤其是重要的文件，往往要经过多次修改才能成熟。对文稿的审核和修改应把握以下重点：

1. 文稿内容是否符合党和国家的方针政策，符合四项基本原则，是否符合国家的法律、法规，内容是否具有合法性、政策性和真实性。

2. 文稿内容是否符合实际，是否体现了实事求是的基本原则，所提的原则、政策、措施、办法是否切实可行。

3. 文字表述是否准确，是否具有逻辑性。

4. 格式是否规范。

文件初稿经过反复认真修改，内容将不断地完善，从而为下一步的审核和签发打下基础。

第三节　公文的语言

语体是运用语言的体式，因此，不同的语体，体现着不同的语言特征。比如，文学语体追求语言的形象性和生动性，而公文语体则讲求它的真实性、准确性和生动性。

一、公文语言的基本要求

公文语言，应符合公文语体的要求，戒修饰，重实际，求明晰，讲程序。具体说来，公文的语言应达到以下要求：

（一）准确、鲜明、生动

毛泽东同志曾经说过：“文章和文件都应当具有这样三种性质：准确性、鲜明性、生动性。”公文用语只有“准”（准确），才能“信”（真实）；只有“信”，才能“服”（令人信服）。人们常说：“一字入公文，九牛拔不出。”说明公文语言来不得半点马虎，非仔细琢磨不可，稍有不慎，往往因为一两句话或一两个词、字运用不当，造成重大的失误或损失。因此，准确性是公文的生命。语言的鲜明和生动是公文写作的又一标准。我们讲公文语言要朴实，并不是说公文语言可以不讲求形式美，让人听了瞌睡，看了头疼。生动的语言来自于生活，来自于百姓，经过锤炼而成，只有下苦工夫，没有捷径可走。

（二）庄重严谨，简明通顺

公文是代表机关发言的，表达的是作者的立场、观点和态度。只有用语庄重严谨，准确周密，雅正不俗，才能富有表现力，才能体现生动性。为此，写作公文一定要使用规范的语言，不能自己生造和滥用。

所谓简明，即要简洁明了，言简意赅。语言的简练在于“意则期多，字惟求少”。为此，撰写文件时，在语言运用上应把握三点：一是表达应直截了当，不讲套话和空话；二是句式要简洁；三是篇幅要紧凑。当然，语言的简练应以达意为准，不能为简而简。

（三）平实得体，通俗易懂

公文语言讲求清新自然，朴实无华，“辞达而已”，“不能因辞害其意”。文字不怕朴实，朴实也会生动，也会有色彩。因此必须不断地锤炼，决不能随随便便，失之严谨。

二、公文常用语介绍

（一）开端用语

公文的开端用语主要有：“据、根据、依据、依照、遵照、按照、由于、关于、对于、为、为了、鉴于、查、兹、兹将、兹有、兹定于、兹因”等。

（二）期请用语

公文的期请用语主要是表达文件作者的希望和请求。主要有：“请、恳请、敬请、拟请、务请、特请、提请、报请、希、望、希望、希盼、切盼”等。

（三）称谓用语

称谓用语在公文中表示对收文机关得体的称呼。主要有：“我（厂、局、校……）、你（厂、局、校……）、本（厂、局、校……）”等。

（四）引叙用语

即在公文中用以引叙来文的用语。主要有：“收、接、悉、前收、前接、近收、近接、据查、据报、据了解、电悉、敬悉、欣悉”等。

（五）经办用语

经办用语主要有：“经、业经、兹经、已经、一经、经过、前经”等。经办用语一般表明办文的程序。

（六）敦嘱用语

敦嘱用语常用来表示对公文的执行要求。主要有：“请遵照执行、参照执行、遵照办理、照此办理、如实呈报、如实上报、按时完成、如期完成、责令、责成”等。

（七）表态用语

在公文中，这类用语主要用于上级机关的领导人答复下级机关的请示事项。主要有：“同意、不同意、可行、不可行、很好、照办、应、应该、批准、拟同意、照此办理、遵照执行、酌情处理”等。

（八）协商用语

这类用语主要用于上行文。主要有：“当否、妥否、可否、能否、是否可行、是否妥当、如无不妥、如无不当、如有不当”等。

（九）告晓用语

主要有：“转告、知照、函告、发布、下达、颁布、颁发、印发”等。这类用语主要体现公文的告知方式。

（十）批转用语

主要用于下行文。常用的有：“审批、阅批、阅示、批转”等。

（十一）过渡用语

主要有：“因此、为此、对此”等。在公文写作中，这类用语主要起承启作用。

（十二）结尾用语

常用的有：“为要、为盼、为荷、是荷、特此通知、特此通告”等。应注意的是，不同的行文关系，结尾用语是有明显区别的。

（十三）时限用语

如“即、即刻、立即、当即、迅速、从速”等。这类用语主要体现公文在执行时间上的要求。

（十四）综合用语

如“为此、据此、至此、综上所述、有鉴于此、总之”等等。

（十五）模糊语言的运用

所谓模糊语言，是指在自然语言中，词语含义的外延没有一个精确的界限，但并不是说可以模棱两可、漫无边际。在公文写作中，正确地运用模糊语言，可提高语言表达的概括性、准确性。因为公务活动本身没有一个精确的界限，所以，用以反映公务活动的公文语言的含义就不可能都是十分确定的。一般地说，公文中模糊语言的运用通常是用来表述带有模糊性的概念，或本身就需要留有回旋余地的内容。如“最近、近来、近日、今年以来、一年来、上午、下午、在适当的时候、所有、少数、一些、大多数、绝大多数、逐步、很大、很高、极大、一般、大致、几乎、普遍、原则上、进一步、或许”等等。

三、公文“遣词十戒”

公文在拟稿中，除了要通篇布局外，还要讲究遣词造句。苗枫林同志在其著作《中国公文学》一书中，提出了“遣词十戒”，应引起公文撰拟者的重视。现摘要如下：

（一）戒生僻词

即对于那些难读、难懂，有可能造成传递失误的生僻字、生僻词，要尽量避免使用。

（二）戒重出

就是说在行文时，要避免某一字、词以不同的涵义重复出现，以免造成阅读的困难和理解上的歧义。

（三）戒称谓混乱

如简称混乱、代称混乱、异名混乱等。称谓是公文中论及的对象，出现混乱，就会导致理解上的混乱。

（四）戒主从多变

即在一个句子或相近句子中，如果主从关系多变，难免造成理解和判断上的混乱。如“要满腔热情地给领导提意见，走群众路线”就出现了主从关系的变换，前一句讲的是群众，而后一句指的是领导。像这种情况确实是应该加以避免的。

（五）戒多附加

就是说，在一个句子中，不能有太多的附加语，否则会造成阅读上的困难。如“有用的、有价值的、有参考性的……”就是属于多附加语。这种句子读起来让人感觉有些累，应给予重新组句。

（六）戒绕口

就是老百姓所说的“字话”，让人听不明白，听得别扭。所以，对于绕口的句子，应换一种为大众所能接受的表述方法。

（七）戒迷路句

就是说，行文在内容上和语气上都要有衔接。如果中间突然插进来一句不相干的话，就会破坏人们的思路。因此，对迷路句应坚决予以删除。

（八）戒谓宾失配

就是说谓宾搭配要得当，要合乎语法，使人读得顺畅。

（九）戒半文不白

公文采用白话文的表达方法，文言文、半文言半白话的句子有损于文风，也显得不伦不类，应力戒。

（十）戒歧义句

公文要防止因理解上的不同而导致的歧义。因此，公文中应使用清晰明了的语言，不能模棱两可，含糊其辞。

第六章　决议、决定、命令的撰写

第一节　决议、决定

决议适用于经会议讨论通过的重大决策事项。决定用于对重要事项作出决策和部署、奖惩有关单位和人员、变更或撤销下级机关不适当的决定事项。

一、决议与决定的区别与联系

从以上的规定中可以看出，决议和决定这两个文种所反映的内容大体上是相同的。但在具体使用中，二者还是有着一定的区别。从程序上看，决议必须经过一定的会议讨论通过，而决定则可以是通过会议通过，也可以不是。二者除具有上述主要区别外，还有许多共同特点：第一，二者都具有规定性，有约束力。第二，具有指导性、政策性和理论性。第三，写作的结构大体相同。

二、决议、决定的类型

决定大致可分为以下两种类型：一种是指导性的决定，主要体现为对重大事项作出安排，提出要求，如《中共中央、国务院关于普及小学教育若干问题的决定》和《国务院关于加强医药管理的决定》。另一种是关于重大事项的决定，如 1981 年 5 月 16 日第五届全国人民代表大会常务委员会第十八次会议通过的《全国人民代表大会常务委员会关于授予宋庆龄同志中华人民共和国名誉主席荣誉称号的决定》等。

决议一般也分为两种类型：一种是用于批准会议的有关文件或有关事项，第二种是执行性决议。这类决议在内容规定上同决定大体一致，只是需要经过会议讨论通过这一法定程序。

三、决议、决定的写作

（一）标题

决议和决定的标题一般应该采用“三要素”俱全的形式，以示发文的郑重性。

（二）日期

决议、决定的成文日期通常标注在标题的正下方，用圆括号括入。

（三）正文

决议、决定的正文部分并没有固定的格式，应根据内容的不同来安排结构。大体上应写明制发的依据、决定、决议的事项和执行的要求等。

此外，决议和决定在格式上一般不写抬头，最后也不签署发文机关，因为发文机关通常都已在标题中体现出来。

四、决议、决定的写作要领

第一，内容必须符合党和国家的有关方针政策和法律法规，与上级机关的有关规定保持一致，与本机关原有的规定不能抵触和矛盾。

第二，认真调查研究，提出的规定、办法要严密。

第三，结构划分合理有序，文字简练准确，语气坚决明确。

【文例】

第十二届全国人民代表大会第三次会议
关于全国人民代表大会常务委员会工作报告的决议

2015 年 3 月 15 日第十二届全国人民代表大会
第三次会议通过

第十二届全国人民代表大会第三次会议听取和审议了张德江委员长受全国人大常委会委托所作的工作报告。会议充分肯定全国人大常委会过去一年的工作，同意报告提出的今后一年的主要任务和工作安排，决定批准这个报告。

会议要求，全国人大常委会要全面贯彻党的十八大和十八届三中、四中全会精神，高举中国特色社会主义伟大旗帜，以邓小平理论、“三个代表”重要思想、科学发展观为指导，深入贯彻习近平总书记系列重要讲话精神，坚持党的领导、人民当家作主、依法治国有机统一，紧紧围绕全面建成小康社会、全面深化改革、全面依法治国、全面从严治党的战略布局，依法行使职权，积极开展工作，完善以宪法为核心的中国特色社会主义法律体系，充分发挥立法的引领和推动作用，加强对法律实施情况和“一府两院”工作的监督，坚决维护宪法法律权威，密切联系人大代表和人民群众，不断推动人大工作与时俱进、完善发展，为实现“两个一百年”奋斗目标、实现中华民族伟大复兴的中国梦作出新贡献。

国务院关于取消非行政许可审批事项的决定

国发［2015］27号

各省、自治区、直辖市人民政府，国务院各部委、各直属机构：

经研究论证，国务院决定，在前期大幅减少部门非行政许可审批事项的基础上，再取消49项非行政许可审批事项，将84项非行政许可审批事项调整为政府内部审批事项。今后不再保留“非行政许可审批”这一审批类别。

各地区、各有关部门要认真做好取消事项的落实工作，加强事中事后监管，防止出现管理真空，且不得以任何形式变相审批。调整为政府内部审批的事项，不得面向公民、法人和其他社会组织实施审批；审批部门要严格规范审批行为，明确政府内部审批的权限、范围、条件、程序、时限等，严格限制自由裁量权，优化审批流程，提高审批效率。要进一步深化行政体制改革，深入推进简政放权、放管结合，加快政府职能转变，不断提高政府管理科学化、规范化、法制化水平。

附件：1. 国务院决定取消的非行政许可审批事项目录（略）

2. 国务院决定调整为政府内部审批的事项目录（略）

国务院

2015年5月10日

第二节　命令（令）

适用于公布行政法规和规章、宣布施行重大强制性措施、批准授予和晋升衔级、嘉奖有关单位和人员。命令、令作为领导机关或领导人发布的指挥性公文，集中体现了一级领导机关的权力和意志。

一、命令、令的特点

（一）有特定的发布机关

命令、令的作者具有高度的法定权威性，不是所有的机关和领导人都可以使用这个文种。命令性公文的制发机关，必须是符合《宪法》和《组织法》规定的有关权力机关，而非所有的行政机关。按照命令的发布权限，中华人民共和国全国人民代表大会委员长、中华人民共和国主席、国务院、国务院各部各委员会以及县级与县级以上的地方各级人民代表大会、人民政府可按照法律规定发布命令。

（二）有高度的严肃性

命令性公文，其内容一般为重大的事项，而非一般的事项。命令的内容限于对行政法规的发布及对重大问题的处理。

（三）有高度的强制性

在公文种类中，命令的强制性最强，要求下级受令机关必须无条件地服从和执行，不得作任何变通和处理，真正做到“令行禁止”。

（四）有法定的权威性

发布命令是以法律、法令为依据，因而具有极强的权威性。

二、命令、令的主要种类

按照命令、令的使用范围及内容的不同，可以分为以下几种类型：

（一）发布令

发布令主要用于发布行政法规与规章，一般具有立即生效执行的法定效力，所以权威性极强。

（二）行政令

行政令主要用于宣布施行重大的强制性的行政措施，实施行政领导和指挥。

（三）嘉奖令

用于嘉奖有关单位和人员。

三、命令、令的撰写

（一）发布令

1. 标题

发布令的标题最常见的写法是写明发文机关和文种，省略发文事由。如《中华人民共和国主席令》《中华人民共和国国务院令》《××省人民政府令》等，都属此例。也有的发布令的标题由“三要素”构成，如《国务院关于在我国统一实行法定计量单位的命令》。一般地说，后一种写法的文种应该使用“命令”更为妥当，文字上也读得通。

2. 结构

一般要求写明批准的机关或会议，批准日期以及生效、施行的日期。也有的根据需要在正文的开头先简要说明一下有关情况和新规定的意义，并在行文中指明责成执行的机关等。

（二）行政令

1. 标题

行政令的标题通常要写明发文机关、事由和文种三部分。如《国务院关于发行新版人民币的命令》（1987 年 4 月 25 日发布）、《国务院关于进行第四次全国人口普查登记的命令》（1990 年 6 月 29 日发布）。

2. 正文

行政令的正文要郑重地写明发布命令的根据、规定和执行要求。内容应明确，如内容较多，通常可采取分条列项的形式。

（三）嘉奖令

1. 标题

嘉奖令的标题在结构上一般应写成“××××对×××××的嘉奖令”这一格式，通常不使用“关于”这一联结词。如《国务院对胜利粉碎劫机事件的民航杨继海机组的嘉奖令》《国务院对民航王仪轩机组的嘉奖令》《国务院、中央军委授予阎正连同志“灭火战斗英雄”荣誉称号的命令》等。也有的直接以“嘉奖令”的名称颁发。

2. 正文

通常应写明嘉奖对象的主要事迹，同时包括对事迹的分析评价以及嘉奖的方式方法，并有针对性地提出要求或发出号召。

【文例】

中华人民共和国国务院令

第 659 号

《博物馆条例》已经 2015 年 1 月 14 日国务院第 78 次常务会议通过，现予公布，自 2015 年 3 月 20 日起施行。

总　理　李克强

2015 年 2 月 9 日

国务院关于在我国统一实行法定计量单位的命令

一九五九年国务院发布《关于统一计量制度的命令》，确定米制为我国的基本计量制度以来，全国推广米制、改革市制、限制英制和废除旧杂制的工作，取得了显著成绩。为贯彻对外实行开放政策，对内搞活经济的方针，适应我国国民经济、文化教育事业的发展，以及推进科学技术进步和扩大国际经济、文化交流的需要，国务院决定在采用先进的国际单位制的基础上，进一步统一我国的计量单位。经一九八四年一月二十日国务院第二十一次常务会议讨论，通过了国家计量局《关于在我国统一实行法定计量单位的请示报告》《全面推行我国法定计量单位的意见》和《中华人民共和国法定计量单位》。现发布命令如下：

一、我国的计量单位一律采用《中华人民共和国法定计量单位》（附后）。

二、我国目前在人民生活中采用的市制计量单位，可以延续使用到一九九〇年，一九九〇年底以前要完成向国家法定计量单位的过渡。农田土地面积计量单位的改革，要在调查研究的基础上制订改革方案，另行公布。

三、计量单位的改革是一项涉及各行各业和广大人民群众的事，各地区、各部门务必充分重视，制定积极稳妥的实施计划，保证顺利完成。

四、本命令责成国家计量局负责贯彻执行。

本命令自发布之日起生效。过去颁布的有关规定，与本命令有抵触的，以本命令为准。

附件：中华人民共和国法定计量单位（略）

国务院
一九八四年二月二十七日

嘉 奖 令

参加大兴安岭扑火救灾的全体解放军指战员同志们：

在大兴安岭地区发生特大森林火灾，国家和人民的生命财产受到严重危害之际，你们坚决执行党中央、国务院、中央军委的指示，在全国人民的大力支援下，同参加扑火救灾的武装森林警察、干部、职工和广大群众并肩战斗，终于取得了扑灭这场特大山火的决定性胜利，为国家、为人民立了大功。中央军委特向你们致以亲切的慰问和崇高的敬意。

在这场特大火灾面前，你们首先想到的是国家和人民的利益，坚决执行命令，听从指挥，迅速开赴灾区。为了尽快扑灭大火，有的同志置家庭困难于不顾，有的带病带伤踏上征途，有的主动放弃休假、推迟婚期，有的路过家门而不入，充分表现了广大指战员对国家、对人民的强烈责任感和赤胆忠心。

火场就是战场。在扑火中，你们发扬我军英勇顽强、连续作战、不怕牺牲、不怕疲劳的战斗作风，驰骋火海，昼夜奋战。广大指战员风餐露宿，啃干粮，喝冰水，克服了各种艰难困苦，一次又一次地把一个个火头压下去，充分发挥了主力军作用。

你们与武装森林警察、公安消防战士及灾区干部群众等各路扑火大军密切协同，互相支援，创造了扑灭大面积森林火灾的经验。兄弟部队之间紧密配合，参加救灾的空军飞行部队连续超强度飞行，出色地完成了空投空运、侦察火情和人工降雨等任务；后勤保障部门从物资供应、医疗救护等方面积极保证扑火第一线的需要。军、警、民万众一心，谱写了团结战斗的新篇章。

在扑火救灾中，你们牢记全心全意为人民服务的宗旨，急人民群众之所急，帮人民群众之所需，把危险留给自己，把安全让给群众。有的部队把受灾群众安排到营房，自己露宿野外，把粮食蔬菜让给群众，自己忍饥挨饿。有的部队把灾后的第一锅开水送给群众喝，把第一锅饭送给群众吃。大火扑灭后，各部队还从人力物力上积极支援灾区人民进行生产自救，重建家园，把党的温暖送给灾区的千家万户。

参加扑火的部队各级领导和机关严密组织，精心指挥。领导同志亲临第一线，察看火情，研究办法，及时调整部署，使扑火战役一次比一次打得好。各级干部和共产党员率先垂范，充分发挥模范带头作用。哪里最危险，干部就出现在哪里，哪里最困难，共产党员就到哪里，许多同志抢先冲进火海，最后撤出火场，为部队做出了好样子。在扑火中，各部队积极开展宣传鼓动工作，表彰先进，激励士气，总结经验，以利再战，充分发挥了政治工作的威力，保证了扑火战斗的胜利。

你们在扑火救灾中的英勇行为和先进事迹，充分显示了人民军队的本色，是我军光荣传统的光大发扬，展示了部队经过精简整编、整党和贯彻军委扩大会议精神的崭新面貌。你们取得的胜利，对全军指战员是一个巨大的鼓舞，你们做出的榜样值得全军学习。中央军委特此通令嘉奖。希望你们珍惜荣誉，认真总结经验，再接再厉，为全部干净地消灭暗火、余火，夺取扑火斗争彻底胜利，继续发挥主力军作用，在帮助灾区人民尽快恢复生产，重建家园的斗争中做出新的贡献，在部队的革命化、现代化、正规化建设中取得新的更大的战绩。

中央军委主席　邓小平
一九八七年六月二日

四、命令、令的撰写要求及注意事项

第一，必须与国家的方针政策和法律法规保持一致，以维护其权威性和庄严性。

第二，对事项的阐述必须准确，用语精练。

第三，命令（令）的发文号一般单独标在标题的下面，写明“第×号”。

第四，命令（令）的最后要签署发文机关的名称或领导人的职务身份和姓名。日期一般写在落款之后，也有的写在标题下面。

第七章　公报、公告、通告的撰写

第一节　公　报

一、公报的特点

公报用于公布重要决定或重大事项。

中共中央办公厅1989年4月25日发布的《中国共产党各级领导机关文件处理条例（试行）》中，就已将公报列为党的各级领导机关正式公文的种类之一，规定其用途为“公开发布重大事件或重要决定事项”。并将公报位列第一种。1996年5月3日中共中央办公厅印发的《中国共产党机关公文处理条例》，对公报性质和用途的规定又给予了进一步的确定，只对其在公文种类中的位置作了调整。

二、公报的种类

公报的使用一般分为两种情况：一种是会议公报，另一种是重要事项的公报。

【文例】

中国共产党第十八届中央委员会第三次全体会议公报

（2013年11月12日中国共产党第十八届中央委员会第三次全体会议通过）

中国共产党第十八届中央委员会第三次全体会议，于2013年11月9日至12日在北京举行。

出席这次全会的有，中央委员204人，候补中央委员169人。中央纪律检查委员会常务委员会委员和有关方面负责同志列席了会议。党的十八大代表中部分基层同志和专家学者也列席了会议。

全会由中央政治局主持。中央委员会总书记习近平作了重要讲话。

全会听取和讨论了习近平受中央政治局委托作的工作报告，审议通过了《中共中央关于全面深化改革若干重大问题的决定》。习近平就《决定（讨论稿)》向全会作了说明。

全会充分肯定党的十八大以来中央政治局的工作。一致认为，面对十分复杂的国际形势和艰巨繁重的国内改革发展稳定任务，中央政治局全面贯彻党的十八大和十八届一中、二中全会精神，高举中国特色社会主义伟大旗帜，以邓小平理论、“三个代表”重要思想、科学发展观为指导，团结带领全党全军全国各族人民，坚持稳中求进的工作总基调，着力稳增长、调结构、促改革，沉着应对各种风险挑战，全面推进社会主义经济建设、政治建设、文化建设、社会建设、生态文明建设，全面推进党的建设新的伟大工程，扎实推进党的群众路线教育实践活动，各项工作取得新进展，推动发展成果更多更公平惠及全体人民，实现了贯彻落实党的十八大精神第一年的良好开局。

全会高度评价党的十一届三中全会召开35年来改革开放的成功实践和伟大成就，研究了全面深化改革若干重大问题，认为改革开放是党在新的时代条件下带领全国各族人民进行的新的伟大革命，是当代中国最鲜明的特色，是决定当代中国命运的关键抉择，是党和人民事业大踏步赶上时代的重要法宝。面对新形势新任务，全面建成小康社会，进而建成富强民主文明和谐的社会主义现代化国家、实现中华民族伟大复兴的中国梦，必须在新的历史起点上全面深化改革。

全会强调，全面深化改革，必须高举中国特色社会主义伟大旗帜，以马克思列宁主义、毛泽东思想、邓小平理论、“三个代表”重要思想、科学发展观为指导，坚定信心，凝聚共识，统筹谋划，协同推进，坚持社会主义市场经济改革方向，以促进社会公平正义、增进人民福祉为出发点和落脚点，进一步解放思想、解放和发展社会生产力、解放和增强社会活力，坚决破除各方面体制机制弊端，努力开拓中国特色社会主义事业更加广阔的前景。

全会指出，全面深化改革的总目标是完善和发展中国特色社会主义制度，推进国家治理体系和治理能力现代化。必须更加注重改革的系统性、整体性、协同性，加快发展社会主义市场经济、民主政治、先进文化、和谐社会、生态文明，让一切劳动、知识、技术、管理、资本的活力竞相迸发，让一切创造社会财富的源泉充分涌流，让发展成果更多更公平惠及全体人民。

全会指出，要紧紧围绕使市场在资源配置中起决定性作用深化经济体制改革，坚持和完善基本经济制度，加快完善现代市场体系、宏观调控体系、开放型经济体系，加快转变经济发展方式，加快建设创新型国家，推动经济更有效率、更加公平、更可持续发展；紧紧围绕坚持党的领导、人民当家作主、依法治国有机统一深化政治体制改革，加快推进社会主义民主政治制度化、规范化、程序化，建设社会主义法治国家，发展更加广泛、更加充分、更加健全的人民民主；紧紧围绕建设社会主义核心价值体系、社会主义文化强国深化文化体制改革，加快完善文化管理体制和文化生产经营机制，建立健全现代公共文化服务体系、现代文化市场体系，推动社会主义文化大发展大繁荣；紧紧围绕更好保障和改善民生、促进社会公平正义深化社会体制改革，改革收入分配制度，促进共同富裕，推进社会领域制度创新，推进基本公共服务均等化，加快形成科学有效的社会治理体制，确保社会既充满活力又和谐有序；紧紧围绕建设美丽中国深化生态文明体制改革，加快建立生态文明制度，健全国土空间开发、资源节约利用、生态环境保护的体制机制，推动形成人与自然和谐发展现代化建设新格局；紧紧围绕提高科学执政、民主执政、依法执政水平深化党的建设制度改革，加强民主集中制建设，完善党的领导体制和执政方式，保持党的先进性和纯洁性，为改革开放和社会主义现代化建设提供坚强政治保证。

全会指出，全面深化改革，必须立足于我国长期处于社会主义初级阶段这个最大实际，坚持发展仍是解决我国所有问题的关键这个重大战略判断，以经济建设为中心，发挥经济体制改革牵引作用，推动生产关系同生产力、上层建筑同经济基础相适应，推动经济社会持续健康发展。

全会指出，经济体制改革是全面深化改革的重点，核心问题是处理好政府和市场的关系，使市场在资源配置中起决定性作用和更好发挥政府作用。

全会强调，改革开放的成功实践为全面深化改革提供了重要经验，必须长期坚持。最重要的是，坚持党的领导，贯彻党的基本路线，不走封闭僵化的老路，不走改旗易帜的邪路，坚定走中国特色社会主义道路，始终确保改革正确方向；坚持解放思想、实事求是、与时俱进、求真务实，一切从实际出发，总结国内成功做法，借鉴国外有益经验，勇于推进理论和实践创新；坚持以人为本，尊重人民主体地位，发挥群众首创精神，紧紧依靠人民推动改革，促进人的全面发展；坚持正确处理改革发展稳定关系，胆子要大、步子要稳，加强顶层设计和摸着石头过河相结合，整体推进和重点突破相促进，提高改革决策科学性，广泛凝聚共识，形成改革合力。

全会要求，到 2020 年，在重要领域和关键环节改革上取得决定性成果，形成系统完备、科学规范、运行有效的制度体系，使各方面制度更加成熟更加定型。

全会对全面深化改革作出系统部署，强调坚持和完善基本经济制度，加快完善现代市场体系，加快转变政府职能，深化财税体制改革，健全城乡发展一体化体制机制，构建开放型经济新体制，加强社会主义民主政治制度建设，推进法治中国建设，强化权力运行制约和监督体系，推进文化体制机制创新，推进社会事业改革创新，创新社会治理体制，加快生态文明制度建设，深化国防和军队改革，加强和改善党对全面深化改革的领导。

全会提出，公有制为主体、多种所有制经济共同发展的基本经济制度，是中国特色社会主义制度的重要支柱，也是社会主义市场经济体制的根基。公有制经济和非公有制经济都是社会主义市场经济的重要组成部分，都是我国经济社会发展的重要基础。必须毫不动摇巩固和发展公有制经济，坚持公有制主体地位，发挥国有经济主导作用，不断增强国有经济活力、控制力、影响力。必须毫不动摇鼓励、支持、引导非公有制经济发展，激发非公有制经济活力和创造力。要完善产权保护制度，积极发展混合所有制经济，推动国有企业完善现代企业制度，支持非公有制经济健康发展。

全会提出，建设统一开放、竞争有序的市场体系，是使市场在资源配置中起决定性作用的基础。必须加快形成企业自主经营、公平竞争，消费者自由选择、自主消费，商品和要素自由流动、平等交换的现代市场体系，着力清除市场壁垒，提高资源配置效率和公平性。要建立公平开放透明的市场规则，完善主要由市场决定价格的机制，建立城乡统一的建设用地市场，完善金融市场体系，深化科技体制改革。

全会提出，科学的宏观调控，有效的政府治理，是发挥社会主义市场经济体制优势的内在要求。必须切实转变政府职能，深化行政体制改革，创新行政管理方式，增强政府公信力和执行力，建设法治政府和服务型政府。要健全宏观调控体系，全面正确履行政府职能，优化政府组织结构，提高科学管理水平。

全会提出，财政是国家治理的基础和重要支柱，科学的财税体制是优化资源配置、维护市场统一、促进社会公平、实现国家长治久安的制度保障。必须完善立法、明确事权、改革税制、稳定税负、透明预算、提高效率，建立现代财政制度，发挥中央和地方两个积极性。要改进预算管理制度，完善税收制度，建立事权和支出责任相适应的制度。

全会提出，城乡二元结构是制约城乡发展一体化的主要障碍。必须健全体制机制，形成以工促农、以城带乡、工农互惠、城乡一体的新型工农城乡关系，让广大农民平等参与现代化进程、共同分享现代化成果。要加快构建新型农业经营体系，赋予农民更多财产权利，推进城乡要素平等交换和公共资源均衡配置，完善城镇化健康发展体制机制。

全会提出，适应经济全球化新形势，必须推动对内对外开放相互促进、引进来和走出去更好结合，促进国际国内要素有序自由流动、资源高效配置、市场深度融合，加快培育参与和引领国际经济合作竞争新优势，以开放促改革。要放宽投资准入，加快自由贸易区建设，扩大内陆沿边开放。

全会提出，发展社会主义民主政治，必须以保证人民当家作主为根本，坚持和完善人民代表大会制度、中国共产党领导的多党合作和政治协商制度、民族区域自治制度以及基层群众自治制度，更加注重健全民主制度、丰富民主形式，充分发挥我国社会主义政治制度优越性。要推动人民代表大会制度与时俱进，推进协商民主广泛多层制度化发展，发展基层民主。

全会提出，建设法治中国，必须深化司法体制改革，加快建设公正高效权威的社会主义司法制度，维护人民权益。要维护宪法法律权威，深化行政执法体制改革，确保依法独立公正行使审判权检察权，健全司法权力运行机制，完善人权司法保障制度。

全会提出，坚持用制度管权管事管人，让人民监督权力，让权力在阳光下运行，是把权力关进制度笼子的根本之策。必须构建决策科学、执行坚决、监督有力的权力运行体系，健全惩治和预防腐败体系，建设廉洁政治，努力实现干部清正、政府清廉、政治清明。要形成科学有效的权力制约和协调机制，加强反腐败体制机制创新和制度保障，健全改进作风常态化制度。

全会提出，建设社会主义文化强国，增强国家文化软实力，必须坚持社会主义先进文化前进方向，坚持中国特色社会主义文化发展道路，坚持以人民为中心的工作导向，进一步深化文化体制改革。要完善文化管理体制，建立健全现代文化市场体系，构建现代公共文化服务体系，提高文化开放水平。

全会提出，实现发展成果更多更公平惠及全体人民，必须加快社会事业改革，解决好人民最关心最直接最现实的利益问题，更好满足人民需求。要深化教育领域综合改革，健全促进就业创业体制机制，形成合理有序的收入分配格局，建立更加公平可持续的社会保障制度，深化医药卫生体制改革。

全会提出，创新社会治理，必须着眼于维护最广大人民根本利益，最大限度增加和谐因素，增强社会发展活力，提高社会治理水平，维护国家安全，确保人民安居乐业、社会安定有序。要改进社会治理方式，激发社会组织活力，创新有效预防和化解社会矛盾体制，健全公共安全体系。设立国家安全委员会，完善国家安全体制和国家安全战略，确保国家安全。

全会提出，建设生态文明，必须建立系统完整的生态文明制度体系，用制度保护生态环境。要健全自然资源资产产权制度和用途管制制度，划定生态保护红线，实行资源有偿使用制度和生态补偿制度，改革生态环境保护管理体制。

全会提出，紧紧围绕建设一支听党指挥、能打胜仗、作风优良的人民军队这一党在新形势下的强军目标，着力解决制约国防和军队建设发展的突出矛盾和问题，创新发展军事理论，加强军事战略指导，完善新时期军事战略方针，构建中国特色现代军事力量体系。要深化军队体制编制调整改革，推进军队政策制度调整改革，推动军民融合深度发展。

全会强调，全面深化改革必须加强和改善党的领导，充分发挥党总揽全局、协调各方的领导核心作用，提高党的领导水平和执政能力，确保改革取得成功。中央成立全面深化改革领导小组，负责改革总体设计、统筹协调、整体推进、督促落实。各级党委要切实履行对改革的领导责任。要深化干部人事制度改革，建立集聚人才体制机制，充分发挥人民群众积极性、主动性、创造性，鼓励地方、基层和群众大胆探索，及时总结经验。

全会分析了当前形势和任务，强调全党同志要把思想和行动统一到中央关于全面深化改革重大决策部署上来，增强进取意识、机遇意识、责任意识，牢牢把握方向，大胆实践探索，注重统筹协调，凝聚改革共识，落实领导责任，坚定不移实现中央改革决策部署。要按照中央决策部署，坚持稳中求进、稳中有为，切实做好各项工作，保持经济社会发展势头，关心群众特别是困难群众生活，促进社会和谐稳定，继续扎实推进党的群众路线教育实践活动，努力实现经济社会发展预期目标。

全会号召，全党同志要紧密团结在以习近平同志为总书记的党中央周围，锐意进取，攻坚克难，谱写改革开放伟大事业历史新篇章，为全面建成小康社会、不断夺取中国特色社会主义新胜利、实现中华民族伟大复兴的中国梦而奋斗！

第二节　公　告

一、公告的适用范围及特点

公告用于向国内外宣布重要事项或者法定事项。

公告具有以下特征：

第一，公布的广泛性。公告是向国内外公布的文告，其范围最为广泛。

第二，宣告的庄严性。公告常常是以国家、国家领导人、全国人大及其常委会、国务院及其各部、委、各级地方人大及其常委会、各级地方政府等名义发布，一般的机关、单位则无权使用。

第三，行文的郑重性。公告的内容应是国内外关注的大事，如修改宪法，宣布国家领导人的名单，公布重大科技成果等，内容均属重要事项。

二、公告与通告的区别

公告和通告都具有公布性和知照性的特点，在写法上也有许多共同的要求。实践中，将两者混用、滥用的情况比较多，所以有必要明确一下两者的区别：

第一，发文机关不同。公告的发布级别很高，这一点前面已经作了说明。而通告的发布一般不受单位级别的限制，一般的行政机关和企事业单位都可以根据自己的职权范围使用。

第二，收文对象不同。公告是面向国内外公布的事项，而通告常限于国内，并且通常是在一定的范围内公布需要知道或遵守的事项。

第三，重要程度不同。公告内容须是重要事项，在国内外有一定影响。而通告所涉及的通常是一般事项。

第四，发布形式不同。公告通常由新闻媒体发布，通告可以通过新闻媒体公布，也可以张贴。

三、公告的撰写

公告的标题可以是“三要素”俱全，也可以只标明文种，或标明发文机关和文种。

公告的内容一般极其简明扼要，将所要公布的事项明确地表达出来即可，可以不写因由，不设结语。有的公告需要说明发布公告的原因，但应写得精练得体，言简意赅。用于发布信息、宣告重大事项的公告，应开宗明义，直叙事实。公告的结语也极为简练，多使用“现予公告”“特此公告”等惯用语。

因公告中所涉及的事项重大，影响广泛，所以，行文中一定要慎重，用语一定要规范。

【文例】

北京市人民政府关于
2014 年亚太经济合作组织领导人非正式会议
欢迎晚宴及预演期间燃放烟花的公告

依据《北京市烟花爆竹安全管理规定》，市政府决定：2014 年亚太经济合作组织领导人非正式会议欢迎晚宴及预演期间，在本市五环路内指定地点燃放烟花。

特此公告。

北京市人民政府
2014 年 11 月 4 日

第三节　通　告

一、通告的性质和特点

通告用于公布应当遵守或需要周知的事项。其制发主体通常应是具有一定权限和一定管理职能的行政机关或权力机关。内容特点主要在于对某些事项作出行政性规定和法规性的限制。

通告主要有以下特点：

第一，知照性和约束力。知照性主要是指用于公布需要人们周知的事项，约束力是指通告的内容要求人们必须遵守。

第二，专业性。许多通告是由专业主管部门在一定的业务范围内公布，其作用范围有一定的限制。

二、通告的种类

（一）告知性通告

这类通告主要用于告知有关事项，不体现规范作用。

（二）执行性通告

这类通告主要是对某些事项作出规定或限制，有很强的约束力。如《××××关于维护学校秩序的通告》《××省人民政府关于加强交通安全管理的通告》等。

三、通告的撰写

通告标题一般由作者、事由和文种三部分组成。这是最基本的写法。也有的通告标题中省略作者，如《关于查禁××××的通告》。还有的省略事由，如《中华人民共和国公安部通告》。也有的只写明文种，如《通告》。

通告一般没有收文机关，因为通告具有周知性，是面向广大群众的。所以，标题之下直接切入正题。

通告正文的撰写一般要由三部分组成。

首先应概括地写明发布通告的依据、目的，然后常用承启语“特通告如下”“现将有关事项通告如下”转入下文。

事项部分应着重写明应当周知和遵守的事项及具体要求。如果内容不多，可一气呵成。如果内容较多，为便于理解、记忆和执行，可逐条逐项地予以表达。但应注意，各条的概括应注意其合理性，不能重复和交叉，防止挂一漏万。

最后是要求部分。可以提出希望和要求，也可以说明执行范围及对违反通告的处理办法等。有的通告则用惯用语结尾，如“特此通告”“望有关单位遵照执行”等。

【文例】

北京市人民政府关于2014年亚太经济合作组织会议期间对外省区市进京机动车采取临时交通管理措施的通告

2014年亚太经济合作组织领导人非正式会议将于11月在北京召开。根据《北京市实施〈中华人民共和国道路交通安全法〉办法》和《北京市大气污染防治条例》，市政府决定，在2014年11月3日至11月12日期间，对外省、区、市进京机动车（含临时号牌车辆）采取临时交通管理措施。现就有关事项通告如下：

一、运输土方或渣土车辆、危险化学品运输车辆、持有黄色环保标志的车辆，全天禁止在北京市行政区域内道路行驶，北京市有关部门核发相关通行证件的除外。

二、货运机动车、低速载货汽车、三轮汽车、拖拉机、摩托车、专项作业车及未达到国Ⅲ排放标准的载客汽车，全天禁止进入北京市六环路以内道路（含六环路）和怀柔主城区以内道路行驶。但以下车辆除外：

（一）“绿色通道”车辆（即整车运送鲜活农产品的车辆，包括新鲜蔬菜、水果，鲜活水产品，活的畜禽，新鲜的肉、蛋、奶等）、邮政专用货车；

（二）经北京市运输管理部门核准、北京市公安交通管理部门备案的为北京市运送生产生活物资的车辆（以下简称“生产生活物资车辆”）。

三、每天3时至24时，进京的外省、区、市机动车按车牌尾号实行单号单日、双号双日行驶（单号为1、3、5、7、9，双号为2、4、6、8、0），“二〇〇二”式号牌和车牌尾号为英文字母的机动车按双号管理。同时，对在北京市行政区域内道路行驶的外省、区、市机动车暂停实施尾号轮换限行措施；但工作日7时至9时、17时至20时，禁止在北京市五环路以内道路（含五环路）行驶。

四、省际旅游大型客车、“绿色通道”车辆、邮政专用车、生产生活物资车辆，不受单双号行驶措施的限制，但仍须办理进京通行证件。每天6时至24时，除省际旅游大型客车和邮政专用客车外，其他车辆禁止在北京市六环路以内道路（不含六环路）行驶。

五、以下机动车不受上述措施的限制：

（一）进京执行任务的警车、救护车；

（二）持有2014年亚太经济合作组织会议专用车辆证件的车辆；

（三）持道路运输证件的省际客运车辆及经批准的临时入境车辆。

六、违反本通告规定的，由北京市公安交通管理部门和北京市环保部门按照国家和北京市有关规定依法处理。

特此通告。

北京市人民政府
2014年10月9日

北京市人民政府关于应对空气重污染采取临时交通管理措施的通告

为应对空气重污染、保护公众健康，市政府决定，当市空气重污染应急指挥部办公室组织发布空气重污染橙色预警（预警二级）、市突发事件应急委员会办公室组织发布空气重污染红色预警（预警一级）时，按照《北京市空气重污染应急预案》的有关规定，对在本市行政区域内道路行驶的机动车（含临时号牌车辆）采取临时交通管理措施。现就有关事项通告如下：

一、在空气重污染橙色预警（预警二级）期间，建筑垃圾和渣土运输车、混凝土罐车、砂石运输车等重型车辆全天禁止在本市行政区域内道路行驶。

二、在空气重污染红色预警（预警一级）期间，执行以下交通管理措施：

（一）本市各级党政机关和本市所属社会团体、事业单位和国有企业的公务用车全天停驶80%。

（二）建筑垃圾和渣土运输车、混凝土罐车、砂石运输车等重型车辆全天禁止在本市行政区域内道路行驶。

（三）每天3时至24时，在本市行政区域内道路行驶的其他机动车，按车牌尾号实行单号单日、双号双日行驶（单号为1、3、5、7、9，双号为2、4、6、8、0），“二〇〇二”式号牌和车牌尾号为英文字母的机动车按双号管理。同时，本市暂停实施工作日高峰时段区域限行尾号轮换措施；但工作日7时至9时、17时至20时，禁止外省区市机动车在本市五环路以内道路（含五环路）行驶。

（四）以下本市机动车不受单双号行驶措施的限制：

1. 警车、消防车、救护车、工程救险车及执行任务的解放军和武警部队车辆；

2. 公共电汽车、省际客运车辆及大型客车、出租汽车（不含租赁车辆）、小公共汽车、邮政专用车、持有市交通运输管理部门核发的旅游客车营运证件的车辆、经市公安交通管理部门核定的单位班车和学校校车；

3. 车身喷涂统一标识并执行公务的行政执法车辆和清障专用作业车辆；

4. 环卫、园林、道路养护的专项作业车辆，殡仪馆的殡葬车辆；

5. 悬挂“使”字头号牌车辆及经批准临时入境的车辆；

6. 纯电动载客汽车，持有残疾人通行证的小型客车，保障城市正常运转和生产生活必需品供应且持有通行证的载货汽车。

（五）外省区市进京的省际旅游大型客车、“绿色通道”车辆、邮政专用车、经有关部门核准并备案为本市运送生产生活物资的车辆，不受单双号行驶措施的限制，但仍须办理进京通行证件。每天6时至24时，除省际旅游大型客车和邮政专用客车外，其他车辆禁止在本市六环路以内道路（不含六环路）行驶。

（六）以下外省区市进京机动车不受上述交通管理措施限制：

1. 进京执行任务的警车、救护车及解放军和武警部队车辆；

2. 持道路运输证件的省际客运车辆及经批准临时入境的车辆。

三、市空气重污染应急指挥部办公室、市突发事件应急委员会办公室分别提前24小时组织发布空气重污染橙色预警（预警二级）、红色预警（预警一级），并通过电视、广播、报刊、网络、手机等渠道广泛宣传，由公安交通管理等部门做好应对空气重污染交通管理工作。

四、在采取临时交通管理措施期间，除执行本通告规定外，本市其他交通管理措施仍然有效。对违反规定行驶的机动车，公安交通管理部门将依法处理。五、本通告自发布之日起实施，《北京市人民政府关于空气重污染期间采取临时交通管理措施的通告》（京政发〔2013〕35号）同时废止。

特此通告。

北京市人民政府
2015年6月26日

山东省人民政府关于扩大黄标车限行区域的通告

为防治机动车排气污染，保护和改善大气环境，保障公众身体健康，根据《中华人民共和国道路交通安全法》《山东省机动车排气污染防治条例》《山东省机动车排气污染防治规定》（省政府令第267号）等有关规定，省政府决定，在前期对设区市城市建成区实施黄标车限行的交通管制措施基础上，扩大黄标车限行区域。现将有关事项通告如下：

一、黄标车是对高污染排放车辆的简称，是指低于国家第一阶段机动车排放标准的汽油车（生产时间一般在2000年以前，供油方式为化油器）和低于国家第三阶段机动车排放标准的柴油车（生产时间一般在2008年以前），不包括三轮汽车、摩托车、低速货车。

二、限行区域和时间：自2014年11月1日起在全省所有设区市的城市建成区、县（市）城区和高速公路全天禁止黄标车通行，城市建成区具体限行范围由设区市在建成区边缘道路作进一步细化确定。2016年1月1日起，全省区域内全部限行黄标车。

三、黄标车提前淘汰补贴根据《山东省人民政府办公厅关于印发山东省提前淘汰补贴管理办法的通知》（鲁政办发〔2013〕28号）有关第三和第四阶段补贴标准给予差别化补贴。

四、自2014年11月1日起，对违反限行规定的黄标车，由公安机关交通管理部门依据法律法规给予罚款200元、驾驶人记3分处理，每日处罚不超过1次。

五、本通告自2014年11月1日起施行。

山东省人民政府
2014年10月13日

第八章　请示、报告、议案、提案的撰写

第一节　请　示

一、请示的性质和适用范围

请示是下级机关用来向其所属的上级机关请求指示和批准。一般来说，凡属自己无权解决或决定的事项，或没有把握的问题，均可以向上级机关请示。当然，这也并不是说事无巨细都要向上级请示，属于自己职权范围内的问题还是应该尽力由自己来解决。

二、请示的特点

请示的主要特点有二：一是请示内容的限定性。必须是本机关职权范围内无法解决或无权解决的问题。二是要求答复性。上级机关应对下级的有关请示事项及时地予以答复，这是上级机关必须履行的工作职责和义务。

三、请示的分类

根据请示的内容和用途，大致可分为以下四类：

（一）请求指示

下级对上级的政策和规定等难以把握，请求上级机关的指示和答复。这类请示内容集中，行文中应注意把自己的意见一并写出，以便于上级机关批复。这类请示在文尾常用“请指示”“妥否，请批示”等结束语。

（二）请求批转

这类请示主要是请求上级机关批转自己对下级机关的工作安排或意见等。其结尾常用“以上请示如无不妥，请批转××××执行”字样。

（三）请求解决问题

这是请示中比较普遍的一种，即请求上级机关解决某些困难或给予某些方面的支持。这类请求常用“以上请示，请批复”“当否，请批复”作结语。

（四）请求审批

这类请示主要是对那些不属于本机关批准权限的问题报上级部门审批。如机构的设置、行政区划的调整等，一般用“当否，请审批”等结语。

四、请示的撰写

请示一般包括标题、主送机关、正文和落款四个部分。

（一）标题

通常情况下，请示的标题应写明发文机关、事由和文种三部分。也有的标题省略发文机关，在正文的落款处署上请示机关的名称。标题部分主要是事由的概括，即要写好请示的事项。事由的概括一定要准，这样才能使上级机关明了。

（二）主送机关

请示公文必须写明主送机关，并且只能有一个主送机关，因为主送机关对请示事项具有答复的责任，所以应郑重地写明。

（三）日期

请示的发文日期可写在标题下面，但大多数情况是写在发文机关名称的下面。

（四）正文

正文是请示的主体，一般由三部分构成。

1. 请示缘由、起因。就是写明提出请示的理由、根据。这一部分很关键，要写得简明具体，理由充分，根据可靠。这一部分常用“特请示如下”等用语引起下文。

2. 请示事项。即要求上级机关答复、批准或给予解决的问题。这是正文最主要的部分，一般要讲清基本情况、遇到的困难等。要简要地说明理由及本机关的处理意见。如果有两种处理意见，也应一并提出，但要说明本机关的倾向性意见和理由，以供上级机关参考。请示事项及理由应明确具体，所提建议或意见要切实可行。

3. 请示要求。即请示的结语部分。应写明行文的具体要求，一般使用惯用语作结。

五、请示的写作要求和注意事项

第一，要观点明确，请求的事项和理由具体、充分。文字应概括、精练。

第二，请示内容要集中，一文一事。如果请示事项包括几件事，也应该是同性质的相关问题。有的机关常常把不相关的几个问题写在一份请示中，由于涉及部门多，职责交叉，往往会贻误工作。因此，一定要防止“一文多事”。

第三，不能多头主送。请示要主送一个主管的上级机关，所谓“香烧一股，敬佛一尊”。受双重领导的机关可用抄报的形式。除特殊情况外，请示不应直接报送领导者个人，也不应抄送下级机关。

第四，不越级请示。一般情况下，应按照隶属关系逐级请示，否则，问题就得不到及时的处理。只有在遇到特殊情况或涉及重大问题，情况紧急，不越级就会延误工作时，才可以越级行文。

第五，请示的内容如涉及其他部门的职权范围，应与有关部门协商一致。

第六，由于请示有较强的专用性，且属于未决定事项，应以单独编发文号为宜。

【文例】

××省人民政府关于申请授予××省纺织品进出口公司派遣临时出国（境）人员和邀请外国经贸人员来华审批权的请示

×政发［1999］×号

国务院：

××省纺织品进出口公司是我国最早从事纺织品进出口贸易的国有专业外贸公司之一，成立于1951年。自1988年以来，该公司每年出口创汇均超过2亿美元，其中1996年、1997年出口创汇分别达到24683和22596万美元，是我国进出口额最大的500家企业之一。经审核，该企业符合国外办字［1997］12号关于申请派遣临时出国（境）人员和邀请外国经贸人员来华审批权的有关规定。

为促进我省外向型经济的发展，简化企业人员因公出国审批手续，我们特申请国务院批准授予该企业派遣临时出国（境）人员和邀请外国经贸人员来华事项审批权。

当否，请批复。

××省人民政府（印章）
一九九九年×月×日

【文例】

关于一九九三年国债发行工作的请示

国务院：

一九九三年将发行×××亿元国债。其中财政债券××亿元，国库券×××亿元，整个发行工作从三月一日开始。为保证这项工作顺利进行，现提出以下意见：

一、发行国债是平衡财政预算，加强国家重点建设的重要措施，各级人民政府要加强领导，采取多样化的发行方式，保证完成今年国债的发行任务。

二、继续贯彻国债优先的原则。在国库券发行期间，除国家投资债券外，其他各种债券一律不得发行。

三、各级人民政府和国务院有关部门要严格做好国库券以外的各种债券发行的审批工作。凡未按上述规定发行的债券，各类证券中介机构不得代理发行，各证券交易场所也不得批准上市。

以上意见如无不妥，请批转各地区、各部门执行。

财政部
国家计委
中国人民银行
一九九三年二月二十日

第二节　报　告

一、报告的性质和种类

报告是向上级机关汇报工作，反映情况，回复上级询问的文种。按照内容和作用，报告大致可分为以下三种：

（一）工作报告

此为报告中常见的一种，一般是将本机关一个时期的工作情况向上级机关汇报。汇报内容有综合性的，有专题性的。工作报告主要是向上级机关汇报工作，使上级机关掌握了解。如需上级机关解决问题、批准事项应另行文。工作报告如《××省人民政府关于加快××地区经济发展几个问题的报告》《关于××××年工作情况的报告》。

（二）情况报告

这类报告主要是用来将工作中出现的有关情况和问题向上级机关报告。如《铁道部关于193次旅客快车发生重大颠覆事故的报告》《关于××事故的情况报告》。情况报告侧重于对某个情况、问题发生过程的调查陈述，说明对问题的处理意见及处理过程等，以使上级机关了解事情的全貌。

（三）上复性报告

上复性报告一般是用来向上级汇报、答复某一问题的办理结果。这类报告针对性强，中心明确。如《××省人民政府办公厅关于我省清理整顿统一着装工作情况的报告》等。

二、报告的写作

报告的写法一般比较灵活，能够有重点地把所要报告的内容讲清楚就可以了。通常，报告的结构和内容有如下方面：

（一）标题

报告的标题，可采用“三要素”俱全的方式，也可省略发文机关。

（二）主送机关

报告是典型的上行文，应该有明确的收文机关。原则上报告也应只报一个直接的上级机关，必要时可抄报有关的机关或部门。

（三）正文

通常，报告的正文包括以下内容：

1. 报告的缘由。即讲清为什么要写报告，是为了使上级机关了解情况，还是答复上级机关的询问，或是为了使自己的建议或经验得到上级的重视，等等。这部分内容要写得简练，用一两句话概括即可。

2. 报告的内容。也就是报告的问题及事实。这部分要紧紧围绕报告的主旨来展开，抓住重点，突出核心。

3. 报告的结语。结语是对全文的总结，一般用“特此报告”“以上报告如无不妥，请批转各地执行”等作结。

三、报告与请示的区别

报告与请示都是上行文，都是在具有隶属关系的上下级机关间使用，这是二者的共同点。在实践中，常常出现将二者混淆的情况，这主要是因为还没有将二者的区别搞清楚。实际上，报告和请示在行文目的、行文时间和行文要求等方面都明显地不同。首先，行文目的不同。报告用于向上级机关汇报工作，报告情况，是一种陈述性的文件，行文的目的是为了使上级机关了解情况。而请示是请求上级的指示和批准，要求上级机关给予答复。其二，二者的行文时间不同。报告的行文时间比较灵活，可以写于事前，也可以写于事后。而请示则必须写于事前，不能“先斩后奏”，擅作决定。其三，行文的处理要求不同。报告除涉及重要问题外，一般的可不作答复。请示则需要上级机关回文，表明态度，使下级机关知道该怎么办。其四，行文的内容不同，报告可以是综合性的，也可以是专题性的，无论哪种报告，其中都不能夹带请示事项。而请示则要求“一事一文”。

四、撰写报告应注意的事项

第一，必须深入地调查研究，实事求是，对报告中涉及的材料要认真核实，来不得半点虚假。

第二，中心明确，重点突出。报告在文字上一般较长，因此，更要注意采用概括叙述的表达方式，用语简明得体，分寸适宜。

第三，内容要有新意，尤其是涉及工作汇报或经验报告，不能老生常谈，走过场，重形式。

【文例】

国务院关于信息化建设及推动信息化和工业化深度融合发展工作情况的报告

——2015 年 6 月 29 日在第十二届全国人民代表大会常务委员会第十五次会议上

全国人民代表大会常务委员会：

受国务院委托，我向全国人大常委会报告信息化建设及推动信息化和工业化深度融合发展工作情况，请审议。

一、当前我国信息化发展的基本情况

当前，我国信息化发展取得了长足进展，各领域信息化水平全面提升。一是网络基础设施建设迈上新台阶，成为国家战略性基础设施。我国建成了全球最大规模的宽带通信网络，到2015年3月，长途光缆线路长度接近93万公里，光纤接入到户/办公室（FTTH/O）端口达到1.86亿个，全国93.5%的行政村开通宽带，移动通信基站达353.9万个，固定电话、固定宽带、移动电话、互联网网民数分别达到2.5亿、2亿、12.9亿、6.5亿，其中4G用户超过1.6亿。二是制造业等经济各领域信息化全面推进，成为推动发展方式转变的重要动力。信息通信技术在工业研发设计、生产流程、企业管理、物流配送等关键环节的应用不断深化，装备、化工、钢铁等重点行业信息化开始步入集成应用新阶段。一批互联网和通信设备制造企业进入国际第一阵营，全球互联网企业市值前10强、前30强中，中国企业分别占4家、8家。农业信息服务能力不断提高，信息通信技术在农业产业化经营、农产品商贸流通等领域得到广泛应用。三是电子政务应用进一步深化，成为推动行政管理创新和改进公共服务的重要手段。电子政务与政府核心业务日益融合，金关（海关）、金税（税务）、金盾（公安）、金审（审计）、金保（社保）等一批国家重点信息应用系统达到国际先进水平。政府门户网站已成为政府信息公开、政民互动、网上办事的新渠道。四是信息网络成为重要的文化传播和数字媒体新兴平台。以中央重点新闻网站为主导、地方重点新闻网站为骨干、知名综合性商业网站积极参与的网络文化阵地新格局基本形成，信息网络成为文化生产和传播的新途径，网络文化产业快速发展。五是教育信息化快速推进，对引领教育变革、促进教育公平、提升教育质量的支撑作用日益凸显。超过70%的义务教育学校接入互联网、30%的学校开通了网络学习空间，国家教育资源云服务体系初具规模。六是医疗卫生、社会保障、人口就业、食品药品监管等重要民生领域信息化应用蓬勃发展，为实现基本公共服务均等化奠定坚实基础，成为社会主义和谐社会建设的重要支撑。七是智慧城市建设持续推进，泛在连接和数据开放推动城市公共服务更趋普惠包容，城市管理、公共安全、应急救灾、交通运输、环境治理、社区服务等领域创新应用大量涌现，不断拓展城市公共服务新渠道。八是国家网络安全保障能力不断提升，在维护国家安全和促进经济社会发展中发挥了重要作用。

二、两化深度融合工作进展情况及成效

（一）加强统筹协调，健全两化深度融合政策体系。

国务院先后出台《工业转型升级规划（2011—2015）》《关于大力推进信息化发展和切实保障信息安全的若干意见》《关于推进物联网有序健康发展的指

导意见》《"宽带中国"战略及实施方案》《中国制造2025》等一系列文件，对两化深度融合重点工作作出部署。各部门、各地区围绕网络基础设施、信息通信技术产业、制造业信息化、电子商务等制定并组织实施了一系列专项规划和实施方案。积极推动移动通信业务转售、宽带接入市场引入民间资本等电信体制改革，加快推进电子商务领域由"先证后照"改为"先照后证"，鼓励互联网金融创新，促进电信业务、电子商务、互联网金融等领域健康发展。目前，推动两化深度融合战略部署的顶层设计、政策体系、组织保障和工作机制初步形成。

（二）实施重大工程，推动重大产品和成套装备智能化转型。

围绕推动我国工业产品从价值链低端向高端跃升，通过组织实施高档数控机床与基础制造装备等科技重大专项以及智能制造装备发展专项、物联网发展专项、"数控一代"装备创新工程行动计划，引导和支持信息通信技术融入重大装备和成套装备中，推动产品结构优化升级。重大装备自主创新能力日渐增强，大型枢纽机场行李分拣系统、千万吨级炼油控制系统、智能化煤炭综采成套装备、大型立式五轴联动加工中心等重大装备打破了国外垄断，大型快速高效冲压生产线实现了对发达国家的批量出口。智能制造、高速轨道交通、海洋工程等高端装备制造业产值占装备制造业比重超过10%，智能仪表、智能机器人、增材制造等新兴产业快速发展。2014年，国产数控机床的国内市场占有率达到62%，本土品牌汽车厂商研制的混合动力汽车电子化程度超过40%。

（三）创新工作机制，推广普及企业两化融合管理体系。

顺应信息化环境下企业管理模式和组织流程的变革趋势，探索以两化融合管理体系引领企业战略转型、组织变革、管理创新的新机制，通过标准制定、搭建平台、政策引导、试点示范，推广企业两化融合管理体系标准。2009年以来，组织开展了钢铁、汽车、机械、纺织等35个行业近3万家企业两化融合水平评估工作，并在此基础上研究提炼出一套融合国际先进管理理念、吸纳成熟管理方法、全面指导企业科学推进两化融合的管理体系标准，已被国家标准化管理委员会批准为国家标准体系（GB/T23000—23999），其中4项国家标准已立项。围绕推广两化融合管理体系标准，组织开展了企业试点，培育和完善第三方咨询、培训、评定服务体系，一批试点企业在精益管理、风险管控、供应链协同、市场快速响应等方面的竞争优势已初步显现。

（四）坚持多措并举，以信息通信技术改造提升传统产业。

统筹工业转型升级资金、技术改造专项、中小企业基金等财政专项资金，实施制造业信息化科技工程，重点支持制造业研发设计、生产装备、流程管理、物流配送、能源管理的数字化、网络化、智能化，促进企业两化融合迈向集成应用的新阶段。航天、航空、机械、船舶、汽车、轨道交通装备等行业数字化设计工具普及率超过85%，钢铁、石化、有色、煤炭、纺织、医药等行业关键工艺流程数控化率超过65%、ERP（企业资源计划）装备率超过70%，大幅提高了精准制造、极端制造、敏捷制造能力。华为、三一重工、潍柴、吉利等一批行业骨干企业建立了全球多地协同研发体系，有力支撑了企业的国际化转型。目前，信息通信技术正在从单项业务应用向多业务综合集成转变，从单一企业应用向产业链协同应用转变，从局部流程优化向全业务流程再造转变，从传统生产方式向柔性智能生产方式转变。

（五）开展试点示范，引领制造业生产方式持续变革。

顺应新一轮产业革命和制造业生产方式变革的趋势，通过组织实施两化深度融合、互联网与工业融合创新、现代服务业科技工程等示范项目，发现典型，示范引领，培育制造业新业态、新模式。家电、服装、家具等行业正形成以大规模个性化定制为主导的新型生产方式，青岛红领、维尚家具、小米科技等一批创新型企业通过构建新型生产模式实现了逆势增长。工程机械、电力设备、风机制造等行业的服务型制造业务快速发展，陕鼓、徐工、中联重科、东方电气等企业的全生命周期管理、融资租赁业务成为企业利润的重要来源。

（六）优化发展环境，积极培育新业态、新模式。

按照积极推进、逐步规范、加强引导的原则，妥善处理鼓励创新与加强监管的关系，通过深化改革、简政放权，组织开展电子商务示范城市、信息消费试点城市、小微企业创业创新示范基地建设，加快培育一批新业态、新模式。电子商务蓬勃发展，2014年我国电子商务交易额达到约13万亿元，网络零售规模达到2.8万亿元，钢铁、石化、冶金、汽车等行业形成了一批百亿级、千亿级第三方电子商务交易平台，传统B2C（企业到消费者）、C2C（消费者到消费者）向大规模个性化定制C2B（消费者到企业）转型，电子商务从交易平台向生产平台转变。互联网金融创新活跃，以第三方支付、P2P（个体网络借贷）、众筹为代表的互联网金融业务快速发展。连续10年组织实施中小企业信息化推进工程，形成了拥有2200多个信息化服务机构、近10万名专业人员、60万家专业开发商和合作伙伴的中小企业服务网络，每年开展各类宣传培训、应用推广和与地方合作活动1万多场，数千万人次参加活动。

（七）夯实产业基础，增强两化深度融合支撑服务能力。

把握新一代信息通信技术发展机遇，完善网络基础设施，集中突破一批核心关键技术。组织实施“宽带中国”专项行动和下一代互联网示范城市建设。信息网络基础设施战略地位日益凸现，加速向无线、移动、宽带、泛在的下一代国家网络基础设施演进。2015年一季度，8兆比特每秒（Mbps）以上宽带用户比2012年增长5.6倍，占比达46.4%，光纤覆盖家庭规模增长6.8倍，光纤接入用户占宽带用户的比重达到38.4%，2014年以来建设全球规模最大的4G网络。组织实施“核高基”、新一代宽带无线移动通信等科技重大专项，发布《国家集成电路产业发展推进纲要》，成立国家集成电路产业发展投资基金。高性能计算、网络通信设备、智能终端、软件、集成电路、平板显示等领域取得突破，国产通用中央处理器（CPU）实现了我国信息产业芯片从无到有的历史跨越，移动互联网、大数据、云计算等领域形成一批国际领军企业，信息通信技术产业正处于从跟随到并肩乃至局部跨越的关键时期。

尽管当前阶段我国两化深度融合发展已取得一定程度的进展，但仍面临一系列突出问题。一是与信息网络在国家发展战略和规划布局中的基础性、先导性地位相比，政策支持力度和投入明显不足，基础设施仍不能满足两化深度融合的需要，宽带网络速率相对国际先进水平差距较大。二是信息通信技术和产业支撑能力薄弱，标准和知识产权缺失、关键器件依赖进口、集成服务能力差、核心技术受制于人，国产研发设计工具、制造执行系统、工业控制系统、大型管理软件相对缺失，跨学科、跨领域政产学研协同、以企业为主体的制造业创新体系尚不健全。三是数据资源开发利用水平不高，数据共享安全隐患问题突出，数据跨区域、跨部门的应用、保护和开放缺少统一规定。四是政策缺乏合力，新一代信息通信技术与制造业融合发展过程中的技术、产品、安全、应用协同互动机制尚未建立，技术资本密集型产业融资体系不健全，支持融合发展的财政、税收、金融等政策仍需进一步加强协调配合。五是制度和法律体系亟待完善，新一代信息通信技术发展和应用带来新业态、新模式，电子商务、数据开放、信息安全、互联网金融等新业务健康发展亟待更加完善的制度和法律环境。

三、当前推动两化深度融合面临的新形势

当前，新一轮科技革命和产业变革蓄势待发，各国围绕抢占新一轮产业竞争制高点、打造国家竞争新优势的竞争日趋激烈。要准确把握当前两化深度融合发展面临的新形势，推动发展方式转变，重塑国际竞争优势。

（一）信息通信技术处于加速发展和跨界融合的爆发期，成为引领新一轮科技革命的主导力量。

信息通信技术在新一轮科技革命中创新最活跃、交叉最密集、渗透性最强，以无线、宽带、移动、泛在为特征的网络建设和应用推动着群体性技术突破。一是信息通信技术创新步伐不断加快，技术创新活力和应用潜能裂变式释放。新一代感知、传输、存储、计算技术加速融合创新，万物互联、模式识别、语义分析、深度学习、虚拟现实共同驱使人类智能迈向更高境界。二是信息通信技术与制造、能源、材料、生物等技术加速交叉融合，引领新一轮科技革命。智能控制、人机交互、分布式能源、智能材料、生物芯片、生物传感等领域的融合创新方兴未艾，孕育了工业互联网、能源互联网、新材料等新产品和新业态，引发多领域的系统性、革命性、群体性技术突破。

（二）新一代信息通信技术与制造业加速融合，推动生产方式持续变革。

新一代信息通信技术与制造业融合发展，是新一轮科技革命和产业变革的主线，是德国工业4.0、美国工业互联网的核心。一是智能制造正成为新一轮产业竞争的制高点。新一代信息通信技术的持续演进，推动着制造业产品、装备、工艺、管理、服务的智能化，高度智能化产品的商业化步伐不断加快。跨领域、协同化、网络化的创新平台正在重组传统的制造业创新体系。二是消费互联网持续扩张，工业互联网快速兴起。互联网日益融入到媒体、教育、医疗、物流、金融等领域各环节，推动形成新的消费理念、商业模式和产业形态。工业互联网快速发展，新的生产方式、产业形态和商业模式不断涌现。信息经济新形态、新模式竞相浮现。三是互联网日益成为创新驱动发展的先导力量。创新主体互动、创新资源组织和创新成果转化更加网络化、全球化和快捷化，开启以融合创新、系统创新、迭代创新、大众创新、微创新为突出特征的创新时代。

（三）围绕数字竞争力的全球战略布局全面升级，塑造国家长期发展新优势的国际竞争加剧。

信息已经成为与能源、材料同等重要的战略资源，成为重要生产要素和社会财富，不断强化信息化背景下经济社会发展的主导权，是国际社会的共同选择。一是打造未来网络强国成为全球主要大国的共识。主要国家围绕建立数字竞争优势，加快在宽带信息基础设施、核心技术产业、国家数据战略资产、以智能制造为核心的网络经济体系等领域的战略部署。二是构建线上国家综合优势已成各国网络空间国家战略的优先选项。网络空间正在成为陆海空天之后的第五疆域，各国都在力图掌控网络空间国际规则话语权和国际治理体系主导权。三是网络安全形势更趋严峻。新技术、新业务带来的安全挑战不断涌现，网络安全威胁更趋隐蔽复杂，并从网络扩展到工业控制、基础设施乃至实体经济的每个行业和社会生活的各个方面。

四、推动两化深度融合的工作重点

推动两化深度融合，重点是围绕落实《中国制造2025》，加紧制定“1＋X”实施方案和规划体系，组织实施国家制造业创新中心建设、智能制造、工业强基等重大工程，努力在若干重要领域和关键环节取得实质性突破。

（一）以智能制造为主攻方向，加快推进两化深度融合。

以实现重大产品和成套装备的智能化为突破口，以推广普及智能工厂为切入点，以抢占智能制造生态系统主导权为核心目标，加快提升制造业产品、装备及生产、管理、服务的智能化水平。一是推动重大产品和成套装备的智能化。组织实施智能制造工程，研究制定重点工业行业智能制造单元、智能生产线、智能工厂核心技术和装备自主发展路线图，坚持需求牵引、系统推进、示范引领、梯次突破的思路，抢占成套装备、工业机器人、高档数控机床、增材制造装备等战略制高点。二是构建自主可控的智能制造生态系统。加强科技重大专项组织实施，完善智能制造综合标准化体系，推动建立产业联盟，加快机械、航空、船舶、汽车、轻工、纺织、电子等行业生产设备的智能化改造，在钢铁、石化、有色、建材等行业推广普及智能工厂/数字化车间，推动核心软硬件、网络设备、智能装备等核心技术与产品的深度应用和产业化发展，打造开放有序、富有竞争力的智能制造生态系统。三是推广普及两化融合管理体系。推进两化融合管理体系标准的研制、发布和国际化，组织开展两化融合管理体系标准贯彻和评定试点，积极培育第三方咨询、评定和培训服务机构。

（二）实施“互联网＋”先进制造行动计划，促进业务模式创新和产业转型升级。

充分发挥我国互联网先发优势，在工业领域加快实施“互联网＋”先进制造行动计划，培育基于互联网的新产品、新业态、新模式。一是加速培育工业互联网新产品。开展面向重点领域的工业云、工业大数据、物联网创新应用试点，培育基于互联网的个性化定制、众包设计、云制造等新型制造模式，推动形成基于消费需求动态感知的研发、制造、服务新方式。鼓励和支持行业企业间（B2B）电子商务平台、综合物流服务平台发展，推广普及移动电子商务。加快构建“大数据、大支撑、大安全”安全生产平台，推动安全生产监管监察动态化、实时化，以及事故预判和风险防控自动化、智能化。二是加速制造业服务化转型。研究制定服务型制造发展的指导意见，支持企业积极发展在线监控诊断、远程维护、融资租赁、全生命周期管理等新业务。支持合同能源管理、排污权交易、碳交易等专业服务发展。三是加强工业互联网基础设施体系建设。研究制订工业互联网整体网络架构方案，超前部署面向智能制造单元、智能工厂的低延时、高可靠、广覆盖的工业互联网。搭建连接多地、多方参与、安全可靠的工业互联网试验网络，为工业互联网领域基础研究、技术创新、应用创新提供验证服务。

（三）完善国家制造业创新体系。

适应当前全球科技创新交叉集成、跨界融合、集群突破新趋势，加快构建面向制造业重大共性需求的国家制造业创新体系。一是提高制造业创新能力。组织实施制造业创新中心（工业技术研究基地）建设工程，充分利用现有科技资源，采取政府与社会合作、政产学研用产业创新战略联盟等新机制，形成一批制造业创新中心（工业技术研究基地）。建设重点领域制造业工程数据中心，为企业提供创新知识和工程数据的开放共享服务。二是强化工业基础能力。做好科技重大专项、工业转型升级、工业强基工程等已有专项的部署，利用现有资源建立关键共性基础工艺研究机构，以政产学研用联合攻关的方式突破关键基础材料、核心基础零部件的工程化、产业化瓶颈。三是打造富有活力的创业创新生态系统。完善人才、资本、园区、税收等政策环境，以互联网推动创业创新要素平台化、集聚化和生态化，培育低门槛、广覆盖、有活力的大众创业、万众创新生态系统。发展市场化与专业化结合、线上与线下互动、孵化与投资衔接的各类创客空间，积极发展众创、众包、众筹等综合服务平台，营造创业创新环境。

（四）完善中小企业信息化服务体系。

把信息化作为中小企业拓展市场空间、提高发展质量、增强创新活力、促进集群发展的重要途径。一是提升中小企业信息化公共服务水平。继续实施中小企业信息化专项计划，支持中小企业信息化服务平台建设，打造一批运作规范、功能完备、服务高效、信誉良好的信息化服务机构和应用集成服务商。二是加快培育面向中小企业的工业云平台。继续实施工业云创新服务试点，建设一批工业云体验中心，打造一批集软件工具、设计素材、知识管理、标准规范、培训教育等于一体的高质量工业云服务平台，引导中小企业探索制造业发展新模式。三是探索以互联网金融缓解小微企业融资难的新渠道。深入研究互联网金融发展趋势，营造互联网金融健康发展的政策环境，发展基于互联网的中小企业融资新模式，有效缓解小微企业融资难。

（五）建设下一代国家信息基础设施。

统筹规划、整合资源、超前布局，推动网络长期演进和技术升级，为两化深度融合提供坚实支撑。一是加快高速宽带网络建设。深入推进“宽带中国”战略实施，基本建成覆盖城乡、服务便捷、高速畅通、技术先进的宽带网络基础设施。不断加强第四代移动通信技术（4G）网络建设，加快第五代移动通信技术（5G）研发和标准化，开展商用试点。完善宽带普遍服务，实施宽带乡村工程，加大农村和中西部地区宽带网络建设力度。二是促进应用基础设施发展。加强全国数据中心建设的统筹规划，引导大型云计算数据中心合理布局。引导基础电信企业和互联网企业建设部署内容分发网络，提升中小网站、政府和公共服务网站的应用水平。推进物联网感知设施的统一规划和集约部署，实现数据的统一采集管理和开发利用。三是推进新型网络架构升级，推动网络关键资源国际共治。加快网络、数据中心、商业类网站等升级改造，支持IPv6（互联网协议第6版）部署。加强国家级未来网络架构的顶层设计，整合构建未来网络创新试验平台。

（六）加快建立现代信息通信技术产业体系。

进一步完善技术、产业、应用、安全互动发展的协调机制，加快建立技术领先、产业先进、安全可靠、自主可控的信息通信技术产业体系。一是打造国际先进、自主可控的技术产业生态，构筑体系化发展新优势。深化科技体制改革，对战略必争领域抓住不放，加强科技重大专项组织实施，加快建立感知、网络、计算、通信等核心技术体系，形成智能感知、高速互联、高端存储、先进计算等领域的自主产业生态。加快构建智能穿戴、服务机器人、智能汽车等自主产业体系。二是系统布局产业创新链，实现集成电路、操作系统及工业软件等核心环节的重点突破。加强《国家集成电路产业发展推进纲要》的组织实施，发挥产业投资基金支撑引领作用，以整机和系统为牵引，强化设计业龙头地位，实现设计、制造、封测、装备、材料的联动发展、配套发展和自主发展。开展大型CAD（计算机辅助设计）系统等高端工业软件研发应用，提升对两化深度融合的服务支撑能力。发展信息安全技术及产业，深化对两化深度融合的安全保障。三是加快互联网融合技术创新，抢占发展主导权。发挥大国大市场优势，支持云计算、大数据、移动互联网、物联网等在重点行业深化应用，带动高端服务器和存储系统、新型数据库系统、工业控制、嵌入式操作系统、通用和嵌入式芯片等重点领域的群体性创新。

五、推动两化深度融合的政策措施

充分发挥行业主管部门的牵头作用，整合调动中央、地方和社会各方面资源，加强两化深度融合领域的顶层设计和统筹管理，协调解决体制机制、法律政策、标准规范等方面的重大问题。

（一）完善法律法规体系。

统筹两化深度融合立法需求和现有法律在网络空间的延伸适用，按照立法法的要求，加快制定修订无线电管理条例、中小企业促进法、电信法、网络安全法、电子商务法、电信设施保护等法律法规，明确网络空间主权。围绕两化深度融合引发的利益冲突、监管缺失等问题，开展前瞻性的法律储备研究，推动开展第三方支付管理等相关法律层级的提升工作。实现对数据资源采集、传输、管理、存储、开放、利用等的规范管理和可信身份验证认证及授权控制，对数据滥用、侵犯个人信息等行为进行惩戒，为数据开放和保护提供制度和法律保障。加强两化深度融合领域执法能力建设，提高全社会自觉守法意识。

（二）营造创新发展环境。

树立底线思维、红线管理理念，营造支持创新、宽容失败的发展环境，支持新技术、新业务、新模式健康发展。进一步推动移动通信业务转售和宽带接入市场开放，鼓励民营企业有序参与竞争。通过市场竞争，推动电信企业降低网络资费，实现网络资费合理下降，更多让利于民。加强对信息通信、互联网等市场竞争秩序监管，消除各种市场支配力量对竞争的扭曲，确保市场公平。完善物联网、云计算、大数据、网络安全、智能制造等领域的综合标准化体系，加快研究制定两化深度融合领域系统互联互通、数据资源共享、产品设备标识、管理运维服务、信息网络安全等方面的相关标准。

（三）创新财税金融支持方式。

加大财政对两化融合、工业转型升级、技术改造等工作的支持力度，研究论证并组织实施智能制造科技重大工程。建立健全支持创新产品和服务的政府采购政策体系，完善政府采购云计算、大数据及保障信息安全等方面的配套政策，支持相关产业发展。推动形成首台（套）重大技术装备保险补偿机制和新材料首批（次）风险补偿机制，鼓励重大技术装备和新材料制造企业投保。适应互联网创新发展的特点需求，健全多层次的资本市场和融资工具。研究制定促进互联网金融健康发展的政策，促进互联网金融、普惠金融发展。

（四）健全多层次人才培养体系。

建立集聚人才体制机制，深化改革，打破体制壁垒，扫除身份障碍，完善股权、期权等激励机制，创新风险共担和收益分享机制，创造有利于两化深度融合优秀人才脱颖而出的环境。围绕两化深度融合急需短缺人才，在重点院校、大型企业和产业园区，建设一批产学研相结合的专业人才培训基地。把各类两化深度融合人才培养作为专业技术人员知识更新工程、企业经营管理人才素质提升工程等国家人才培养计划的优先领域。完善人才政策，探索建立技术移民制度，吸引海外高层次人才、留学生来华工作和归国创业。推广企业首席信息官制度。

（五）加强工业信息安全保障。

按照国家网络与信息安全相关政策和制度要求，加强石化、钢铁等重点行业网络和信息系统的安全防护管理。建立面向工业领域的信息安全技术支撑、产品检测、检查评估综合保障体系，提高漏洞可发现、风险可防范、产品可替代能力。开展重点行业工业控制系统及相关信息系统安全检查和风险评估。加快建设仿真测试、信息采集共享等技术平台，持续提升工业信息安全保障能力。研发推广重点行业安全可靠工业控制系统，增强自主可控能力和企业信息安全水平。加强信息基础网络安全防护，强化公共互联网网络威胁治理，完善关键领域数据保护机制，为两化融合创造安全可靠的网络环境。

第三节　议案、提案

一、议案的性质和适用范围

议案是1993年国务院办公厅发布的《国家行政机关公文处理办法》中增加的文种。其适用范围是用于各级人民政府按照有关的法律程序向同级人民代表大会或人民代表大会常务委员会提请审议事项。

议案强调法律程序，因此，只有具备一定条件的机关或代表才可以向国家权力机关提出。按照《宪法》和《组织法》等法律条文的规定，行使提议案权必须符合以下条件：

（一）提起者必须是依照法律规定具备提议案权的机关，如全国人民代表大会主席团，全国人大常委会，全国人大各专门委员会，国务院，中央军委，最高人民法院，最高人民检察院，以及地方人大主席团，地方人大常委会，地方人大各专门委员会，地方人民政府，都可以提出议案；全国人大常委委员十人以上联名，全国人大代表三十人以上联名，县级以上地方人大代表十人以上联名，乡、民族乡、镇的人大代表五人以上联名，以及地方各级人民代表大会举行会议的时候，主席团、常务委员会、本级人民政府和代表（有三人以上附议），都可以提出议案。

（二）所提议案的内容必须属于本级人民代表大会及其常委会的职权范围。

（三）提出议案的时间必须是在大会主席团通过的议案截止时间以前。

（四）议案的提出必须按有关的组织程序来进行，须经法定的机关来确认。即要经过大会主席团或委员长会议、人大主任会议决定，提出是否列入会议议程或提交专门委员会审议，提出审议报告，再决定是否列入人民代表大会或常委会会议议程。

二、议案的内容范围

按照有关法律的规定，全国人大代表和地方各级人大代表在人民代表大会期间可以依法向大会提出以下议案：

（一）立法案

立法案是请求修改宪法、制定有关法律、法规的议案，包括对有关法律、法规及规章的修正案、废止案。

（二）选举案

选举案是向人民代表大会提交的关于选举事项的议案。如按地方组织法的有关规定，县级以上的地方各级人民代表大会常务委员会组成人员，省长、副省长，自治区主席、副主席，市长、副市长，州长、副州长，县长、副县长，区长、副区长，乡长、副乡长，镇长、副镇长，人民法院院长、人民检察院检察长的人选，由本级人民代表大会主席团或十人以上代表联名提出。

（三）罢免案

罢免案是请求罢免由本级人民代表大会选举、决定的国家公职人员公职的议案。

（四）重大事项决定案

重大事项决定案是请求人民代表大会就某一重大事项进行审议和作出决定的议案。

（五）特定问题调查案

特定问题调查案是指向人民代表大会提请对特定问题进行调查的议案。

（六）预决算案

预决算案是指各级人民政府按照有关的法律程序提出的关于国家和地方的预决算议案。

三、议案的特点

议案的主要特点有：

第一，强调法律程序。议案的提出必须按有关的法律程序进行。比如，罢免案的提出需三个以上的代表团或十分之一以上的代表联名，并要写明罢免的理由，并提供相关材料。

第二，有一定的时间要求。政府一般应在人民代表大会及常务委员会召开会议之前提出，人民代表应在人民代表大会召开期间大会主席团规定的截止日期前提出。

第三，有法定的议案对象。议案对象是本级人民代表大会及其常务委员会。

第四，撰写的规范性。通常议案必须有案目、案由、案据，并按规定的格式撰写。

四、议案与提案的联系与区别

提案一般在政协会议上使用，是政协委员、参加政协的党派和人民团体、政协专门委员会向政协全体会议或常务委员会议提出的，经提案审查委员会或提案委员会审查立案后由承办单位办理的书面意见和建议。

提案是人民政协行使职能的一个重要方面；是政协委员、参加政协的党派和人民团体、政协专门委员会为现代化建设服务，为实现祖国统一大业献计出力，坚持和完善中国共产党领导的多党合作和政治协商制度的一种重要方式；是推进社会主义民主政治建设，实现决策民主化、科学化的一条重要渠道；是人民政协建立言论的一个主要载体。

议案和提案在本质上是相同的，都是社会主义民主的体现，是人民行使管理国家事务和社会事务权力的有效方式。

议案和提案的主要区别是：

第一，使用者不同。议案是由人大常委会、人大主席团、人民代表及有关机关提出；提案主要是政协委员及有关组织提出的，一般适用于政协会议。

第二，办理程序不同。议案需提请人民代表大会审议并作出决定，提案通常转由行政机关或有关组织单位办理。

五、议案和提案的撰写

议案的撰写结构一般分为两种情况：一种是由国家行政机关提出的议案，可采用通用公文的撰写形式；另一种是由提案人提出的议案，通常采用表格的形式。

（一）国家行政机关提出的议案

1. 标题

议案的标题一般应由作者、事由、文种构成，也可以省略作者。其结构同于一般的文件标题。由于议案是请求会议予以审议批准的文件，所以，其标题的另一种写法是对事由部分加以强调，如《国务院关于提请审议〈中华人民共和国外商投资企业和外国企业所得税法（草案）〉的议案》。

2. 正文

议案的正文主要是写明所议事项，阐述解决问题的建议和意义，说明对该议案审议的要求。

（二）由提案人提出的议案

一般采用表格的形式，表格的内容主要包括案由、提议案人、所提议案理由、议案审查委员会审查意见、大会主席团审查意见、办理情况等项内容，并在专用的议案纸上认真填写。

（三）提案的撰写

撰写提案一般也采用表格的形式，表格内容通常包括标题、案由、提案人、拟办意见、审查意见、交办意见等项。提案内容可附于表格之后。

六、议案、提案的写作要求

第一，所提内容应属重要事项，案由要明确，案据要充分，方案要可行。

第二，行文要简明，要一案一事。

第三，撰写要及时，应在规定的时间内提交。

第四，注意特定的格式要求。

【文例】

国务院关于提请解释《中华人民共和国香港特别行政区基本法》第五十三条第二款的议案

——2015年6月29日在第十二届全国人民代表大会常务委员会第十五次会议上

全国人民代表大会常务委员会：

香港特别行政区署理行政长官曾荫权于2005年4月6日向国务院提交了《关于请求国务院提请全国人民代表大会常务委员会就〈中华人民共和国香港特别行政区基本法〉第五十三条第二款作出解释的报告》（附后）。国务院研究认为，该报告中提出的问题关系到《中华人民共和国香港特别行政区基本法》第五十三条第二款的正确实施，关系到新的行政长官人选的顺利产生和此后中央人民政府对行政长官的任命。依据《中华人民共和国宪法》和《中华人民共和国香港特别行政区基本法》的有关规定，现提请全国人民代表大会常务委员会对《中华人民共和国香港特别行政区基本法》第五十三条第二款作出解释。

国务院总理　温家宝

2005年4月10日

附件：

关于请求国务院提请全国人民代表大会常务委员会就《中华人民共和国香港特别行政区基本法》第五十三条第二款作出解释的报告

国务院：

二零零五年三月十二日，国务院颁布第433号令，批准董建华先生辞去香港特别行政区行政长官职务的请求。根据《中华人民共和国香港特别行政区基本法》（《基本法》）及香港特区《行政长官选举条例》的有关规定，须于七月十日（星期日）选举新的行政长官。

2. 香港特区律政司司长就行政长官职位出缺时经补选产生的新的行政长官的任期，于三月十二日的新闻发布会上公布香港特区政府的立场：即补选产生的新的行政长官的任期为原行政长官任期的余下部分。据此，特区政府需要修订《行政长官选举条例》，把行政长官职位在原行政长官任内出缺时经补选产生的新的行政长官的任期，以清晰明确的条文规定下来。

3. 此外，我们还须面对一个实际问题，就是现届选举委员会的任期将于本年七月十三日届满。与此同时，我们须在《基本法》第五十三条所规定的六个月期限内，选出新的行政长官。倘若未能在七月十日选出新的行政长官，我们不可能在紧接的余下两个月内完成任务，包括再次修订《行政长官选举条例》，以更改该条例所订明的120天补选时限、组成新的选举委员会、及选出新的行政长官。

4. 倘若香港特区不能依法如期在七月十日选出新的行政长官，对政府制订重要政策、施政及正常运作，都会带来不良影响，甚至可能引发宪制危机。同时，这会令特区居民和国际社会对特区执行《基本法》的决心和能力产生疑问，亦会对金融市场的运作、对投资者的信心，带来负面的影响。这些都不利于香港的稳定繁荣。

5. 对新的行政长官的任期的问题，香港社会出现两种不同意见。有的意见支持应当是剩余任期，有的意见认为应是五年任期，相信就此问题的分歧将会持续。再者，已经有立法会议员及个别市民公开表示会就《行政长官选举条例》的修订草案提出司法复核。事实上，法庭在四月四日已收到一个司法复核申请。因此，特区政府现时面对两个问题：

(1) 为确保修订草案的立法程序如期完成，需要有对《基本法》有关条文的权威性及决定性的法律解释，方可为本地立法提供稳固的基础；

(2) 如出现司法复核情况，司法程序一经展开，需要一段较长时间才完成，极有可能使我们不能如期在七月十日选出新的行政长官。

6. 在过去数星期，香港特区政府积极寻求释法以外的其他可行方法。但到目前为止，我们仍然未找到任何可行方案，既可以确保七月十日能依法如期选出新的行政长官，又不用寻求全国人大常委会释法。社会上亦有不少人士指出，由于目前情况紧迫，寻求全国人大常委会释法是唯一最稳妥及最及时的做法。

7. 香港特区政府希望尽量避免寻求释法途径去解决问题，但考虑了上文开列的因素，为了确保香港的稳定繁荣和社会各方面的正常运作，我现根据《基本法》第四十三条和第四十八条第二款的有关规定，向国务院报告，建议提请全国人大常委会对《基本法》第五十三条第二款就新的行政长官的任期作出解释。

8. 特此报告。

香港特别行政区署理行政长官　曾荫权
2005年4月6日

国务院关于提请审议兴建长江三峡工程的议案

全国人民代表大会：

长江是我国第一大河，流域面积占全国总面积的19%，养育着全国三分之一的人口，工农业总产值约占全国的40%，在我国国民经济发展中占有重要地位。长江中下游的洪水灾害历来频繁而严重。新中国建立以来，国家在长江流域进行了大规模的防洪建设，对保障中下游地区的经济建设和人民生命财产安全，发挥了很大作用。但由于多方面的原因，长江资源还没有很好开发利用，水患尚未根治，上游洪水来量大与中下游河道特别是荆江河段过洪能力小的矛盾，依然十分突出，两岸地面高程又普遍低于洪水位，一旦发生特大洪水，堤防漫溃，将直接威胁荆江两岸江汉平原和洞庭湖区的一千五百万人口和二千三百万亩良田，人民群众的生命财产和一批重要的大中城市、工矿企业和交通设施，将会遭受巨大损失，严重影响国民经济全局。这是我们国家的心腹大患。

如何解决长江的防洪问题，更好地开发长江资源，中共中央和国务院一直很重视，社会各界也十分关注。经过几十年来的治理实践和对各种意见、方案的反复研究和论证，解决长江中下游的防洪问题，必须采取综合治理措施。兴建三峡工程是综合治理的一项关键性措施。三峡工程兴建后，可将荆江河段防洪标准由目前的十年一遇提高到百年一遇；配合其他措施，可以防止荆江河段发生毁灭性灾害；还可减轻洪水对武汉地区及下游的威胁。同时，三峡工程还有发电、航运、灌溉、供水和发展库区经济等巨大的综合经济效益和社会效益。三峡工程建成后年发电量八百四十亿千瓦·时，占目前我国年发电总量的八分之一，可为华东、华中和川东地区的经济发展提供重要的能源；可以大大提高川江航道通过能力，万吨级船队有半年时间可直达重庆，为发展西南地区的经济和繁荣长江航运事业创造条件。三峡工程还有利于长江中下游城镇的供水，有利于南水北调。总之，三峡工程的兴建，对加快我国现代化建设进程，提高综合国力，具有重要意义。

国务院对兴建三峡工程历来采取既积极又慎重的方针。近四十年来，有关部门和大批科技人员对三峡工程做了大量的勘测、科研、设计和试验工作。特别是一九八四年以来，社会各界提出了许多新的建议和意见。一些同志本着对国家、人民和子孙后代高度负责的精神，对库区百万移民的安置、生态与环境的保护、上游泥沙的淤积、巨额投资的筹措和回收等疑难问题，从不同角度提出各自的意见，这些意见对于开拓思路，增进论证深度，完善实施方案，起到了十分有益的作用。

经过多年的研究、论证和审查，三峡工程坝址选在湖北省宜昌县三斗坪镇。工程的拦河大坝全长一千九百八十三米，坝顶高程一百八十五米，最大坝高一百七十五米。水库正常蓄水位一百七十五米，总库容三百九十三亿立方米。水电站总装机容量一千七百六十八万千瓦。工程静态总投资五百七十亿元（一九九0年价格）。主体工程建设工期预计十五年。工程建设第九年，即可发电受益，预计在工程建成后不太长的时间里，即能偿还全部建设资金。国务院三峡工程审查委员会对可行性研究报告进行了认真审查，认为三峡工程建设是必要的，技术上是可行的，经济上是合理的，随着经济的发展，国力是可以负担的。

三峡工程规模空前，技术复杂，投资多，周期长，特别是移民难度很大。对于已经发现的问题要继续研究，妥善解决，对今后可能出现的各种困难和问题，要有足够的思想准备。要谨慎从事，认真对待，使工程建设更加稳妥可靠，努力把这项造福当代、荫及子孙的事情办好。

国务院常务会议经过认真讨论，同意建设三峡工程。建议将兴建三峡工程列入国民经济和社会发展十年规划，由国务院根据国民经济的实际情况和国家财力物力的可能，选择适当时机组织实施。

请审议。

国务院总理　李　鹏
一九九二年三月十六日

【文例】

中国人民政治协商会议××省委员会提案

×届×次（提案/信件）第×号

案由	×××××××××××××××
提案者	×××等人
通讯地址	×××××××××××
联系电话	××××××××
拟办意见	签名：　　　年　月　日
审查意见	签名：　　　年　月　日
交办意见	××省政协提案委员会　　　年　月　日

提案内容：

森林旅游既是旅游业的一个重要组成部分，又是一个新兴的产业。随着人民生活水平的提高，旅游成为人民生活的一个重要组成部分，尤其是城市居民，对回归自然、走向绿色的要求更为迫切。森林植物能散发有益于人体的芳香物质，其分泌物可抑制和杀灭部分病菌；森林空气清新，负离子含量高，有利于改善人体的神经功能，促进新陈代谢，使人心旷神怡、精神振奋。因此，森林旅游在满足人们身心健康方面具有独特的优势，走进森林，返璞归真，回归自然，是人类文明进步的表现，也是物质文明发展的必然趋势。80年代初西方国家首先提出并开展生态旅游之后，森林旅游业被誉为“绿色产业”，在世界范围内蓬勃兴起。我国现已建成各级森林公园逾千处，其中国家森林公园322处，1999年接待游客9000多万人次。

我省是全国森林景点较多、开展森林旅游较早、发展较快的省份之一。目前，全省已建立森林公园××处，其中国家级森林公园××处，省级森林公园××处，近几年森林旅游人数、旅游直接收入分别以10%和30%以上的速度增长，2000年全省森林旅游人数突破××××万人次，旅游直接收入超过×亿元，取得了显著的生态、经济和社会效益。由于大多数森林公园是在国有林场的基础上建立起来的，开展森林旅游不仅增加了林场收入，改善了职工生产生活条件，还增强了人们的绿化意识、生态意识和森林资源的保护意识，促进了森林资源的培育和林场各项事业的发展。

从当前森林旅游开展情况来看，有不少问题应引起重视。一是重公园和景点数量增加，轻建设和管理。森林公园大多数地处山区，交通不便，加之投入严重不足，景点开发滞后，交通、通讯、服务等基础设施差，跟不上旅游业发展的需要。二是重人造景点建设，轻自然景观开发，森林旅游的特色不够突出。三是森林旅游宣传力度不够大，许多高质量的森林景点、景观，依然是“藏在深闺无人知”。四是植被保护不力，有的公园和景点开放后，对植被造成不同程度的破坏。这些问题，应引起各级政府的高度重视。

目前，森林旅游已成为人们的一种新时尚，随着城市化进程的加快，森林旅游的热潮必将很快到来。为加强旅游景点的建设和管理，实现森林旅游的持续发展，把森林旅游培育成一项大产业，使森林公园、景点真正成为××旅游业的新亮点和推动林业建设的示范样板点，提出如下建议：

1. 依法管理景点和公园开发。山、水、林是森林旅游的三大要素，其中森林是旅游的主要因素，也是森林旅游的特色所在。森林资源是经过几代林场职工艰辛努力培育起来的，必须倍加珍惜，严加保护。景点开发和建设应首先考虑生态效益，以保护为前提，并搞好护林防火和病虫害防治，确保森林植被不受损失。目前，国家和省里已制定了一系列森林资源保护的法律法规，在景点的管理、开发、建设中必须严格依法加强对森林资源的保护和管理。四川、山西等省已制定了森林公园管理条例或办法，我省也应抓紧制定相关法规，把森林公园和景点的建设与管理纳入法制化轨道。

2. 制定科学合理的规划。对公园和景点的建设要因地制宜，科学规划，合理布局，防止发生“破坏性建设”。应突出森林特色，对古树、大树、珍贵树木，更要严加保护，一棵也不能动。人们到森林中去，主要在于享受大自然，起到强身健体的作用。因此，应严格控制建设工程的数量和规模，确需建设的工程，必须尽可能减少破土面，保护好植被和自然景观。同时，景点建设要做到古朴典雅，并与自然景观相协调。一些公园盲目修建空中索道、建设高级宾馆，不仅增加了建设投入，又对自然景观造成很大破坏，还失去了森林旅游的特色和优势，对这类项目，有关部门要严格审查，从严控制。

3. 各级政府增加投入，扶持森林公园景点建设。发展森林旅游，离不开政府投入。各级政府对森林公园和主要景点建设项目，应列入投资计划，拿出专项资金，扶持发展。林业、旅游等部门应密切配合，抓好森林旅游宣传和促销，提高公园和景点的知名度。应坚持以园养园、以景点养景点的原则，确保森林旅游收入用于公园和景点开发建设。应放宽政策，允许森林公园在搞好资产评估的基础上，引进社会资金，利用合资、合作等多种方式，共同开发旅游景点，改善交通、服务设施。

4. 搞好林种树种改造、丰富森林景观。混交林林相复杂，季相变化大，景观多样，又有利于防火、防虫，是开展森林旅游的理想林相。森林公园要通过有计划的改造、补植等措施，尽可能改单纯林为混交林，不断丰富森林景观，提高森林的观赏性能。

第九章　批复、意见的撰写

第一节　批　复

批复是具有指示性、决定性的公文。是上级领导机关针对下级机关单位报送的请示，就其中的问题表明意见，答复提出请示的下级机关。

一、批复的特点

批复的主要特点有三：一是具有权威性。从某种意义上说，批复是上级机关领导意图的体现，是下级机关开展工作的依据。因此，对于上级机关的批复，下级机关必须遵照执行。二是针对性。批复针对的是下级机关的请示。它只主送给请示机关，内容只针对请示事项，不涉及其他问题。三是发文的被动性。在下级机关请示之后，领导机关才作出批复。

批复与决定和指示虽然都是下行文，都有着很强的权威性和约束力，但它们之间还是有着严格的区别的。区别之一就是行文的主动性和被动性的差异。决定和指示都是上级机关的主动发文，而批复则是被动性的。区别之二是作用的范围不同。决定和指示往往作用于多数或全部的下级机关，作用范围广，而批复一般只作用于提出请示的下级机关。

此外，还有一种杂体公文批示，与批复有相同点，但也有区别。二者都是上级领导机关对下级的来文作出指示性的意见。但批复只是针对下级的请示事项作出答复，而批示则是针对下级机关的来文（主要是报告、总结、意见等公文），就其中的问题所作的指示性意见，除发给来文机关外，还可以同时发给其他的下属机关。

二、批复的结构

(一)标题

应写明批复机关的名称、针对的事项和文种,必要时可在标题中表明“同意”或“不同意”的态度。如《××省人民政府关于同意组建××省经济协作发展总公司的批复》《关于××省撤销××县设立××市的批复》等。

(二)正文

批复的开头应写明批复的根据,即根据下级机关的什么请示事项而给予的答复。通常,批复的开头语被称为“引据”,应简要地引叙来文的内容,或直接引叙来文号。如“你省1992年3月20日《关于将××市更名为××市的请示》收悉”,再如“×政发[2000]17号文收悉”,这样开头文字十分简略,同时又把批复针对的事项交代得很清楚。引叙部分可单独作为一个段落,也可以使用过渡语引出下文,如“现批复如下”“现将有关问题批复如下”等。

接下来就要写批复意见。这部分是批复的主体,应针对请示的问题给予明确的答复。态度要明朗,当行则行,不行则止,不能模棱两可,让下级无所适从。如果不同意下级的请示事项,应概括地陈述理由。

结尾部分一般用“此复”或“特此批复”等作结。也有的在结尾部分提出要求或希望。

三、批复的写作要领

第一,在答复前应作必要的调查研究工作,认真研究来文的内容和理由,核实其真实性,研究所提事项的可行性,有根据地表明态度和意见。

第二,要认真查阅有关的政策依据等材料,使批复符合方针政策和法律法规。

第三,如内容涉及有关部门的职权范围,应与有关部门协商处理,意见统一。

第四,批复意见应明确、具体、可行。

【文例】

国务院关于中国保险投资基金设立方案的批复

国函[2015]104号

保监会：

《中国保监会关于申请批准〈中国保险投资基金设立方案〉的请示》(保监发〔2015〕58号)收悉。现批复如下：

原则同意《中国保险投资基金设立方案》。设立中国保险投资基金，是发挥保险资金长期投资优势，对接国家重大战略和市场需求，主要投向基础设施建设，带动社会有效投资，支持实体经济发展，打造增加公共产品和公共服务新引擎的重要举措。保监会要会同相关部门，加强沟通协调和监督指导，认真做好基金筹建、监管等各项工作，抓紧组织落实。

附件：中国保险投资基金设立方案(略)

国务院
2015年6月29日

国务院关于同意将山东省烟台市列为国家历史文化名城的批复

国函[2013]83号

山东省人民政府：

你省《关于申请将烟台市列为国家历史文化名城的请示》(鲁政呈〔2012〕55号)收悉。现批复如下：

一、同意将烟台市列为国家历史文化名城。烟台市历史悠久，遗存丰富，文化底蕴深厚，名胜古迹众多，近代建筑集中成片，街区特色鲜明，城区传统格局和风貌保存完好，具有重要的历史文化价值。

二、你省及烟台市人民政府要根据本批复精神，按照《历史文化名城名镇名村保护条例》的要求，正确处理城市建设与保护文化遗产的关系，深入研究发掘文化遗产的内涵与价值，明确保护的原则和重点。编制好历史文化名城保护规划，并将其纳入城市总体规划，划定历史文化街区、文物保护单位、历史建筑的保护范围及建设控制地带，制定严格的保护措施。在历史文化名城保护规划的指导下，编制好重要保护地段的详细规划。在规划和建设中，要重视保护城市格局，注重城区环境整治和历史建筑修缮，不得进行任何与名城环境和风貌不相协调的建设活动。

三、你省和住房城乡建设部、国家文物局要加强对烟台市国家历史文化名城规划、保护工作的指导、监督和检查。

国务院
2013 年 7 月 28 日

山东省人民政府关于举办第十二届齐文化节的批复

鲁政字[2015]141 号

淄博市人民政府：

你市《关于举办第十二届齐文化节的请示》(淄政呈[2015]5 号)收悉。经研究，同意你市于 2015 年 9 月 12～16 日主办第十二届齐文化节。具体事宜请按照鲁政字[2014]167 号文件要求办理。

活动结束 1 个月内，将活动内容、规模、费用总额和支出等情况，以及是否存在违规违纪问题的自查情况报省清理和规范庆典研讨会论坛活动工作领导小组。

山东省人民政府
2015 年 6 月 23 日

山东省人民政府
关于同意举办2015 年东亚经济交流推进机构国际
商务分会第二届会议的批复

鲁政字[2015]151 号

青岛市人民政府：

你市《关于举办 2015 年东亚经济交流推进机构国际商务分会第二届会议的请

示》(青政呈〔2015〕29号)收悉。经研究,同意你市于2015年11月18日至20日在青岛举办"2015年东亚经济交流推进机构国际商务分会第二届会议"。会议规模约为60人,其中外宾35人。会议经费由你市财政专项资金负担,拨付31万元。

请认真做好会议的各项组织筹备工作,包括与会代表资格及会议有关材料审核、按规定邀请外籍人员与会、做好相关应急预案等;要严格按照报批的会议内容举办,切实做到以我为主、目的明确,厉行节约、讲求实效;要严格遵守外事纪律,遇有重大或敏感问题及时请示汇报,会后1个月内向省政府提交会议总结并抄送省外办。

山东省人民政府
2015年7月3日

第二节 意 见

一、意见的性质和使用范围

意见用于对重要的问题提出见解和处理办法。过去,虽然党和国家机关都没有将意见作为一个正式的文种,但却经常使用。可以说,这反映了一种客观需要。1996年5月3日,中共中央办公厅发布了《党的机关公文处理条例》,增加了"意见"这一文种。随着行政机关领导工作的需要,2000年8月24日,以国务院的名义发布的《国家行政机关公文处理办法》中,将"意见"列为国家行政机关正式使用的公文种类之一。

在使用范围上,一般可分为两个方面:一是对重要的事项表明态度,提出见解和处理办法等,如《关于经济鉴证类社会中介机构与政府部门实行脱钩改制的意见》《关于清理整顿道路客货运输秩序的意见》。二是方针政策性的意见,如《中央纪委、中央组织部、中央编办、监察部、人事部、审计署关于认真贯彻落实中办发[1999]20号文件切实做好经济责任审计工作的意见》《关于深化学校治安综合治理工作的意见》等。

二、意见和决定的异同

意见和决定都是对有关事项提出规范、原则和要求,二者相比较,决定更注重原则性和规定性,而意见则强调具体操作性。

三、意见的撰写

(一)标题

意见的标题可以写明发文机关、事由和文种,也可以省略发文机关。

(二)正文

意见的正文一般来说比较长,所以应划分层次。通常,意见的开头应讲明有关的政策依据和发文的意义,这部分应简明扼要。第二部分是中心,要逐条逐项地表明对有关问题的态度和处理意见。结尾一般提出有关要求和希望等。

四、写作注意事项

第一,所提意见应与有关的方针政策相一致。

第二,提出的办法应切实可行,具有操作性。

第三,语言准确,有的放矢。

【文例】

国务院关于大力推进大众创业万众创新若干政策措施的意见

国发[2015]32号

各省、自治区、直辖市人民政府,国务院各部委、各直属机构:

推进大众创业、万众创新,是发展的动力之源,也是富民之道、公平之计、强国之策,对于推动经济结构调整、打造发展新引擎、增强发展新动力、走创新驱动发展道路具有重要意义,是稳增长、扩就业、激发亿万群众智慧和创造力,促进社会纵向流动、公平正义的重大举措。根据2015年《政府工作报告》部署,为改革完善相关体制机制,构建普惠性政策扶持体系,推动资金链引导创业创新链、创业创新链支持产业链、产业链带动就业链,现提出以下意见。

一、充分认识推进大众创业、万众创新的重要意义

——推进大众创业、万众创新,是培育和催生经济社会发展新动力的必然选择。随着我国资源环境约束日益强化,要素的规模驱动力逐步减弱,传统的高投入、高消耗、粗放式发展方式难以为继,经济发展进入新常态,需要从要素驱动、投资驱动转向创新驱动。推进大众创业、万众创新,就是要通过结构性改革、体制机制创新,消除不利于创业创新发展的各种制度束缚和桎梏,支持各类市场主体不断开办新企业、开发新产品、开拓新市场,培育新兴产业,形成小企业"铺天

盖地”、大企业“顶天立地”的发展格局，实现创新驱动发展，打造新引擎、形成新动力。

——推进大众创业、万众创新，是扩大就业、实现富民之道的根本举措。我国有13亿多人口、9亿多劳动力，每年高校毕业生、农村转移劳动力、城镇困难人员、退役军人数量较大，人力资源转化为人力资本的潜力巨大，但就业总量压力较大，结构性矛盾凸显。推进大众创业、万众创新，就是要通过转变政府职能、建设服务型政府，营造公平竞争的创业环境，使有梦想、有意愿、有能力的科技人员、高校毕业生、农民工、退役军人、失业人员等各类市场创业主体“如鱼得水”，通过创业增加收入，让更多的人富起来，促进收入分配结构调整，实现创新支持创业、创业带动就业的良性互动发展。

——推进大众创业、万众创新，是激发全社会创新潜能和创业活力的有效途径。目前，我国创业创新理念还没有深入人心，创业教育培训体系还不健全，善于创造、勇于创业的能力不足，鼓励创新、宽容失败的良好环境尚未形成。推进大众创业、万众创新，就是要通过加强全社会以创新为核心的创业教育，弘扬“敢为人先、追求创新、百折不挠”的创业精神，厚植创新文化，不断增强创业创新意识，使创业创新成为全社会共同的价值追求和行为习惯。

二、总体思路

按照“四个全面”战略布局，坚持改革推动，加快实施创新驱动发展战略，充分发挥市场在资源配置中的决定性作用和更好发挥政府作用，加大简政放权力度，放宽政策、放开市场、放活主体，形成有利于创业创新的良好氛围，让千千万万创业者活跃起来，汇聚成经济社会发展的巨大动能。不断完善体制机制、健全普惠性政策措施，加强统筹协调，构建有利于大众创业、万众创新蓬勃发展的政策环境、制度环境和公共服务体系，以创业带动就业、创新促进发展。

——坚持深化改革，营造创业环境。通过结构性改革和创新，进一步简政放权、放管结合、优化服务，增强创业创新制度供给，完善相关法律法规、扶持政策和激励措施，营造均等普惠环境，推动社会纵向流动。

——坚持需求导向，释放创业活力。尊重创业创新规律，坚持以人为本，切实解决创业者面临的资金需求、市场信息、政策扶持、技术支撑、公共服务等瓶颈问题，最大限度释放各类市场主体创业创新活力，开辟就业新空间，拓展发展新天地，解放和发展生产力。

——坚持政策协同，实现落地生根。加强创业、创新、就业等各类政策统筹，部门与地方政策联动，确保创业扶持政策可操作、能落地。鼓励有条件的地区先行先试，探索形成可复制、可推广的创业创新经验。

——坚持开放共享，推动模式创新。加强创业创新公共服务资源开放共享，整合利用全球创业创新资源，实现人才等创业创新要素跨地区、跨行业自由流动。依托"互联网+"、大数据等，推动各行业创新商业模式，建立和完善线上与线下、境内与境外、政府与市场开放合作等创业创新机制。

三、创新体制机制，实现创业便利化

（一）完善公平竞争市场环境。进一步转变政府职能，增加公共产品和服务供给，为创业者提供更多机会。逐步清理并废除妨碍创业发展的制度和规定，打破地方保护主义。加快出台公平竞争审查制度，建立统一透明、有序规范的市场环境。依法反垄断和反不正当竞争，消除不利于创业创新发展的垄断协议和滥用市场支配地位以及其他不正当竞争行为。清理规范涉企收费项目，完善收费目录管理制度，制定事中事后监管办法。建立和规范企业信用信息发布制度，制定严重违法企业名单管理办法，把创业主体信用与市场准入、享受优惠政策挂钩，完善以信用管理为基础的创业创新监管模式。

（二）深化商事制度改革。加快实施工商营业执照、组织机构代码证、税务登记证"三证合一""一照一码"，落实"先照后证"改革，推进全程电子化登记和电子营业执照应用。支持各地结合实际放宽新注册企业场所登记条件限制，推动"一址多照"、集群注册等住所登记改革，为创业创新提供便利的工商登记服务。建立市场准入等负面清单，破除不合理的行业准入限制。开展企业简易注销试点，建立便捷的市场退出机制。依托企业信用信息公示系统建立小微企业名录，增强创业企业信息透明度。

（三）加强创业知识产权保护。研究商业模式等新形态创新成果的知识产权保护办法。积极推进知识产权交易，加快建立全国知识产权运营公共服务平台。完善知识产权快速维权与维权援助机制，缩短确权审查、侵权处理周期。集中查处一批侵犯知识产权的大案要案，加大对反复侵权、恶意侵权等行为的处罚力度，探索实施惩罚性赔偿制度。完善权利人维权机制，合理划分权利人举证责任，完善行政调解等非诉讼纠纷解决途径。

（四）健全创业人才培养与流动机制。把创业精神培育和创业素质教育纳入国民教育体系，实现全社会创业教育和培训制度化、体系化。加快完善创业课程设置，加强创业实训体系建设。加强创业创新知识普及教育，使大众创业、万众创新深入人心。加强创业导师队伍建设，提高创业服务水平。加快推进社会保障制度改革，破除人才自由流动制度障碍，实现党政机关、企事业单位、社会各方面人才顺畅流动。加快建立创业创新绩效评价机制，让一批富有创业精神、勇于承担风险的人才脱颖而出。

四、优化财税政策，强化创业扶持

（五）加大财政资金支持和统筹力度。各级财政要根据创业创新需要，统筹安排各类支持小微企业和创业创新的资金，加大对创业创新支持力度，强化资金预算执行和监管，加强资金使用绩效评价。支持有条件的地方政府设立创业基金，扶持创业创新发展。在确保公平竞争前提下，鼓励对众创空间等孵化机构的办公用房、用水、用能、网络等软硬件设施给予适当优惠，减轻创业者负担。

(六)完善普惠性税收措施。落实扶持小微企业发展的各项税收优惠政策。落实科技企业孵化器、大学科技园、研发费用加计扣除、固定资产加速折旧等税收优惠政策。对符合条件的众创空间等新型孵化机构适用科技企业孵化器税收优惠政策。按照税制改革方向和要求，对包括天使投资在内的投向种子期、初创期等创新活动的投资，统筹研究相关税收支持政策。修订完善高新技术企业认定办法，完善创业投资企业享受70%应纳税所得额税收抵免政策。抓紧推广中关村国家自主创新示范区税收试点政策，将企业转增股本分期缴纳个人所得税试点政策、股权奖励分期缴纳个人所得税试点政策推广至全国范围。落实促进高校毕业生、残疾人、退役军人、登记失业人员等创业就业税收政策。

(七)发挥政府采购支持作用。完善促进中小企业发展的政府采购政策，加强对采购单位的政策指导和监督检查，督促采购单位改进采购计划编制和项目预留管理，增强政策对小微企业发展的支持效果。加大创新产品和服务的采购力度，把政府采购与支持创业发展紧密结合起来。

五、搞活金融市场，实现便捷融资

(八)优化资本市场。支持符合条件的创业企业上市或发行票据融资，并鼓励创业企业通过债券市场筹集资金。积极研究尚未盈利的互联网和高新技术企业到创业板发行上市制度，推动在上海证券交易所建立战略新兴产业板。加快推进全国中小企业股份转让系统向创业板转板试点。研究解决特殊股权结构类创业企业在境内上市的制度性障碍，完善资本市场规则。规范发展服务于中小微企业的区域性股权市场，推动建立工商登记部门与区域性股权市场的股权登记对接机制，支持股权质押融资。支持符合条件的发行主体发行小微企业增信集合债等企业债券创新品种。

(九)创新银行支持方式。鼓励银行提高针对创业创新企业的金融服务专业化水平，不断创新组织架构、管理方式和金融产品。推动银行与其他金融机构加强合作，对创业创新活动给予有针对性的股权和债权融资支持。鼓励银行业金融机构向创业企业提供结算、融资、理财、咨询等一站式系统化的金融服务。

(十)丰富创业融资新模式。支持互联网金融发展，引导和鼓励众筹融资平台规范发展，开展公开、小额股权众筹融资试点，加强风险控制和规范管理。丰富完善创业担保贷款政策。支持保险资金参与创业创新，发展相互保险等新业务。完善知识产权估值、质押和流转体系，依法合规推动知识产权质押融资、专利许可费收益权证券化、专利保险等服务常态化、规模化发展，支持知识产权金融发展。

六、扩大创业投资，支持创业起步成长

（十一）建立和完善创业投资引导机制。不断扩大社会资本参与新兴产业创投计划参股基金规模，做大直接融资平台，引导创业投资更多向创业企业起步成长的前端延伸。不断完善新兴产业创业投资政策体系、制度体系、融资体系、监管和预警体系，加快建立考核评价体系。加快设立国家新兴产业创业投资引导基金和国家中小企业发展基金，逐步建立支持创业创新和新兴产业发展的市场化长效运行机制。发展联合投资等新模式，探索建立风险补偿机制。鼓励各地方政府建立和完善创业投资引导基金。加强创业投资立法，完善促进天使投资的政策法规。促进国家新兴产业创业投资引导基金、科技型中小企业创业投资引导基金、国家科技成果转化引导基金、国家中小企业发展基金等协同联动。推进创业投资行业协会建设，加强行业自律。

（十二）拓宽创业投资资金供给渠道。加快实施新兴产业“双创”三年行动计划，建立一批新兴产业“双创”示范基地，引导社会资金支持大众创业。推动商业银行在依法合规、风险隔离的前提下，与创业投资机构建立市场化长期性合作。进一步降低商业保险资金进入创业投资的门槛。推动发展投贷联动、投保联动、投债联动等新模式，不断加大对创业创新企业的融资支持。

（十三）发展国有资本创业投资。研究制定鼓励国有资本参与创业投资的系统性政策措施，完善国有创业投资机构激励约束机制、监督管理机制。引导和鼓励中央企业和其他国有企业参与新兴产业创业投资基金、设立国有资本创业投资基金等，充分发挥国有资本在创业创新中的作用。研究完善国有创业投资机构国有股转持豁免政策。

（十四）推动创业投资“引进来”与“走出去”。抓紧修订外商投资创业投资企业相关管理规定，按照内外资一致的管理原则，放宽外商投资准入，完善外资创业投资机构管理制度，简化管理流程，鼓励外资开展创业投资业务。放宽对外资创业投资基金投资限制，鼓励中外合资创业投资机构发展。引导和鼓励创业投资机构加大对境外高端研发项目的投资，积极分享境外高端技术成果。按投资领域、用途、募集资金规模，完善创业投资境外投资管理。

七、发展创业服务，构建创业生态

（十五）加快发展创业孵化服务。大力发展创新工场、车库咖啡等新型孵化器，做大做强众创空间，完善创业孵化服务。引导和鼓励各类创业孵化器与天使投资、创业投资相结合，完善投融资模式。引导和推动创业孵化与高校、科研院所等技术成果转移相结合，完善技术支撑服务。引导和鼓励国内资本与境外合作设立新型创业孵化平台，引进境外先进创业孵化模式，提升孵化能力。

（十六）大力发展第三方专业服务。加快发展企业管理、财务咨询、市场营销、人力资源、法律顾问、知识产权、检验检测、现代物流等第三方专业化服务，不断丰富和完善创业服务。

（十七）发展“互联网+”创业服务。加快发展“互联网+”创业网络体系，建设一批小微企业创业创新基地，促进创业与创新、创业与就业、线上与线下相结合，降低全社会创业门槛和成本。加强政府数据开放共享，推动大型互联网企业和基础电信企业向创业者开放计算、存储和数据资源。积极推广众包、用户参与设计、云设计等新型研发组织模式和创业创新模式。

（十八）研究探索创业券、创新券等公共服务新模式。有条件的地方继续探索通过创业券、创新券等方式对创业者和创新企业提供社会培训、管理咨询、检验检测、软件开发、研发设计等服务，建立和规范相关管理制度和运行机制，逐步形成可复制、可推广的经验。

八、建设创业创新平台，增强支撑作用

（十九）打造创业创新公共平台。加强创业创新信息资源整合，建立创业政策集中发布平台，完善专业化、网络化服务体系，增强创业创新信息透明度。鼓励开展各类公益讲坛、创业论坛、创业培训等活动，丰富创业平台形式和内容。支持各类创业创新大赛，定期办好中国创新创业大赛、中国农业科技创新创业大赛和创新挑战大赛等赛事。加强和完善中小企业公共服务平台网络建设。充分发挥企业的创新主体作用，鼓励和支持有条件的大型企业发展创业平台、投资并购小微企业等，支持企业内外部创业者创业，增强企业创业创新活力。为创业失败者再创业建立必要的指导和援助机制，不断增强创业信心和创业能力。加快建立创业企业、天使投资、创业投资统计指标体系，规范统计口径和调查方法，加强监测和分析。

（二十）用好创业创新技术平台。建立科技基础设施、大型科研仪器和专利信息资源向全社会开放的长效机制。完善国家重点实验室等国家级科研平台（基地）向社会开放机制，为大众创业、万众创新提供有力支撑。鼓励企业建立一批专业化、市场化的技术转移平台。鼓励依托三维（3D）打印、网络制造等先进技术和发展模式，开展面向创业者的社会化服务。引导和支持有条件的领军企业创建特色服务平台，面向企业内部和外部创业者提供资金、技术和服务支撑。加快建立军民两用技术项目实施、信息交互和标准化协调机制，促进军民创新资源融合。

（二十一）发展创业创新区域平台。支持开展全面创新改革试验的省（区、市）、国家综合配套改革试验区等，依托改革试验平台在创业创新体制机制改革方面积极探索，发挥示范和带动作用，为创业创新制度体系建设提供可复制、可推广的经验。依托自由贸易试验区、国家自主创新示范区、战略性新兴产业集聚区等创业创新资源密集区域，打造若干具有全球影响力的创业创新中心。引导和鼓励创业创新型城市完善环境，推动区域集聚发展。推动实施小微企业创业基地城市示范。鼓励有条件的地方出台各具特色的支持政策，积极盘活闲置的商业用房、工业厂房、企业库房、物流设施和家庭住所、租赁房等资源，为创业者提供低成本办公场所和居住条件。

九、激发创造活力，发展创新型创业

（二十二）支持科研人员创业。加快落实高校、科研院所等专业技术人员离岗创业政策，对经同意离岗的可在3年内保留人事关系，建立健全科研人员双向流动机制。进一步完善创新型中小企业上市股权激励和员工持股计划制度规则。鼓励符合条件的企业按照有关规定，通过股权、期权、分红等激励方式，调动科研人员创业积极性。支持鼓励学会、协会、研究会等科技社团为科技人员和创业企业提供咨询服务。

（二十三）支持大学生创业。深入实施大学生创业引领计划，整合发展高校毕业生就业创业基金。引导和鼓励高校统筹资源，抓紧落实大学生创业指导服务机构、人员、场地、经费等。引导和鼓励成功创业者、知名企业家、天使和创业投资人、专家学者等担任兼职创业导师，提供包括创业方案、创业渠道等创业辅导。建立健全弹性学制管理办法，支持大学生保留学籍休学创业。

（二十四）支持境外人才来华创业。发挥留学回国人才特别是领军人才、高端人才的创业引领带动作用。继续推进人力资源市场对外开放，建立和完善境外高端创业创新人才引进机制。进一步放宽外籍高端人才来华创业办理签证、永久居留证等条件，简化开办企业审批流程，探索由事前审批调整为事后备案。引导和鼓励地方对回国创业高端人才和境外高端人才来华创办高科技企业给予一次性创业启动资金，在配偶就业、子女入学、医疗、住房、社会保障等方面完善相关措施。加强海外科技人才离岸创业基地建设，把更多的国外创业创新资源引入国内。

十、拓展城乡创业渠道，实现创业带动就业

（二十五）支持电子商务向基层延伸。引导和鼓励集办公服务、投融资支持、创业辅导、渠道开拓于一体的市场化网商创业平台发展。鼓励龙头企业结合乡村特点建立电子商务交易服务平台、商品集散平台和物流中心，推动农村依托互联网创业。鼓励电子商务第三方交易平台渠道下沉，带动城乡基层创业人员依托其平台和经营网络开展创业。完善有利于中小网商发展的相关措施，在风险可控、商业可持续的前提下支持发展面向中小网商的融资贷款业务。

（二十六）支持返乡创业集聚发展。结合城乡区域特点，建立有市场竞争力的协作创业模式，形成各具特色的返乡人员创业联盟。引导返乡创业人员融入特色专业市场，打造具有区域特点的创业集群和优势产业集群。深入实施农村青年创业富民行动，支持返乡创业人员因地制宜围绕休闲农业、农产品深加工、乡村旅游、农村服务业等开展创业，完善家庭农场等新型农业经营主体发展环境。

（二十七）完善基层创业支撑服务。加强城乡基层创业人员社保、住房、教育、医疗等公共服务体系建设，完善跨区域创业转移接续制度。健全职业技能培训体系，加强远程公益创业培训，提升基层创业人员创业能力。引导和鼓励中小金融机构开展面向基层创业创新的金融产品创新，发挥社区地理和软环境优势，支持社区创业者创业。引导和鼓励行业龙头企业、大型物流企业发挥优势，拓展乡村信息资源、物流仓储等技术和服务网络，为基层创业提供支撑。

十一、加强统筹协调，完善协同机制

（二十八）加强组织领导。建立由发展改革委牵头的推进大众创业万众创新部际联席会议制度，加强顶层设计和统筹协调。各地区、各部门要立足改革创新，坚持需求导向，从根本上解决创业创新中面临的各种体制机制问题，共同推进大众创业、万众创新蓬勃发展。重大事项要及时向国务院报告。

（二十九）加强政策协调联动。建立部门之间、部门与地方之间政策协调联动机制，形成强大合力。各地区、各部门要系统梳理已发布的有关支持创业创新发展的各项政策措施，抓紧推进"立、改、废"工作，将对初创企业的扶持方式从选拔式、分配式向普惠式、引领式转变。建立健全创业创新政策协调审查制度，增强政策普惠性、连贯性和协同性。

（三十）加强政策落实情况督查。加快建立推进大众创业、万众创新有关普惠性政策措施落实情况督查督导机制，建立和完善政策执行评估体系和通报制度，全力打通决策部署的"最先一公里"和政策落实的"最后一公里"，确保各项政策措施落地生根。

各地区、各部门要进一步统一思想认识，高度重视、认真落实本意见的各项要求，结合本地区、本部门实际明确任务分工、落实工作责任，主动作为、敢于担当，积极研究解决新问题，及时总结推广经验做法，加大宣传力度，加强舆论引导，推动本意见确定的各项政策措施落实到位，不断拓展大众创业、万众创新的空间，汇聚经济社会发展新动能，促进我国经济保持中高速增长、迈向中高端水平。

国务院

2015 年 6 月 11 日

国务院办公厅关于支持农民工等人员返乡创业的意见

国办发[2015]47号

各省、自治区、直辖市人民政府，国务院各部委、各直属机构：

支持农民工、大学生和退役士兵等人员返乡创业，通过大众创业、万众创新使广袤乡镇百业兴旺，可以促就业、增收入，打开新型工业化和农业现代化、城镇化和新农村建设协同发展新局面。根据《中共中央国务院关于加大改革创新力度加快农业现代化建设的若干意见》和《国务院关于进一步做好新形势下就业创业工作的意见》(国发〔2015〕23号)要求，为进一步做好农民工等人员返乡创业工作，经国务院同意，现提出如下意见：

一、总体要求

(一)指导思想。全面贯彻落实党的十八大和十八届二中、三中、四中全会精神，按照党中央、国务院决策部署，加强统筹谋划，健全体制机制，整合创业资源，完善扶持政策，优化创业环境，以人力资本、社会资本的提升、扩散、共享为纽带，加快建立多层次多样化的返乡创业格局，全面激发农民工等人员返乡创业热情，创造更多就地就近就业机会，加快输出地新型工业化、城镇化进程，全面汇入大众创业、万众创新热潮，加快培育经济社会发展新动力，催生民生改善、经济结构调整和社会和谐稳定新动能。

(二)基本原则。

——坚持普惠性与扶持性政策相结合。既要保证返乡创业人员平等享受普惠性政策，又要根据其抗风险能力弱等特点，落实完善差别化的扶持性政策，努力促进他们成功创业。

——坚持盘活存量与创造增量并举。要用好用活已有园区、项目、资金等存量资源全面支持返乡创业，同时积极探索公共创业服务新方法、新路径，开发增量资源，加大对返乡创业的支持力度。

——坚持政府引导与市场主导协同。要加强政府引导，按照绿色、集约、实用的原则，创造良好的创业环境，更要充分发挥市场的决定性作用，支持返乡创业企业与龙头企业、市场中介服务机构等共同打造充满活力的创业生态系统。

——坚持输入地与输出地发展联动。要推进创新创业资源跨地区整合，促进输入地与输出地在政策、服务、市场等方面的联动对接，扩大返乡创业市场空间，延长返乡创业产业链条。

二、主要任务

（三）促进产业转移带动返乡创业。鼓励输入地在产业升级过程中对口帮扶输出地建设承接产业园区，引导劳动密集型产业转移，大力发展相关配套产业，带动农民工等人员返乡创业。鼓励已经成功创业的农民工等人员，顺应产业转移的趋势和潮流，充分挖掘和利用输出地资源和要素方面的比较优势，把适合的产业转移到家乡再创业、再发展。

（四）推动输出地产业升级带动返乡创业。鼓励积累了一定资金、技术和管理经验的农民工等人员，学习借鉴发达地区的产业组织形式、经营管理方式，顺应输出地消费结构、产业结构升级的市场需求，抓住机遇创业兴业，把小门面、小作坊升级为特色店、连锁店、品牌店。

（五）鼓励输出地资源嫁接输入地市场带动返乡创业。鼓励农民工等人员发挥既熟悉输入地市场又熟悉输出地资源的优势，借力“互联网+”信息技术发展现代商业，通过对少数民族传统手工艺品、绿色农产品等输出地特色产品的挖掘、升级、品牌化，实现输出地产品与输入地市场的嫁接。

（六）引导一二三产业融合发展带动返乡创业。统筹发展县域经济，引导返乡农民工等人员融入区域专业市场、示范带和块状经济，打造具有区域特色的优势产业集群。鼓励创业基础好、创业能力强的返乡人员，充分开发乡村、乡土、乡韵潜在价值，发展休闲农业、林下经济和乡村旅游，促进农村一二三产业融合发展，拓展创业空间。以少数民族特色村镇为平台和载体，大力发展民族风情旅游业，带动民族地区创业。

（七）支持新型农业经营主体发展带动返乡创业。鼓励返乡人员共创农民合作社、家庭农场、农业产业化龙头企业、林场等新型农业经营主体，围绕规模种养、农产品加工、农村服务业以及农技推广、林下经济、贸易营销、农资配送、信息咨询等合作建立营销渠道，合作打造特色品牌，合作分散市场风险。

三、健全基础设施和创业服务体系

（八）加强基层服务平台和互联网创业线上线下基础设施建设。切实加大人力财力投入，进一步推进县乡基层就业和社会保障服务平台、中小企业公共服务平台、农村基层综合公共服务平台、农村社区公共服务综合信息平台的建设，使其成为加强和优化农村基层公共服务的重要基础设施。支持电信企业加大互联网和移动互联网建设投入，改善县乡互联网服务，加快提速降费，建设高速畅通、覆盖城乡、质优价廉、服务便捷的宽带网络基础设施和服务体系。继续深化和扩大电子商务进农村综合示范县工作，推动信息入户，引导和鼓励电子商务交易平台渠道下沉，带动返乡人员依托其平台和经营网络创业。加大交通物流等基础设施投入，支持乡镇政府、农村集体经济组织与社会资本合作共建智能电商物流仓储基地，健全县、乡、村三级农村物流基础设施网络，鼓励物流企业完善物流下乡体系，提升冷链物流配送能力，畅通农产品进城与工业品下乡的双向流通渠道。

（九）依托存量资源整合发展农民工返乡创业园。各地要在调查分析农民工等人员返乡创业总体状况和基本需求基础上，结合推进新型工业化、信息化、城镇化、农业现代化和绿色化同步发展的实际需要，对农民工返乡创业园布局作出安排。依托现有各类合规开发园区、农业产业园，盘活闲置厂房等存量资源，支持和引导地方整合发展一批重点面向初创期“种子培育”的返乡创业孵化基地、引导早中期创业企业集群发展的返乡创业园区，聚集创业要素，降低创业成本。挖掘现有物业设施利用潜力，整合利用零散空地等存量资源，并注意与城乡基础设施建设、发展电子商务和完善物流基础设施等统筹结合。属于非农业态的农民工返乡创业园，应按照城乡规划要求，结合老城或镇村改造、农村集体经营性建设用地或农村宅基地盘整进行开发建设。属于农林牧渔业态的农民工返乡创业园，在不改变农地、集体林地、草场、水面权属和用途前提下，允许建设方通过与权属方签订合约的方式整合资源开发建设。

（十）强化返乡农民工等人员创业培训工作。紧密结合返乡农民工等人员创业特点、需求和地域经济特色，编制实施专项培训计划，整合现有培训资源，开发有针对性的培训项目，加强创业师资队伍建设，采取培训机构面授、远程网络互动等方式有效开展创业培训，扩大培训覆盖范围，提高培训的可获得性，并按规定给予创业培训补贴。建立健全创业辅导制度，加强创业导师队伍建设，从有经验和行业资源的成功企业家、职业经理人、电商辅导员、天使投资人、返乡创业带头人当中选拔一批创业导师，为返乡创业农民工等人员提供创业辅导。支持返乡创业培训实习基地建设，动员知名乡镇企业、农产品加工企业、休闲农业企业和专业市场等为返乡创业人员提供创业见习、实习和实训服务，加强输出地与东部地区对口协作，组织返乡创业农民工等人员定期到东部企业实习，为其学习和增强管理经验提供支持。发挥好驻贫困村“第一书记”和驻村工作队作用，帮助开展返乡农民工教育培训，做好贫困乡村创业致富带头人培训。

（十一）完善农民工等人员返乡创业公共服务。各地应本着“政府提供平台、平台集聚资源、资源服务创业”的思路，依托基层公共平台集聚政府公共资源和社会其他各方资源，组织开展专项活动，为农民工等人员返乡创业提供服务。统筹考虑社保、住房、教育、医疗等公共服务制度改革，及时将返乡创业农民工等人员纳入公共服务范围。依托基层就业和社会保障服务平台，做好返乡人员创业服务、社保关系转移接续等工作，确保其各项社保关系顺畅转移接入。及时将电子商务等新兴业态创业人员纳入社保覆盖范围。探索完善返乡创业人员社会兜底保障机制，降低创业风险。深化农村社区建设试点，提升农村社区支持返乡创业和吸纳就业的能力，逐步建立城乡社区农民工服务衔接机制。

（十二）改善返乡创业市场中介服务。运用政府向社会力量购买服务的机制，调动教育培训机构、创业服务企业、电子商务平台、行业协会、群团组织等社会各方参与积极性，帮助返乡创业农民工等人员解决企业开办、经营、发展过程中遇到的能力不足、经验不足、资源不足等难题。培育和壮大专业化市场中介服务机构，提供市场分析、管理辅导等深度服务，帮助返乡创业人员改善管理、开拓市场。鼓励大型市场中介服务机构跨区域拓展，推动输出地形成专业化、社会化、网络化的市场中介服务体系。

（十三）引导返乡创业与万众创新对接。引导和支持龙头企业建立市场化的创新创业促进机制，加速资金、技术和服务扩散，带动和支持返乡创业人员依托其相关产业链创业发展。鼓励大型科研院所建立开放式创新创业服务平台，吸引返乡创业农民工等各类创业者围绕其创新成果创业，加速科技成果资本化、产业化步伐。鼓励社会资本特别是龙头企业加大投入，结合其自身发展壮大需要，建设发展市场化、专业化的众创空间，促进创新创意与企业发展、市场需求和社会资本有效对接。鼓励发达地区众创空间加速向输出地扩展、复制，不断输出新的创业理念，集聚创业活力，帮助返乡农民工等人员解决创业难题。推行科技特派员制度，建设一批“星创天地”，为农民工等人员返乡创业提供科技服务，实现返乡创业与万众创新有序对接、联动发展。

四、政策措施

（十四）降低返乡创业门槛。深化商事制度改革，落实注册资本登记制度改革，优化返乡创业登记方式，简化创业住所（经营场所）登记手续，推动“一址多照”、集群注册等住所登记制度改革。放宽经营范围，鼓励返乡农民工等人员投资农村基础设施和在农村兴办各类事业。对政府主导、财政支持的农村公益性工程和项目，可采取购买服务、政府与社会资本合作等方式，引导农民工等人员创设的企业和社会组织参与建设、管护和运营。对能够商业化运营的农村服务业，向社会资本全面开放。制定鼓励社会资本参与农村建设目录，探索建立乡镇政府职能转移目录，鼓励返乡创业人员参与建设或承担公共服务项目，支持返乡人员创设的企业参加政府采购。将农民工等人员返乡创业纳入社会信用体系，建立健全返乡创业市场交易规则和服务监管机制，促进公共管理水平提升和交易成本下降。取消和下放涉及返乡创业的行政许可审批事项，全面清理并切实取消非行政许可审批事项，减少返乡创业投资项目前置审批。

（十五）落实定向减税和普遍性降费政策。农民工等人员返乡创业，符合政策规定条件的，可适用财政部、国家税务总局《关于小型微利企业所得税优惠政策的通知》(财税〔2015〕34 号)、《关于进一步支持小微企业增值税和营业税政策的通知》(财税〔2014〕71 号)、《关于对小微企业免征有关政府性基金的通知》(财税〔2014〕122 号)和《人力资源社会保障部财政部关于调整失业保险费率有关问题的通知》(人社部发〔2015〕24 号)的政策规定,享受减征企业所得税、免征增值税、营业税、教育费附加、地方教育附加、水利建设基金、文化事业建设费、残疾人就业保障金等税费减免和降低失业保险费率政策。各级财政、税务、人力资源社会保障部门要密切配合,严格按照上述政策规定和《国务院关于税收等优惠政策相关事项的通知》(国发〔2015〕25 号)要求,切实抓好工作落实,确保优惠政策落地并落实到位。

(十六)加大财政支持力度。充分发挥财政资金的杠杆引导作用,加大对返乡创业的财政支持力度。对返乡农民工等人员创办的新型农业经营主体,符合农业补贴政策支持条件的,可按规定同等享受相应的政策支持。对农民工等人员返乡创办的企业,招用就业困难人员、毕业年度高校毕业生的,按规定给予社会保险补贴。对符合就业困难人员条件,从事灵活就业的,给予一定的社会保险补贴。对具备各项支农惠农资金、小微企业发展资金等其他扶持政策规定条件的,要及时纳入扶持范围,便捷申请程序,简化审批流程,建立健全政策受益人信息联网查验机制。经工商登记注册的网络商户从业人员,同等享受各项就业创业扶持政策;未经工商登记注册的网络商户从业人员,可认定为灵活就业人员,同等享受灵活就业人员扶持政策。

(十七)强化返乡创业金融服务。加强政府引导,运用创业投资类基金,吸引社会资本加大对农民工等人员返乡创业初创期、早中期的支持力度。在返乡创业较为集中、产业特色突出的地区,探索发行专项中小微企业集合债券、公司债券,开展股权众筹融资试点,扩大直接融资规模。进一步提高返乡创业的金融可获得性,加快发展村镇银行、农村信用社等中小金融机构和小额贷款公司等机构,完善返乡创业信用评价机制,扩大抵押物范围,鼓励银行业金融机构开发符合农民工等人员返乡创业需求特点的金融产品和金融服务,加大对返乡创业的信贷支持和服务力度。大力发展农村普惠金融,引导加大涉农资金投放,运用金融服务"三农"发展的相关政策措施,支持农民工等人员返乡创业。落实创业担保贷款政策,优化贷款审批流程,对符合条件的返乡创业人员,可按规定给予创业担保贷款,财政部门按规定安排贷款贴息所需资金。

(十八)完善返乡创业园支持政策。农民工返乡创业园的建设资金由建设方自筹;以土地租赁方式进行农民工返乡创业园建设的,形成的固定资产归建设方所有;物业经营收益按相关各方合约分配。对整合发展农民工返乡创业园,地方政府可在不增加财政预算支出总规模、不改变专项资金用途前提下,合理调整支出结构，安排相应的财政引导资金，以投资补助、贷款贴息等恰当方式给予政策支持。鼓励银行业金融机构在有效防范风险的基础上，积极创新金融产品和服务方式，加大对农民工返乡创业园区基础设施建设和产业集群发展等方面的金融支持。有关方面可安排相应项目给予对口支持，帮助返乡创业园完善水、电、交通、物流、通信、宽带网络等基础设施。适当放宽返乡创业园用电用水用地标准，吸引更多返乡人员入园创业。

五、组织实施

（十九）加强组织协调。各地区、各部门要高度重视农民工等人员返乡创业工作，健全工作机制，明确任务分工，细化配套措施，跟踪工作进展，及时总结推广经验，研究解决工作中出现的问题。支持农民工等人员返乡创业，关键在地方。各地特别是中西部地区，要结合产业转移和推进新型城镇化的实际需要，制定更加优惠的政策措施，加大对农民工等人员返乡创业的支持力度。有关部门要密切配合，抓好《鼓励农民工等人员返乡创业三年行动计划纲要（2015—2017年）》（见附件）的落实，明确时间进度，制定实施细则，确保工作实效。

（二十）强化示范带动。结合国家新型城镇化综合试点城市和中小城市综合改革试点城市组织开展试点工作，探索优化鼓励创业创新的体制机制环境，打造良好创业生态系统。打造一批民族传统产业创业示范基地、一批县级互联网创业示范基地，发挥示范带动作用。

（二十一）抓好宣传引导。坚持正确导向，以返乡创业人员喜闻乐见的形式加强宣传解读，充分利用微信等移动互联社交平台搭建返乡创业交流平台，使之发挥凝聚返乡创业人员和交流创业信息、分享创业经验、展示创业项目、传播创业商机的作用。大力宣传优秀返乡创业典型事迹，充分调动社会各方面支持、促进农民工等人员返乡创业的积极性、主动性，大力营造创业、兴业、乐业的良好环境。

附件：鼓励农民工等人员返乡创业三年行动计划纲要（2015～2017年）（略）

国务院办公厅
2015年6月17日

第十章 通知、通报、函的撰写

第一节 通 知

一、通知的含义和特点

通知是一种告知性、部署性和指示性的公文，用于上级机关批转下级机关的公文，转发下级机关和不相隶属机关的公文，发布、传达要求下级机关执行和有关单位周知的事项。

从上述的规定中可以看出，通知具有以下特点：

第一，应用的广泛性。通知的使用范围很广，可以说在各级行政机关中使用的频率最高。因为它在内容上不受制约，可以用于传达文件，也可以用于指导工作，还可以用于知照事项。

第二，作者的无限定性。通知的作者不受机关性质和级别高低的限制，任何机关、单位和部门根据权限和工作需要都可以使用。

第三，内容的规定性。通知是为执行、完成某项规定或事项而发，要求收文机关给予执行、协助或办理。

二、通知的种类

根据内容和性质的不同，通知可以分为以下几种类型：

（一）指示性通知

这类通知是传达上级机关要求下级机关办理和遵守的事项，通知中要交代有关的方针政策，交代有关的工作任务等，如《国务院办公厅关于严禁滥发钱物和赠送礼品的通知》《国务院关于深入开展企业扭亏增盈工作的通知》《中共中央纪律检查委员会关于坚决纠正新形势下出现的不正之风的通知》等，都属于指示性的通知。

需要说明的一点是，指示性通知在内容上同“指示”相类似，作用亦大致相同，但二者还是有区别的。这种区别主要在于指示更多的是体现着一种工作的指导原则和指示精神，因而决策性、政策性、概括性较强；而通知则主要侧重于要求下级机关办理和执行某一事项，在工作的安排、布置上较为具体。

（二）批转、转发、印发类通知

这类通知主要用于批转下级的公文，转发上级机关和不相隶属机关的公文或以机关的名义印发执行某一文件。

这类通知在公文中占有相当比重，如批转、转发或印发有关的讲话、意见、报告、会议纪要、方案、规划、制度、办法、条例等。此类通知如《国务院批转卫生部等部门关于严厉打击制售假劣医药商品违法活动报告的通知》《国务院批转交通部等部门关于解决家住农村远洋船员家属“农转非”问题意见的通知》《××省人民政府办公厅转发省林业厅等部门关于切实加强林地保护管理工作的报告的通知》《××省人民政府关于印发〈××省社会治安综合治理若干规定〉的通知》。

（三）事务性通知

这类通知主要起一种告知作用。国家、政府、机关单位对日常例行事务的处理如公章的启用、节假日放假安排、作息时间的变更、电话号码的调整、值班安排等，通常用通知行文执行。

（四）会议通知

会议通知实际上是事务性通知的一种，由于其专业性很强，内容单一，所以单独作为一个种类更便于使用。会议通知在机关单位中是经常使用的公文种类，用于告知有关会议召开的事项。

三、通知的写法

由于通知的种类繁多，用途广泛，不同类别的通知在写法上有其各自的特点和要求，以下分别加以说明。

（一）指示性通知的写法

指示性通知的正文部分一般包括三方面的内容。首先要写明通知的缘由，即说明发通知的原因、背景或意义。这部分是正文的导语，然后通过惯用语“特通知如下”“特作如下通知”等转入下文，承接通知事项。事项部分要注意概括，应主要把工作任务、指导原则、工作措施、执行要求等方面交代清楚。按照不同的需要，可分段落来写，也可以分条逐项地进行布置。事项部分应明确具体、切实可行。结尾部分一般是说明执行要求，或提出希望等。文字应简短，也可采用惯用语“特此通知，望认真执行”“以上通知，望各地遵照执行”等。

（二）批转、转发、印发类通知的写法

这类通知总体上看行文比较简单。批转类通知主要针对下级机关报送的公文。通常是被批转的下级的文件具有广泛印发的必要性，上级机关加上“批语”，以通知的形式向下转发。写作上可有两种方法：一种是针对被批转的文件表明态度，如“批准”或“同意”，并作出评价，要求有关单位执行。另一种写法是针对被批转的文件内容作进一步的阐述，说明其意义，提出执行要求和注意事项等。

（三）事务性通知的写法

由于各种事务类型的不同，其写作上自然有所区别，总体上的要求是要将通知的事项说清楚。文字上应简约晓畅，结构上要弃繁从简。

（四）会议通知的写法

一般说来，机关内部召开的会议，通知的内容相对比较简单，只要把开会的时间、地点、参加人员范围、会议内容等几项要素交代清楚就可以了。如果是比较大型的会议或内容重要的会议，就需要详细地说明有关问题。一份完整的会议通知应包括以下内容：(1)会议的指导思想，召开的目的；(2)会议的主要议题或主要内容；(3)参加人员范围；(4)会议的详细地点；(5)会议的持续时间及报到时间；(6)参加会议的有关准备工作，如需携带文件、资料等；(7)联系方式；(8)其他需要说明的事项。

会议通知的撰写虽然篇幅不长，但要注意不要漏掉相关要素，否则就会给与会者带来不便。

【文例】

国务院关于开展第三次全国农业普查的通知

国发〔2015〕34 号

各省、自治区、直辖市人民政府，国务院各部委、各直属机构：

根据《全国农业普查条例》有关规定，国务院决定于 2016 年开展第三次全国农业普查。现将有关事项通知如下：

一、普查目的和意义

农业普查是全面了解“三农”发展变化情况的重大国情国力调查。组织开展第三次全国农业普查，查清我国农业、农村、农民基本情况，掌握农村土地流转、农业生产、新型农业经营主体、农业规模化和产业化等新情况，反映农村发展新面貌和农民生活新变化，对科学制定“三农”政策、促进我国实现农业现代化、全面建成小康社会，具有十分重要的意义。

二、普查对象和范围

第三次全国农业普查的对象是在中华人民共和国境内的下列个人和单位：农村住户，包括农村农业生产经营户和其他住户；城镇农业生产经营户；农业生产经营单位；村民委员会；乡镇人民政府。

普查的行业范围包括：农作物种植业、林业、畜牧业、渔业和农林牧渔服务业。

三、普查内容和时间

根据我国农业农村的发展变化情况和全面深化农村改革的需要，普查的主要内容包括：农业从业者基本情况；农业土地利用与流转情况；农业生产与结构情况；新型农业经营主体与农业规模化、产业化发展情况；新农村建设情况；农村人居环境与农民生活方式变化情况。

普查的标准时点为2016年12月31日，时期资料为2016年度资料。

四、普查组织和实施

全国农业普查工作是一项庞大的社会系统工程。为加强对普查工作的组织和领导，国务院决定成立第三次全国农业普查领导小组，负责组织和领导全国农业普查工作，协调解决普查中的重大问题。领导小组办公室设在统计局，负责普查日常工作的组织和协调。

各地区、各部门要按照全国统一领导、部门分工协作、地方分级负责、各方共同参与的原则，突出重点，优化方式，统一组织，创新手段，认真做好普查的宣传动员和组织实施工作。其中，涉及固定资产投资保障方面的事项，由发展改革委负责和协调；涉及普查宣传方面的事项，由中央宣传部负责和协调。财政部、农业部等各有关部门要按照各自职能，各负其责、通力协作、密切配合。

地方各级人民政府要设立相应的普查领导小组及其办公室，认真做好本地区农业普查的组织和实施工作。对于普查中遇到的困难和问题，要及时采取措施，切实予以解决。各级普查机构要充分发挥县、乡(镇)政府(街道办事处)和村民委员会(居民委员会)的作用，从乡、村干部中选调现场组织和调查人员。地方有关部门应积极参与并认真配合做好普查工作，地方普查机构应当根据工作需要，聘用或者从有关单位商调符合条件的普查指导员和普查员，并及时支付聘用人员的劳动报酬，保证商调人员在原单位的工资、福利及其他待遇不变，稳定普查工作队伍，确保普查工作顺利进行。

五、普查经费保障

第三次全国农业普查所需经费，按照分级负担的原则，由中央和地方各级人民政府共同负担，并列入相应年度财政预算，按时拨付、确保到位。

六、普查工作要求

(一)坚持依法普查。各级监察机关和统计执法机构要按照《中华人民共和国统计法》和《全国农业普查条例》有关规定，严肃查处普查工作中的违法违纪行为，确保普查工作顺利进行，确保普查数据质量。普查取得的农户和单位资料，严格限定于普查目的，不得作为任何单位和部门对普查对象实施考核、奖惩的依据。各级普查机构及其工作人员，对普查所获取的普查对象个人和商业秘密，必须履行严格的保密义务；要做好普查资料管理、开发和共享，发布普查数据必须经上一级普查机构核准。

（二）充分运用现代信息技术。充分利用自主卫星资源，准确测量全国主要农作物的时空分布，查清现代农业生产设施状况；广泛使用智能手持电子数据采集设备，建立普查数据联网直报系统，提高普查工作信息化水平和效率，减轻基层普查人员工作负担。

（三）加强宣传引导。各级普查机构要会同宣传部门认真做好普查宣传的策划和组织工作，主动向新闻单位提供情况。要通过报刊、广播、电视、互联网等方式，广泛深入宣传普查的重要意义和要求，宣传普查工作中涌现出的典型事迹，报道违法违纪案件查处情况，引导广大普查对象依法配合普查，教育广大普查人员依法开展普查，为普查工作顺利实施创造良好的舆论环境。

附件：国务院第三次全国农业普查领导小组组成人员名单（略）

国务院
2015 年 6 月 11 日

山东省人民政府办公厅关于印发山东省突发地质灾害应急预案的通知

鲁政办字[2015]112 号

各市人民政府，各县（市、区）人民政府，省政府各部门、各直属机构，各大企业，各高等院校：

经省政府同意，现将修订的《山东省突发地质灾害应急预案》印发给你们，请认真组织实施。《山东省人民政府办公厅关于印发山东省突发地质灾害应急预案的通知》（鲁政办字[2011]162 号）同时停止执行。

附件：《山东省突发地质灾害应急预案》（略）

山东省人民政府办公厅
2015 年 6 月 19 日

山东省人民政府关于公布第五批省级文物保护单位的通知

鲁政字[2015]142号

各市人民政府,各县(市、区)人民政府,省政府各部门、各直属机构,各大企业,各高等院校:

《山东省第五批省级文物保护单位》(共计418处)已经省政府同意,现予公布。

各级、各部门要认真贯彻落实《中华人民共和国文物保护法》,坚持"保护为主、抢救第一、合理利用、加强管理"的工作方针,正确处理保护与利用、传承与发展的关系,做好省级文物保护单位的保护、管理和合理利用工作。特别要利用2015～2016年集中对抗战遗址、纪念设施进行修缮保养的时机,确保文物安全,充分发挥文物资源的教育警示作用,为纪念中国人民抗日战争暨世界反法西斯战争胜利70周年、传承弘扬中华优秀传统文化、实现中华民族伟大复兴的中国梦作出积极贡献。

第五批省级文物保护单位保护范围和建设控制地带由省文物局另行公布。

附件:《山东省第五批省级文物保护单位名单》(略)

山东省人民政府
2015年6月23日

四、通知的写作要领

通知的用途相对于其他文种来说比较广泛,因此,在使用上常常出现一些不严谨的现象,如用通知代行一切文种,或在通知中混用多种功能,也有的把握不好通知与相近文种的界线,出现了滥用的现象,使通知变得不伦不类。所以,这里有必要对通知的写作要求作一下强调:

第一,进一步明确使用规范。准确把握各类通知的特点和差别,杜绝通知的"泛化"。

第二,注意体式的完整。有的发文机关只注意了通知的"通用"性,却忽略了其规定性,写起来有些随意,这种现象应该加以克服。

第三,语言表达要明确。不论哪种类型的通知,都必须写得清楚明白,不能模棱两可,这样才利于通知内容的知晓和执行。

第二节　通　报

一、通报的性质和作用

通报用于表彰先进，批评错误，传达重要精神和告知重要情况。通过对先进事迹和典型经验的宣传，可以对下属单位和人员起到鼓舞和教育的作用；通过对错误和不良风气的批评，可以起到警戒作用，防止类似问题的发生。通报的作用主要是沟通信息，互通情况，宣传先进，严肃法纪，教育干部和群众，以推动各项工作的开展。

二、通报的基本特征

第一，典型性和代表性。通报是通过对典型性、代表性的事例予以表彰、批评、倡导或强调，引起人们的警觉和注意，在干部和群众中发挥宣传教育、启发引导、沟通情况和交流经验的作用。

第二，叙事说理性。通报主要是运用经得起推敲的事实和数据来表达发文机关的观点，侧重于叙述说理，用事实说话，以理服人。

第三，时效性和周知性。通报主要是反映新情况、新经验、新问题，特别强调及时和快捷。一般地说，凡是通报，均须及时地让特定范围内的单位和人员知晓，以保证通报作用的实现。

三、通报与通知和通讯报道的区别

通报与通知在沟通信息、周知事项、宣传方针政策等方面有相同之处，但二者又是作用和性质不同的文种，二者的区别主要在于：

第一，从文种的使用上看，通知的范围较广，形式灵活，内容多样。相比之下，通报无论在内容还是在形式上都比较单一。

第二，从内容上看，虽然一部分传达上级精神的文件可以用通知，也可以用通报，但相比之下，通知要提出具体的规定和要求，而通报一般不提出工作上的具体要求及需要组织实施落实的事项，而是通过好的和不好的典型事例对大家进行教育，或者把有关的情况告诉对方，使之了解。

第三，约束力不同。通报所提出的建议或意见通常只体现了一种原则，一种思想和观点，主要是起引导和影响的作用；而通知却要对有关事项作出具体的规定，约束力很强。

通报与通讯报道的区别就更为明显了。现在有些人将通报与通讯报道看成是一回事，常常不加以区分，这种做法应予改变。通报与通讯报道的重要区别是：

第一，二者的性质不同。通报是党政机关所使用的正式公文的种类之一，它的制作代表着发文机关的意图，其内容是庄重严肃的。而通讯报道则属于新闻报道的内容，通常以个人名义写作，发表的形式也多种多样。

第二，写作方式不同。通报既是正式公文的种类，其写作应当是十分严谨的，不仅在内容上要经过精心选择，严格把关，而且在体例格式上也要遵守相应的规范。通讯报道则灵活多样，材料的选择可以根据作者本人的认识和判断来决定，表达方式上也不像通报那样有一定的规范，更不受体例格式的限制。

第三，通报是党政机关的正式发文，应控制发文的数量，讲究发文的质量，尤其注重政策性和思想性；通讯报道则不受发文数量的限制，其内容虽然也必须具有思想性，遵守有关政策，但它更注重表达的艺术性和可读性。所以，二者是有着明显区别的。

四、通报的种类

按其性质和内容，可以将通报分为以下三类：

（一）情况通报

情况通报即对工作中出现的重要情况、新的问题以及解决的办法等，用通报的形式告知有关方面，阐明工作的指导方针等。这类通报往往有情况，有问题，有分析，有结果，能够起到激励先进，督促后进，推动工作开展的作用，如《××省委办公厅、省政府办公厅关于××××年度全省造林绿化情况的通报》《××省人民政府办公厅关于全省企业基本养老保险工作情况的通报》等。

（二）表彰通报

表彰通报大体有以下方面的内容：表彰先进事迹，授予荣誉称号，推广先进经验。其宗旨在于对先进典型、好的经验和做法予以肯定，起到激励和宣传、推广的作用，如《山东省人民政府关于表彰我省参加首届中国农业博览会组织参展、展览设计及获奖产品推荐、生产单位的通报》。

（三）批评通报

批评通报主要是对工作中出现的重大失误、重大事故及不良倾向等提出批评，以起到警戒和教育的作用，如《国务院关于一份国务院文件周转情况的通报》《中央纪律检查委员会关于必须严肃处理党员干部中违法乱纪案件的通报》。

五、通报的写作

(一)标题

标题要写明通报的机关名称、事由和文种;如果是表彰和批评性的通报,最好在事由中写明表彰或批评的对象与事实的性质。标题可以省略发文机关名称,但一般不要只写文种,因为只具文种的标题起不到对通报阅读时的引导作用。

(二)正文

通报的正文按照不同的分类有不同的写法要求。

如果写情况通报,就要按照情况的发展过程,客观、真实地加以叙述,主要是讲清问题,可适当地加以分析。

表彰性的通报要写明事情的概况、经验或意义,恰如其分地分析先进事迹和先进人物的可贵精神,作出适当的评价。

批评性的通报最基本的要点是事实清楚,分析深刻,定性准确,切中时弊,对改正的措施提出原则性的指导意见。

六、撰写通报应注意的问题

第一,要反复调查研究,选好典型材料。材料只有真实而典型,才具说服力,所以,选材是写好通报的基础。

第二,内容要真实、准确,实事求是,不能有任何的虚构和夸张。

第三,以陈述为主,议论为辅,无论陈述还是议论,均应质朴、严肃、中肯。

【文例】

国务院办公厅关于对全国第二次大督查发现的典型经验做法给予表扬的通报

国办发[2015]54号

各省、自治区、直辖市人民政府,国务院各部委、各直属机构:

为推动党中央、国务院重大决策部署进一步落实并取得成效,2015年5月下旬至6月中旬,国务院部署开展了对重大政策措施落实情况的第二次大督查。从督查情况看,各地区、各部门认真贯彻落实党中央、国务院重大决策部署,胸怀全局、主动作为、改革创新、不畏困难、讲求实效,围绕稳增长、促改革、调结构、惠民生出新招、出实招、出硬招，不断推动各项重点工作取得积极进展，在工作实践中创造出一些好经验、好做法。

为进一步调动各方面的积极性、主动性和创造性，总结经验，宣传典型，扎实推进各项重大政策措施落地生效，经国务院同意，对天津市推动重大项目开工建设等20项地方工作典型经验做法和发展改革委加强宏观政策统筹协调等16项部门工作典型经验做法予以通报表扬，供各省（区、市）和国务院各部门学习借鉴。希望受到表扬的地区和部门珍惜荣誉，再接再厉。

各地区、各部门要按照党中央、国务院的总体部署，主动适应和引领经济发展新常态，坚持稳中求进工作总基调，振奋精神，奋发有为，勇于担当，攻坚克难，学习借鉴典型经验做法，创造性开展工作，进一步推动重大稳增长工程尽快实施、重大改革政策尽快落地、重大民生举措尽快见效，确保完成全年经济社会发展主要目标任务。

附件：1. 地方工作典型经验做法（共20项）

2. 部门工作典型经验做法（共16项）

国务院办公厅
2015年7月20日

国务院关于对“十一五”节能减排工作成绩突出的省级人民政府给予表扬的通报

国发[2011]31号

各省、自治区、直辖市人民政府，国务院各部委、各直属机构：

节约资源和保护环境是我们的基本国策。“十一五”时期，各地区、各部门认真贯彻落实党中央、国务院的决策部署，把节能减排工作作为调整经济结构、转变经济发展方式、推动科学发展的重要抓手和突破口，积极采取有效措施，节能减排工作取得了显著成效。经过各方面的共同努力，全国单位国内生产总值能耗下降19.1%，二氧化硫、化学需氧量排放总量分别下降14.29%和12.45%，基本实现了“十一五”规划纲要确定的节能减排目标，为保持经济平稳较快发展提供了有力支撑，为实现“十二五”节能减排目标奠定了坚实基础，为应对全球气候变化作出了重要贡献。

省级人民政府是本地区开展节能减排工作的责任主体。为表扬先进，进一步推进节能减排工作，国务院决定，对“十一五”期间在节能工作中成绩突出的北京、天津、山西、内蒙古、吉林、江苏、山东、湖北等8省(区、市)人民政府,在减排工作中成绩突出的山东、江苏、广东、河南、浙江、辽宁、上海、陕西等8省(市)人民政府,予以通报表扬。希望受到表扬的地区以此为起点,珍惜荣誉,再接再厉,作出新的更大贡献。

各地区、各部门要按照国务院关于“十二五”节能减排工作的总体部署,深入贯彻落实科学发展观,不断增强全局意识、危机意识和责任意识,树立绿色、低碳发展理念,把建设资源节约型、环境友好型社会作为加快转变经济发展方式的重要着力点,进一步加大工作力度,确保实现“十二五”节能减排目标。

国务院
二〇一一年九月二十六日

山东省人民政府、山东省军区
关于表彰全省征兵工作先进单位的通报

×政办发[2000]158号

各市人民政府,各县(市、区)人民政府,省政府各部门、各直属机构,各大企业,各高等院校,各军分区、警备区:

近年来,全省各级、各部门坚决贯彻落实党中央、国务院、中央军委关于征兵工作的方针政策,积极适应形势任务发展变化,加强组织领导,主动攻坚克难,勇于突破创新,全省征兵工作取得了显著成绩,涌现出一大批先进单位。为表彰先进,推动征兵工作科学发展,经研究决定,授予济南市市中区人民武装部等39个单位“全省征兵工作先进单位”称号。

希望受表彰的先进单位珍惜荣誉,戒骄戒躁,争取更大的成绩。全省各级、各部门要以先进单位为榜样,坚决贯彻执行国务院、中央军委征兵命令,开拓进取,真抓实干,大力加强和改进新形势下征兵工作,为推进我省国防后备力量建设和经济社会又好又快发展作出新的更大贡献。

附件:全省征兵工作先进单位(略)

山东省人民政府
山东省军区
2015年5月18日

第三节　函

一、函的含义和特点

函是不相隶属的机关或单位之间商洽工作、询问和答复问题、向有关部门请求批准和答复审批事项所使用的文种。

函具有以下特点：

第一，函是平行和不相隶属的机关之间相互往来的正式公文，使用上灵活简便，不受作者职权范围和级别层次高低的限制。

第二，函的行文简便，内容多样。但一般来说，函的内容应一文一事，不宜一文数事。同时，函的篇幅一般都比较简短，写作形式上也没有更多的限制。

第三，函体现着一种双向的关系，平等的原则，具有“与人相商”的特点，通常不具有指挥、命令的性质。

二、函的分类

函按其写作目的和内容可分为问函、复函、告知函及其他函件。各种函还可以按其用途作如下的划分：

（一）申请函

申请函的作用是向有关主管机关提出申请，请求主管机关给予批准。这类函的写作应注意理由的充分，请求批准的事项应明确、具体，所提要求应合理，并要注意一函一事，用语得体。申请函如《××省人民政府关于要求免税进口救灾物资的函》。

（二）商洽函

商洽函主要用于向对方请求协助，或商洽解决某一问题。商洽函应注意写清理由，陈述需要协商的具体事项时，要注意语气的得体。如《××市××局关于商调×××同志的函》。

（三）询问函

询问函即向对方询问了解某一事项，无论是上下级机关之间还是平行机关之间都可以使用。询问函要求内容明确，同时也要注意不应轻易向对方发函询问。

（四）答复函

答复函即复函，是指对询问所给予的答复。如《××省人民政府关于设立×××××国家旅游度假区有关问题的复函》。

（五）知照函

知照函即向对方告知有关事项，以便于协作。如《××省人民政府办公厅关于××省人民政府驻福州办事处更名的函》。

三、函的写法

函通常包括标题、收函单位名称、正文和结尾等部分。

（一）标题

函的标题常写为：《××××关于××××的函》或《关于×××××的函》；复函则一般写成《关于×××××的复函》。

（二）收函机关单位名称

函一定要写明主送机关，即收函的机关单位。应写全称或规范化简称。

（三）正文

函的正文写法上比较灵活、自由，这是由函的特点所决定的。由于函的种类多样，内容不一，所以，写函时要根据不同的情况灵活变通，不能一成不变，生搬硬套。

通常情况下，函的正文包括开头、内容和结尾三部分。开头部分应主要写清发函的理由。内容部分应写明函的具体事项，是询问问题，还是请求批准，是告知一般事项，还是商洽有关问题，都要简明概括地写明。结尾部分通常用习惯用语表示对对方的致意、感谢或请求，如“此致”“敬礼”“此复”“请复函”“请研究复函”“盼复”等，一般多使用客套语。

（四）署明发函的机关名称和发函日期。

四、写作注意事项

第一，行文要郑重。虽然函是使用上比较灵活的文种，但并不是说写函就可以不讲究体例和格式。函既是正式的公文，我们就应该维护其严肃性，讲究规范，注意严谨。

第二，文字要简洁清楚。对所问、所复、所告事项，一定要写得清楚明白，不要使用模糊、笼统的语句，那样容易使对方误解，如果再往来查询，难免延时误事。所以，一定要注意内容的明确和具体，事项的交代要清楚。

第三，要一函一事，以便于答复和处理。

第四，态度要谦和，用语要得体，语气要适当。

【文例】

国务院办公厅关于同意建立推进大众创业万众创新部际联席会议制度的函

发展改革委：

你委《关于建立推进大众创业万众创新部际联席会议制度的请示》（发改高技[2015]1676 号）收悉。经国务院同意，现函复如下：

国务院同意建立由发展改革委牵头的推进大众创业万众创新部际联席会议制度。联席会议不刻制印章，不正式行文，请按照国务院有关文件精神，认真组织开展工作。

附件：推进大众创业万众创新部际联席会议制度（略）

国务院办公厅
2015 年 8 月 14 日

国土资源部办公厅关于转发《中央和国家机关会议费管理办法》的函

国土资厅函[2013]1009 号

中国地质调查局及部其他直属事业单位，各派驻地方的国家土地督察局，部机关各司局：

为贯彻落实中央关于改进工作作风，密切联系群众八项规定相关要求，推进厉行节约、反对浪费制度建设，改进会风、精简会议，进一步加强和规范会议费管理，财政部、国管局、中直管理局制定了《中央和国家机关会议费管理办法》（财行[2013]286 号，以下简称《办法》），现转发给你们，请遵照执行，并就有关要求通知如下：

一、严格会议的计划管理

部机关及部属各单位会议实行计划和分类管理。部办公厅负责归口会议计划的管理工作。各部门、各单位要按《办法》要求，对召开的会议实行计划和分类管理，认真编报本单位年度会议计划，按规定程序和要求进行审批、备案：

二类会议。由部办公厅编制下一年度二类会议计划，于每年 11 月 20 日前经部审核后，报财政部审核会签，按程序经国办审核后报批。

三类会议。部属各单位下一年度三类会议计划经单位领导办公会或党组

(党委)会审定后,于每年11月底前报部办公厅备案。部机关三类会议计划经部长办公会审定后执行。

四类会议。部属各单位四类会议经单位领导办公会或党组(党委)会审定后,列入单位年度会议计划执行,并于年度部门预算批复后10天内报部办公厅备案。部机关四类会议可由主办司局主要领导报分管部领导批准后执行。

二、严格会议经费管理

各单位经批准的会议计划是编制本单位会议费预算,组织召开会议并开支会议费的依据,报送年度决算时,各单位要将会议计划执行情况作为决算的附件报部。

三、完善单位会议管理制度

各单位要按《办法》要求制订完善会议管理的相关办法。部机关司局会议管理办法,由部办公厅组织拟定,各派驻地方的国家土地督察局、部直属各事业单位都要按规定制定会议管理办法,并于11月底前报部办公厅、财务司备案。

附件:财政部 国家机关事务管理局 中共中央直属机关事务管理局关于印发《中央和国家机关会议费管理办法》的通知(财行[2013]286号)(略)

2013年11月1日

国务院办公厅关于同意中国—新加坡天津生态城建设国家绿色发展示范区实施方案的复函

天津市人民政府、发展改革委:

你们关于报送中国—新加坡天津生态城建设国家绿色发展示范区实施方案(送审稿)的请示收悉。经国务院批准,现函复如下:

一、国务院原则同意《中国—新加坡天津生态城建设国家绿色发展示范区实施方案》(以下简称《方案》),请认真组织实施。

二、《方案》的实施要以邓小平理论、“三个代表”重要思想、科学发展观为指导,认真贯彻落实党中央、国务院的决策部署,把生态文明建设放到更加突出的位置,坚持生态优先、改革创新、市场驱动、协同发展的原则,着力优化城市空间布局,促进绿色低碳发展,推动资源节约高效循环利用,积极培育绿色文化,努力把中国—新加坡天津生态城建设成为生产发展、生活富裕、生态良好的宜居城区,为探索中国特色新型城镇化道路提供示范。

三、天津市人民政府要加强对《方案》实施的组织领导,完善工作机制,制定配套措施,落实工作责任,加强与新加坡有关方面的协调合作,确保《方案》确定的目标任务如期实现。重要政策和重大建设项目要按规定程序报批。

四、国务院有关部门要按照职责分工，落实相关工作任务，加强协调指导，在政策实施、项目建设、资金投入、体制创新等方面给予支持，切实帮助解决《方案》实施中遇到的困难和问题。

五、发展改革委要加强对《方案》实施情况的跟踪了解和督促检查，适时组织开展《方案》实施情况评估，重大问题及时向国务院报告。

国务院办公厅
2014 年 10 月 3 日

廖承志致蒋经国先生信

经国吾弟：

咫尺之隔，竟成海天之遥。南京匆匆一晤，瞬逾三十六载。幼时同袍，苏京把晤，往事历历在目。惟长年未通音问，此诚憾事。近闻政躬违和，深为悬念。人过七旬，多有病痛。至盼善自珍摄。

三年以来，我党一再倡议贵我两党举行谈判，同捐前嫌，共竟祖国统一大业。惟弟一再声言“不接触，不谈判，不妥协”，余期以为不可。世交深情，于公于私，理当进言，敬希诠察。祖国和平统一，乃千秋功业，台湾终必回归祖国，早日解决对各方有利。台湾同胞可安居乐业，两岸各族人民可解骨肉分离之痛，在台诸前辈及大陆去台人员亦可各得其所，且有利于亚太地区局势稳定和世界和平。吾弟尝以“计利当计天下利，求名应求万世名”自勉，倘能于吾弟手中成此伟业，必为举国尊敬，世人推崇，功在国家，名留青史。所谓“罪人”之说，实相悖谬。局促东隅，终非久计。明若吾弟，自当了然。如迁延不决，或委之异日，不仅徒生困扰，吾弟亦将难辞其咎。再者，和平统一纯属内政。外人巧言令色，意在图我台湾，此世人所共知者。当断不断，必受其乱。愿弟慎思。

孙先生手创之中国国民党，历尽艰辛，无数先烈前仆后继，终于推翻帝制，建立民国。光辉业迹，已成定论。国共两度合作，均对国家民族作出巨大贡献。首次合作，孙先生领导，吾辈虽幼，亦知一二。再次合作，老先生主其事，吾辈身在其中，应知梗概。事虽经纬万端，但纵观全局，合则对国家有利，分则必伤民族元气。今日吾弟在台主政，三次合作，大责难谢。双方领导，同窗挚友，彼此相知，谈之更易。所谓“投降”“屈事”“吃亏”“上当”之说，实难苟同。评价历史，展望未来，应天下为公，以国家民族利益为最高准则，何发党私之论！至于“以三民主义统一中国”云云，识者皆以为太不现实，未免自欺欺人。三民主义之真谛，吾辈深知，毋须争辩。所谓台湾“经济繁荣，社会民主，民生乐利”等等，在台诸公，心中有数，亦毋庸赘言。试为贵党计，如能依时顺势，负起历史责任，毅然和谈，达成国家统一，则两党长期共存，互相监督，共图振兴中华之大业。否则，偏安之局，焉能自保。有识之士，虑已及此。事关国民党兴亡绝续，望弟再思。

近读大作，有“切望父灵能回到家园与先人同在”之语，不胜感慨系之。今老先生仍厝于慈湖，统一之后，即当迁安故土，或奉化，或南京，或庐山，以了吾弟孝心。吾弟近曾有言：“要把孝顺的心，扩大为民族感情，去敬爱民族，奉献于国家。”诚哉斯言，盍不实践于统一大业！就国家民族而论，蒋氏两代对历史有所交代；就吾弟个人而言，可谓忠孝两全。否则，吾弟身后事何以自了。尚望三思。

吾弟一生坎坷，决非命运安排，一切操之在己。千秋功罪，系于一念之间。当今国际风云变幻莫测，台湾上下众议纷纭。岁月不居，来日苦短，夜长梦多，时不我与。盼弟善为抉择，未雨绸缪。“寥廓海天，不归何待？”

人到高年，愈加怀旧，如弟方便，余当束装就道，前往台北探望，并面聆诸长辈教益。“度尽劫波兄弟在，相逢一笑泯恩仇。”遥望南天，不禁神驰，书不尽言，诸希珍重，伫候复音。

老夫人前请代为问安。方良、纬国及诸侄不一。

顺祝

近祺！

廖承志

1982 年 7 月 24 日

第十一章　纪要、记录、大事记的撰写

第一节　纪　要

纪要用于记载会议主要情况和议定事项。

一般地说，法定会议、工作会议和例会都可以形成会议纪要。会议纪要的行文方式也比较多样化，有的直接以“会议纪要”为文种名称发文，有的则以通知的形式印发会议纪要。作为正式公文的会议纪要与一般作为会议记录的纪要是有区别的。作为会议记录的纪要主要是记载、考察的材料，通常不印发。而作为正式公文的会议纪要是要用书面形式正式行文，用以传达会议的精神和宣布讨论决定的事项。

一、会议纪要的特点

会议纪要与会议记录、简报等有类似之处，但其本质上是不同的。会议纪要有如下特点：

第一，纪实性。会议纪要是对会议情况与议定事项客观而系统的报道，是通过记录和整理而成的，不是凭空想象出来的，更不能凭主观意志对会议的主题进行人为的加工。

第二，法定性和权威性。会议的议定事项反映了主持单位和与会人员的共同意志，具有法定性和权威性，对与会单位或下属单位具有约束力。

第三，指导性。会议纪要反映了会议经过讨论、议定的某些问题，或提出统一的看法和解决问题的方案，这些都体现了会议的成果。有的会议纪要经过批准后将其印发公布，向下传达，对下级的工作势必产生一定的指导作用。

第四，知照性。会议纪要体现了会议的精神和成果，在工作中具有沟通情况、交流信息的作用。

第五，概括性。会议纪要是对会议精神和成果的集中反映，它不像会议记录那样偏重于“记”，而是侧重于“理”，是经过分析研究、加工整理，并按一定的逻辑顺序形成的，因此，其文字表达体现了高度的概括性。

二、会议纪要的类型

由于会议的性质和要求是不同的，所以，会议纪要在实际中分类较多。在这里，按其内容性质，我们将其归纳为以下各类：

（一）工作会议纪要

工作会议纪要也可分为两种：一种是例行办公会议纪要，另一种是领导机关就某项工作而召开的专门会议所形成的会议纪要。

（二）学术性会议纪要

这类纪要主要体现交流经验、研究问题的性质，不具有法定的权威性和约束力，主要起参考和沟通信息的作用。

（三）协议性会议纪要

两方或多方机关单位为了某项工作或为解决某个问题，经过协商达成一致意见后，也往往用纪要的形式肯定各方的权利和义务，以便共同遵守和执行。

三、会议纪要的写法

（一）标题

要写明会议名称和文种。标题既要简明概括，又要反映会议的性质，使人一看便知。

（二）成文时间

通常用圆括号标注在标题的下方。

（三）正文

会议纪要的正文一般没有统一固定的格式，但以下几方面内容通常是要具备的：

1. 会议的情况。就是要写出召开会议的动因和目的，召开会议的时间、地点，会议的主持人、出席人和列席人，会议的进展情况等。

2. 会议情况分析。一般要写明对会议讨论问题的分析与评价，并写明今后工作的指导原则和具体安排。这部分内容是纪要的主体。

3. 执行要求或提出希望和号召。根据需要，有的纪要也可以不写这一部分。

四、会议纪要的写作要求

第一，要真实、准确、客观地反映会议的各项内容。

第二，要突出重点，简明精练。对会议内容要经过精心提炼，语言上也要下工夫。

第三，要层次分明，条理清楚。每个层次除了常用分列标题或序数表示外，还可用第三人称如“会议决定”“会议认为”“与会者一致认为”等语引起下文，以使条理分明，起句立意。

【文例】

中华人民共和国和大韩民国政府
关于结束中国—韩国自由贸易协定谈判的会议纪要

中华人民共和国政府和大韩民国政府（以下简称“签署方”）：

认识到中华人民共和国和大韩民国之间的战略合作伙伴关系；

决心深化和加强上述关系，以发展和提升彼此间经贸关系；

基于各自在世界贸易组织下的权利和义务；

决心推动世界贸易的和谐、可持续发展；

忆及彼此建立有关合作机制以巩固、拓展和丰富中韩间贸易和投资的意愿；

认识到中韩自由贸易协定将为中韩双方带来利益并提升双边经贸合作；

忆及双方于2012年5月2日在北京发表的关于正式启动中韩自由贸易协定谈判的联合部长声明；

注意到双方谈判代表已就中韩自由贸易协定实质内容达成一致，但文本须经双方进一步商谈完成；

在中华人民共和国主席习近平阁下与大韩民国总统朴槿惠阁下举行正式会见时，

达成以下关于中韩自由贸易协定的谅解：

一、中韩自由贸易协定谈判已实质性结束；

二、按照指示，双方谈判团队将在年底前完成余留技术问题的谈判。

本纪要于二〇一四年十一月十日在北京签署，一式两份，以中文、韩文和英文书就，三种文本同等作准。

第二节　会议记录、大事记

一、会议记录

会议记录就是将会议的进展情况以及会议的议定事项如实地记录下来，作为一种凭证。其作用主要有三：一是记载和反映了领导机关会务活动的性质和内容，实际上体现了机关的主要职能活动；二是它可以作为传达贯彻会议精神、检查工作落实情况、编写会议纪要的重要依据；三是具有保存的价值和备查的作用。

会议记录的内容一般包括以下各项：

第一，会议基本情况的记录。包括会议名称、开会时间、地点、出席人、列席人、缺席人、主持人、记录人等。

第二，会议内容的记录。这是记录的关键。应该写明会议的议题、议程，讲话、报告的主要内容，发言、讨论的情况，形成的决定或决议。

会议记录的方法一般有两种：一种是详细记录，另一种是简要记录。

详细记录适合于重要会议的重要讲话和发言等，一般要求有言必录，会后加以整理。

简要记录适用于一般性的例会，只需记录发言中的实质性问题，但对会议主持者和领导人的总结性发言或结论性的意见，则应详细地记录下来。

无论是什么性质的会议，无论采用何种记录方法，都要切记一点，那就是必须真实和准确。

二、大事记

大事记是机关和企事业单位用于记载重大事件和重要公务活动的文书材料。

由于各机关单位的职能活动不同，大事记的记载内容和范围及规则也就无法统一。一般来说，大事记应包括以下内容：

1. 机关、单位所参与的重大的社会活动。
2. 重大会议的召开。
3. 重要法规、政策的颁布，重要文件的制发。
4. 机构体制的变革，主要领导干部的任免及重大的人事变动。
5. 上级领导机关和领导人来本机关、单位的重要活动情况。
6. 本机关领导人的重要出访活动。

7. 重大科技成果、学术活动和发明创造。

8. 重大基建项目的开工、竣工及交付使用情况。

9. 先进部门、先进人物的命名和表彰。

10. 重大事件的发生与处理情况。

11. 其他需要记载的重要事项。

编写大事记，首先要有一个明确的指导思想，那就是要尊重历史，尊重事实。在这个基本前提下，大事记的编写可按时间的先后顺序来进行。大事记重在“记”，无须发表议论或进行评述。编好的大事记经领导人签署意见后，主要作资料保存。

第十二章　条例、规定、办法的撰写

第一节　各种规范类公文的特点和作用

一、规范类公文的特点

条例、规定、办法，都是规范类公文，都具有很强的约束力。归纳起来，规范类公文具有以下特点：

第一，从本质上看，规范类公文具有明显的法规性和行政约束力，要求所属人员必须遵守。

第二，从内容上看，规范类公文都是针对带有普遍性的问题，其作用范围是大多数的人和事。

第三，从程序上，规范类公文的产生须经一定的严格的程序，行文十分严谨。

第四，从语言上看，规范类公文的用语要求有高度的准确性，含义明确，不能产生歧义。

二、规范类公文的作用

规范类公文是一种实用性很强的公文种类，无论是国家领导机关还是各企事业单位，为了实现管理职能，促进工作和生产，保证正常的工作秩序，必须建立和健全各项规章制度。因此，各类法规性公文的制定，在维护正常的工作秩序和生活秩序，维护党和国家、集体的利益方面起着十分重要的作用。

第二节　条例、规定、办法的适用范围

一、条例

党的机关使用的条例是用于党的中央组织制定规范本组织的工作、活动和党员行为的规章制度。国家权力机关和国家行政机关使用的条例主要用来规定国家政治、经济、文化等各领域的某些决定事项。

条例的制定通常限于机关内的重大事项或经常性的工作任务。

二、规定

规定通常是针对某项专门的工作，或在某一特定的范围内所制定的具有约束力的行为规范。

规定的主要特点是内容比较具体，所规范的对象和范围也相对集中。

三、办法

办法主要是由领导机关或有关主管部门制定的对某项工作活动的具体要求。

办法与条例、规定的相同之处就在于三者都具有很强的约束力，都有特定的规范性。所不同的是，办法的规范性要具体一些，而条例、规定则更原则一些。

第三节　条例、规定、办法的撰写

条例、规定、办法的写作结构大致是相同的。

一、标题

一般由内容和文种两部分构成。根据需要，标题中也可以写明发文机关。如《失业保险金申领发放办法》《中华人民共和国车辆购置税暂行条例》《关于商品和服务实行明码标价的规定》。从以上几个文件的标题来看，都是对内容部分表述得十分明确和具体，这正是拟好规范类公文标题的关键所在。

二、发布或通过、批准日期

一般加圆括号写在文件标题之下。

三、正文

正文的内容多以条文的形式来表达，按章、节、条、款等层次来组织。通常，正文采用以下写法：

(一)总则

总则一般要开宗明义，写明制发的目的、依据、适用的范围、有关的定义、主管部门等内容。

(二)分则

分则主要用来阐述具体的规范内容。

(三)附则

附则用以阐明施行的程序、方式、施行日期及有关事项的说明。

第四节　条例、规定、办法的写作要求

规范类公文的撰写，必须遵循有关的政策和要求，并充分考虑在现实条件下执行的可能性以及一定时期内的相对稳定性，要力求合理、规范和完备。具体说来，写作时应注意以下几点：

第一，条款的撰写，必须充分体现出其权威性和约束力，规范要具体，不能含糊笼统。

第二，结构完整、清晰，文字表达简明扼要，要有严密的逻辑性和高度的概括性。

第三，行文应条文化，以求简洁明快。各条文之间含义不能重复，同一概念的表述词语应保持一致，以防产生歧义。

【文例】

博物馆条例

第一章　总　则

第一条　为了促进博物馆事业发展，发挥博物馆功能，满足公民精神文化需求，提高公民思想道德和科学文化素质，制定本条例。

第二条　本条例所称博物馆，是指以教育、研究和欣赏为目的，收藏、保护并向公众展示人类活动和自然环境的见证物，经登记管理机关依法登记的非营利组织。

博物馆包括国有博物馆和非国有博物馆。利用或者主要利用国有资产设立的博物馆为国有博物馆；利用或者主要利用非国有资产设立的博物馆为非国有博物馆。

国家在博物馆的设立条件、提供社会服务、规范管理、专业技术职称评定、财税扶持政策等方面，公平对待国有和非国有博物馆。

第三条 博物馆开展社会服务应当坚持为人民服务、为社会主义服务的方向和贴近实际、贴近生活、贴近群众的原则，丰富人民群众精神文化生活。

第四条 国家制定博物馆事业发展规划，完善博物馆体系。

国家鼓励企业、事业单位、社会团体和公民等社会力量依法设立博物馆。

第五条 国有博物馆的正常运行经费列入本级财政预算；非国有博物馆的举办者应当保障博物馆的正常运行经费。

国家鼓励设立公益性基金为博物馆提供经费，鼓励博物馆多渠道筹措资金促进自身发展。

第六条 博物馆依法享受税收优惠。

依法设立博物馆或者向博物馆提供捐赠的，按照国家有关规定享受税收优惠。

第七条 国家文物主管部门负责全国博物馆监督管理工作。国务院其他有关部门在各自职责范围内负责有关的博物馆管理工作。

县级以上地方人民政府文物主管部门负责本行政区域的博物馆监督管理工作。县级以上地方人民政府其他有关部门在各自职责范围内负责本行政区域内有关的博物馆管理工作。

第八条 博物馆行业组织应当依法制定行业自律规范，维护会员的合法权益，指导、监督会员的业务活动，促进博物馆事业健康发展。

第九条 对为博物馆事业作出突出贡献的组织或者个人，按照国家有关规定给予表彰、奖励。

第二章 博物馆的设立、变更与终止

第十条 设立博物馆，应当具备下列条件：

（一）固定的馆址以及符合国家规定的展室、藏品保管场所；

（二）相应数量的藏品以及必要的研究资料，并能够形成陈列展览体系；

（三）与其规模和功能相适应的专业技术人员；

（四）必要的办馆资金和稳定的运行经费来源；

（五）确保观众人身安全的设施、制度及应急预案。

博物馆馆舍建设应当坚持新建馆舍和改造现有建筑相结合，鼓励利用名人故居、工业遗产等作为博物馆馆舍。新建、改建馆舍应当提高藏品展陈和保管面积占总面积的比重。

第十一条 设立博物馆，应当制定章程。博物馆章程应当包括下列事项：

(一)博物馆名称、馆址；

(二)办馆宗旨及业务范围；

(三)组织管理制度，包括理事会或者其他形式决策机构的产生办法、人员构成、任期、议事规则等；

(四)藏品展示、保护、管理、处置的规则；

(五)资产管理和使用规则；

(六)章程修改程序；

(七)终止程序和终止后资产的处理；

(八)其他需要由章程规定的事项。

第十二条 国有博物馆的设立、变更、终止依照有关事业单位登记管理法律、行政法规的规定办理，并应当向馆址所在地省、自治区、直辖市人民政府文物主管部门备案。

第十三条 藏品属于古生物化石的博物馆，其设立、变更、终止应当遵守有关古生物化石保护法律、行政法规的规定，并向馆址所在地省、自治区、直辖市人民政府文物主管部门备案。

第十四条 设立藏品不属于古生物化石的非国有博物馆的，应当向馆址所在地省、自治区、直辖市人民政府文物主管部门备案，并提交下列材料：

(一)博物馆章程草案；

(二)馆舍所有权或者使用权证明，展室和藏品保管场所的环境条件符合藏品展示、保护、管理需要的论证材料；

(三)藏品目录、藏品概述及藏品合法来源说明；

(四)出资证明或者验资报告；

(五)专业技术人员和管理人员的基本情况；

(六)陈列展览方案。

第十五条 设立藏品不属于古生物化石的非国有博物馆的，应当到有关登记管理机关依法办理法人登记手续。

前款规定的非国有博物馆变更、终止的，应当到有关登记管理机关依法办理变更登记、注销登记，并向馆址所在地省、自治区、直辖市人民政府文物主管部门备案。

第十六条 省、自治区、直辖市人民政府文物主管部门应当及时公布本行政区域内已备案的博物馆名称、地址、联系方式、主要藏品等信息。

第三章 博物馆管理

第十七条 博物馆应当完善法人治理结构,建立健全有关组织管理制度。

第十八条 博物馆专业技术人员按照国家有关规定评定专业技术职称。

第十九条 博物馆依法管理和使用的资产,任何组织或者个人不得侵占。

博物馆不得从事文物等藏品的商业经营活动。博物馆从事其他商业经营活动,不得违反办馆宗旨,不得损害观众利益。博物馆从事其他商业经营活动的具体办法由国家文物主管部门制定。

第二十条 博物馆接受捐赠的,应当遵守有关法律、行政法规的规定。

博物馆可以依法以举办者或者捐赠者的姓名、名称命名博物馆的馆舍或者其他设施;非国有博物馆还可以依法以举办者或者捐赠者的姓名、名称作为博物馆馆名。

第二十一条 博物馆可以通过购买、接受捐赠、依法交换等法律、行政法规规定的方式取得藏品,不得取得来源不明或者来源不合法的藏品。

第二十二条 博物馆应当建立藏品账目及档案。藏品属于文物的,应当区分文物等级,单独设置文物档案,建立严格的管理制度,并报文物主管部门备案。

未依照前款规定建账、建档的藏品,不得交换或者出借。

第二十三条 博物馆法定代表人对藏品安全负责。

博物馆法定代表人、藏品管理人员离任前,应当办结藏品移交手续。

第二十四条 博物馆应当加强对藏品的安全管理,定期对保障藏品安全的设备、设施进行检查、维护,保证其正常运行。对珍贵藏品和易损藏品应当设立专库或者专用设备保存,并由专人负责保管。

第二十五条 博物馆藏品属于国有文物、非国有文物中的珍贵文物和国家规定禁止出境的其他文物的,不得出境,不得转让、出租、质押给外国人。

国有博物馆藏品属于文物的,不得赠与、出租或者出售给其他单位和个人。

第二十六条 博物馆终止的,应当依照有关非营利组织法律、行政法规的规定处理藏品;藏品属于国家禁止买卖的文物的,应当依照有关文物保护法律、行政法规的规定处理。

第二十七条 博物馆藏品属于文物或者古生物化石的,其取得、保护、管理、展示、处置、进出境等还应当分别遵守有关文物保护、古生物化石保护的法律、行政法规的规定。

第四章 博物馆社会服务

第二十八条 博物馆应当自取得登记证书之日起6个月内向公众开放。

第二十九条 博物馆应当向公众公告具体开放时间。在国家法定节假日和学校寒暑假期间，博物馆应当开放。

第三十条 博物馆举办陈列展览，应当遵守下列规定：

（一）主题和内容应当符合宪法所确定的基本原则和维护国家安全与民族团结、弘扬爱国主义、倡导科学精神、普及科学知识、传播优秀文化、培养良好风尚、促进社会和谐、推动社会文明进步的要求；

（二）与办馆宗旨相适应，突出藏品特色；

（三）运用适当的技术、材料、工艺和表现手法，达到形式与内容的和谐统一；

（四）展品以原件为主，使用复制品、仿制品应当明示；

（五）采用多种形式提供科学、准确、生动的文字说明和讲解服务；

（六）法律、行政法规的其他有关规定。

陈列展览的主题和内容不适宜未成年人的，博物馆不得接纳未成年人。

第三十一条 博物馆举办陈列展览的，应当在陈列展览开始之日10个工作日前，将陈列展览主题、展品说明、讲解词等向陈列展览举办地的文物主管部门或者其他有关部门备案。

各级人民政府文物主管部门和博物馆行业组织应当加强对博物馆陈列展览的指导和监督。

第三十二条 博物馆应当配备适当的专业人员，根据不同年龄段的未成年人接受能力进行讲解；学校寒暑假期间，具备条件的博物馆应当增设适合学生特点的陈列展览项目。

第三十三条 国家鼓励博物馆向公众免费开放。县级以上人民政府应当对向公众免费开放的博物馆给予必要的经费支持。

博物馆未实行免费开放的，其门票、收费的项目和标准按照国家有关规定执行，并在收费地点的醒目位置予以公布。

博物馆未实行免费开放的，应当对未成年人、成年学生、教师、老年人、残疾人和军人等实行免费或者其他优惠。博物馆实行优惠的项目和标准应当向公众公告。

第三十四条 博物馆应当根据自身特点、条件，运用现代信息技术，开展形式多样、生动活泼的社会教育和服务活动，参与社区文化建设和对外文化交流与合作。

国家鼓励博物馆挖掘藏品内涵，与文化创意、旅游等产业相结合，开发衍生产品，增强博物馆发展能力。

第三十五条 国务院教育行政部门应当会同国家文物主管部门，制定利用博物馆资源开展教育教学、社会实践活动的政策措施。

地方各级人民政府教育行政部门应当鼓励学校结合课程设置和教学计划，组织学生到博物馆开展学习实践活动。

博物馆应当对学校开展各类相关教育教学活动提供支持和帮助。

第三十六条 博物馆应当发挥藏品优势，开展相关专业领域的理论及应用研究，提高业务水平，促进专业人才的成长。

博物馆应当为高等学校、科研机构和专家学者等开展科学研究工作提供支持和帮助。

第三十七条 公众应当爱护博物馆展品、设施及环境，不得损坏博物馆的展品、设施。

第三十八条 博物馆行业组织可以根据博物馆的教育、服务及藏品保护、研究和展示水平，对博物馆进行评估。具体办法由国家文物主管部门会同其他有关部门制定。

第五章 法律责任

第三十九条 博物馆取得来源不明或者来源不合法的藏品，或者陈列展览的主题、内容造成恶劣影响的，由省、自治区、直辖市人民政府文物主管部门或者有关登记管理机关按照职责分工，责令改正，有违法所得的，没收违法所得，并处违法所得2倍以上5倍以下罚款；没有违法所得的，处5000元以上2万元以下罚款；情节严重的，由登记管理机关撤销登记。

第四十条 博物馆从事文物藏品的商业经营活动的，由工商行政管理部门依照有关文物保护法律、行政法规的规定处罚。

博物馆从事非文物藏品的商业经营活动，或者从事其他商业经营活动违反办馆宗旨、损害观众利益的，由省、自治区、直辖市人民政府文物主管部门或者有关登记管理机关按照职责分工，责令改正，有违法所得的，没收违法所得，并处违法所得2倍以上5倍以下罚款；没有违法所得的，处5000元以上2万元以下罚款；情节严重的，由登记管理机关撤销登记。

第四十一条 博物馆自取得登记证书之日起6个月内未向公众开放，或者未依照本条例的规定实行免费或者其他优惠的，由省、自治区、直辖市人民政府文物主管部门责令改正；拒不改正的，由登记管理机关撤销登记。

第四十二条 博物馆违反有关价格法律、行政法规规定的，由馆址所在地县级以上地方人民政府价格主管部门依法给予处罚。

第四十三条 县级以上人民政府文物主管部门或者其他有关部门及其工作人员玩忽职守、滥用职权、徇私舞弊或者利用职务上的便利索取或者收受他人财物的，由本级人民政府或者上级机关责令改正，通报批评；对直接负责的主管人员和其他直接责任人员依法给予处分。

第四十四条 违反本条例规定，构成犯罪的，依法追究刑事责任。

第六章 附 则

第四十五条 本条例所称博物馆不包括以普及科学技术为目的的科普场馆。

第四十六条 中国人民解放军所属博物馆依照军队有关规定进行管理。

第四十七条 本条例自2015年3月20日起施行。

（2015年1月14日国务院第78次常务会议通过）

中华人民共和国国徽使用办法

一、中华人民共和国之国徽在下列各机关悬挂

(1)中央机关：

中央人民政府委员会；

中国人民政治协商会议全国委员会；

中央人民政府政务院；

中央人民政府外交部及其直属机关。

(2)地方机关：

各大行政区人民政府(军政委员会)；

民族自治区人民政府；

省、市、县人民政府及人民行政公署。

(3)驻外国使馆及领事馆。

二、国徽之悬挂

(1)国徽应悬挂于机关大门上方正中处；

(2)国徽之悬挂于礼堂者，应悬挂于主席台上方正中处。

三、国徽之其他使用

(1)中央人民政府颁发的有关荣誉之文书证件(如奖状、勋章及奖章证书等)、外交文书(如国书、条约及全权证书等)及外交部所发各种护照之封面，均加印国徽；

(2)外交部及驻外各使领馆所用之钢印、戳记中间应雕刻国徽,正式公文用纸应加印国徽;

(3)中央人民政府主席、政务院总理及外交部部长与驻外各使馆馆长以职位之名义对外所用信封、信笺、请柬等上面,均加印国徽;

(4)外交部及驻外各使领馆得于外交官制服、信封、信笺及其他器具用品(如餐具、文具等)上之适当地方加印或镶嵌国徽,其详细办法由外交部拟订经政务院核准后施行;

(5)除以上列举外,如尚有其他必要用途时,由使用机关报请中央人民政府委员会办公厅批准后,始能使用。

四、国徽不得用于下列场合

(1)私人婚丧庆吊礼节中的点缀;

(2)工商业品的标记、装饰、广告、图案;

(3)机关、学校、团体的证章、纪念章及其他徽章;

(4)日常生活的陈设布置。

第十三章　文书工作的任务和组织

第一节　文书工作的任务

一、文书工作的概念

文书工作的概念，也可以有广义和狭义的两种解释。广义的文书工作的概念，包括机关内围绕着公文的收发和管理所进行的一切工作。比如：机关公文的形成，从领导人的交拟到公文的起草、修改、审核、定稿、印制和发文等，须经过一系列互相衔接的过程；从收来公文的办理到答复来文的机关也同样需要经过一系列的环节才能完成。就是说，机关公文的形成及其作用的发挥，必须经过一定的处理程序，这一程序以及对其实施组织、管理和领导的全部工作即为文书工作。狭义的文书工作的概念，主要是指机关里的专职或兼职的文书工作人员对收文所做的处理工作，主要包括文件的收发、登记、整理、保管等内容。本书中，我们所说的文书工作主要是指广义上的文书工作。

公文是各级各类的机关、组织进行依法行政和进行各项活动的工具，围绕着公文的办理、管理、整理、保管所形成的文书工作历来在各机关、组织中占有重要的地位，对机关、组织各项职能活动的实现起着重要的推动和保证作用。因此，做好文书工作不仅仅是文书工作部门和文书工作人员的事情，它需要各级领导同志的重视，需要各职能部门的配合，如此才能保证文书工作的质量和效率。

二、文书工作的基本任务

广义的文书工作的内容一般包括以下几项：

1. 公文的收发、登记和分送；
2. 公文的拟办、批办、承办和催办；

3. 公文的审核、签发、缮印、校对、用印；

4. 会议、汇报、电话的记录、整理；

5. 公文的平时归卷、提供借阅与保管；

6. 公文材料的系统管理、编目和归档工作；

7. 为领导人准备有关的公文资料；

8. 其他相关的文书工作事项。

文书工作的基本任务就是：科学、高效地组织和管理机关的公文，努力使公文的处理工作规范化、制度化、科学化，充分发挥公文的作用，有效地推进机关的工作，为领导工作服务，为机关工作服务。

三、文书工作的重要性

文书工作的重要性是由公文的性质和作用所决定的。如前所述，公文是各级各类的机关在实施管理的过程中形成的具有法定效力的、依法行政和进行公务活动的重要工具。文书处理工作就是要为实现公文的作用而服务，因此，文书工作是一项十分严肃的、政治性、政策性和业务性都很强的工作，不可以掉以轻心，草率从事。只有严格地按照文书工作的基本规律来认真地组织好文书工作，才能建立起一整套科学的文书工作程序，才能使文书工作程序严密，避免差错，从而保证机关的文书工作有序地运行，保证机关顺利地履行本身的职责与完成工作任务。

公文是机关之间进行工作联系的纽带，一个机关只有具备了健全的文书工作，才能使机关的工作有条不紊地进行。机关文书工作的质量和效率，不仅体现着机关的工作面貌和领导的工作作风，而且直接关系到党和国家的方针政策能否得以贯彻落实。所以，要想使一个机关的工作达到高标准，除了要有一个好的领导班子，有健全的组织机构和良好的工作作风、工作环境等条件外，还必须有一套健全的文书工作制度，科学地组织好文书工作，这样才能及时、准确地处理工作问题，才能有利于机关工作的顺利进行。

从全国范围来看，只有建立一套统一的科学的文书工作制度，才能有助于使全部国家机构上下通达、运转自如。如果文书工作制度混乱，组织不健全，办事拖拉，公文旅行，就必然使机关的办事效率低下，必然会助长文牍主义、官僚主义的作风。因此，机关的领导和文书工作人员，必须充分认识文书工作的重要意义，更好地完成文书工作的任务。

从文书工作同档案工作的关系来看，文书工作与机关档案工作有着密不可分的联系，文书工作的质量直接影响到机关档案工作的质量和档案事业的发展。我们知道，机关的档案主要来源于文书，是机关里形成和使用的文书，在完成它们的现实使命之后经一定的程序转化而来，因此，文书工作不仅直接影响文件本身的质量，也直接关系到档案的质量。从这个意义上说，文书工作是档案工作的基础，对档案工作的质量有着决定性的影响。要保证档案工作的质量，必须从文书工作做起。对此，文书工作人员应有足够的认识。

第二节　文书工作的基本原则和组织领导

一、文书工作的基本原则和要求

新中国成立以来，党和国家曾经多次对文书工作给予理论上的指导，并对文书工作的基本原则作过多次规定。1981 年，国务院办公厅发布的《国家行政机关公文处理办法》中规定："各级国家行政机关应当发扬深入实际、联系群众、调查研究、实事求是和认真负责的工作作风，克服官僚主义、形式主义和文牍主义作风，不断提高公文处理工作的效率和质量。""公文处理必须做到及时、准确、安全，由文书部门统一收发、分办、传递、用印和归档。""各级国家行政机关的公文处理工作，必须实行严格的保密制度，确保国家机密。"1987 年，国务院办公厅发布的《国家行政机关公文处理办法》中重申了上述文书工作的基本原则和规定，并提出了"国家行政机关的公文工作，应贯彻党政分工的原则"。1996 年，中共中央办公厅发布了《中国共产党机关公文处理条例》，其中规定："党的机关的公文，是党的机关实施领导、处理公务的具有特定效力和规范格式的文书，是传达贯彻党的路线、方针、政策，指导、布置和商洽工作，请示和答复问题，报告和交流情况的工具。""公文处理应当坚持实事求是、按照行文机关要求和公文处理规定进行的原则，做到准确、及时、安全、保密。"2000 年 8 月，以国务院名义重新发布的《国家行政机关公文处理办法》中进一步明确："公文处理应当坚持实事求是、精简、高效的原则，做到及时、准确、安全。""公文处理必须严格执行国家保密法律、法规和其他有关规定，确保国家秘密的安全。"2012 年 4 月发布的《党政机关公文处理工作条例》中规定："各级党政机关应当建立健全本机关公文管理制度，确保管理严格规范，充分发挥公文效用。"

按照上述规定，文书工作的基本原则可概括为以下方面：

（一）准确、及时、保密、统一

"准确"，是文书工作质量上的要求。我们说过，公文是传达政令、布置工作、沟通信息的重要工具，其作用的发挥，有赖于公文处理各环节的准确无误，稍有疏忽，就会出现紊乱和错漏，甚至造成严重的损失。因此，文书处理的各个环节都必须严谨细致，准确周密。

“及时”，是指文书工作时间上的要求。每一份文件，只有保证及时地办理，才能使它发挥效用，否则，“公文旅行”，拖拉、迂缓，不讲究时效，就会贻误工作，公文就不能及时地发挥作用。

“保密”，是指文书工作各环节必须保证做到安全、可靠，确保国家机密，确保公文材料的齐全与完整，不损坏，不丢失，不泄密。保守秘密，“九分半不行，九分九不行，非十分不可”。因此，文书工作的各环节都必须建立严格的安全、保密制度，保证做到万无一失。

“统一”，是指文书工作必须实行统一的领导。公文是各机关实行管理的重要工具，必须加强集中统一的领导，才能保证机关办事效率的发挥。因此，各机关的负责人必须高度重视文书工作，加强对本机关文书工作的领导和检查，建立各项规章制度，保证机关的文书工作有条不紊地进行。

（二）行文注重时效，反对官僚主义、形式主义、文牍主义

党政机关必须一切从实际出发，不能单纯地为了办文而办文，要切实地精简文件，提高文件的执行效用。

综上所述，文书工作的总原则就是：各机关必须重视文书工作，切实加强领导，遵守文书工作的基本规范和要求，高质高效地完成工作任务。

为达上述目的，除了要加强对文书处理各环节的领导和指导外，还必须建立一支精干的文书工作队伍。为此，文书工作人员必须加强修养，努力提高自己的思想水平和业务水平，从而更好地胜任工作。

那么，文书工作人员应注重和加强哪些方面的修养和提高呢？

第一，要努力学习有关的方针政策，努力学习文化科学知识，熟悉本机关的业务、职责范围和工作规律，提高工作能力。

第二，提高文书工作的基本技能，努力学习有关的业务知识，认真总结文书工作的经验和规律，精益求精，提高文书处理工作的质量和效率。

第三，养成良好的工作作风，实事求是，雷厉风行，认真踏实，一丝不苟。

第四，遵守保密纪律，执行保密制度，确保文件的安全。

随着办公自动化进程的进一步加快和互联网时代的到来，使过去用传统的方式形成和处理的公务文书都可以用电子计算机来完成。如今，电子文件已经普遍应用于各领域。迎接互联网时代的挑战，是我们每一个文书工作者面临的新课题。因此，文书工作者必须不断地加强学习，掌握新的办公技术，以使自己更好地胜任新的工作。

二、文书工作的组织和领导

(一)文书工作的组织机构

文书工作是机关日常工作的组成部分,它的特点在于它不是担负机关的某一项职能,而是机关实现本身职能的一种手段,是直接为机关的领导工作和机关的业务工作服务的,具有综合职能的作用。因为文件在机关的各个组织机构之间运转处理,各个部门都需要阅读和办理文件,都可能形成文件。因此,文书工作不可能由机关的某个组织机构全部包揽和完成,它牵涉到机关的各个机构以及机关的领导人和各部门的负责人。就机关的中心机构来说,一般只是承担文书工作的主要任务。

从机关的机构设置情况看,大体有两种情况:

1. 在比较大的机关里,由于文书处理工作任务比较繁重,往往在中心机构下面还设有专门负责文书工作的某项任务的机构,比如在办公厅下设秘书处(科、室)或文书处(科)等,归机关的办公厅(室)领导。

2. 在一些较小的机关或基层组织,由于文件的数量相对来说比较少,就没有必要成立专门的文书工作机构,通常仅在办公室内设一两个专职或兼职的文书工作人员。

(二)文书工作的组织领导

2012 年新颁行的《党政机关公文处理工作条例》(以下简称《条例》)第 6 条规定:“各级党政机关应当高度重视公文处理工作,加强组织领导,强化队伍建设,设立文秘部门或者由专人负责公文处理工作”,对加强公文处理工作组织领导提出了总体要求。一要加强对公文处理工作的领导。各级党委、政府和各部门负责同志要认真组织落实《条例》规定,及时解决工作中遇到的重大问题。办公厅(室)主要负责同志要担负起“第一责任人”的职责,直接过问、研究和指导公文工作。二要健全公文处理工作机构。县级以上党政机关办公厅(室)应设立文秘工作部门,配齐配强工作人员;其他部门根据公文处理工作需要设立文秘工作部门或者配备工作人员。乡镇(街道)党委(党工委)、政府(办事处)应当指定专人负责公文处理工作。三要确保必要的工作条件。

(三)文书工作的组织形式

文书工作的组织形式,指的是一个机关对于文书处理程序的各个工作环节如何组织与安排,采取什么形式等。一个机关要提高文书处理工作的效率,除了要加强领导,健全文书工作制度外,还必须对文书工作进行科学的组织与安排。各机关文书工作的组织形式如何确定,要根据文书处理的要求和各机关的具体情况来定,不同类型的机关,应当从本机关的实际情况出发,选择适合自己特点的文书工作组织形式。

目前，我国党政机关的文书工作主要有两种组织形式：

一种是集中形式。即除文件的具体承办以外，其他的处理环节都集中在机关的中心机构如办公室、秘书科进行，由中心机构负责同机关领导人和各个业务部门联系文书的承办事宜。各个业务部门不再设文书处理机构或专职、兼职的文书工作人员。

按一般的工作规律，这种集中形式适用于小机关和一部分中等机关。这类机关的规模不大，业务不太复杂，内部组织机构不多，文件数量也相对较少，办公驻地集中。所以其文书处理工作适宜集中进行，这样可以简化手续，节省人力，提高工作效率。

另一种是分散形式。即由机关的中心机构和各业务机构的文书部门与文书工作人员分工进行，各负责一部分文书处理工作。分散形式的具体组织，又可分为两方面：一方面是将文书处理的不同工作环节，一部分集中在中心机构进行，另一部分则放在各业务部门来进行。另一方面是按文件的内容和各部门的业务分工情况，将一部分综合性、全局性、方针政策性的以机关名义收发的文件，放在中心机构进行处理，其余的属于某具体业务范围内的文件，则放在有关的业务机构进行处理。

分散形式一般适用于较大的机关或部分中等机关。因为这类机关的工作范围广，业务繁重，工作人员多，内部组织机构的层次和数量也比较多，机关的办公驻地相对比较分散，下属单位往往也比较多，文件的数量也很大，因此，显然不适于采用集中形式由机关办公室包揽一切。

鉴于上述的分析，我们认为，一个机关究竟应该采用哪种类型的文书工作组织形式，通常应考虑以下几种情况：

1. 机关内部组织机构设置的层次、数量；

2. 机关收发文件数量的多少；

3. 机关驻地是集中还是分散，距离远近；

4. 机关工作人员的数目与文书人员的配备等。

综合以上各主要因素，我们认为：不同类型的机关，应充分考虑各自的特点，从实际出发，选择适合本机关的文书工作组织形式。

一般情况下，如果机关的规模不大，业务又相对简单，内部机构层次不复杂，文件数量不多，办公驻地又相对集中，那么就应该选择集中的方式进行。这样，不仅可以节省人力，简化手续，更利于提高工作效率。如果机关的规模较大，内部机构又较多，业务也较为复杂，驻地分散，文件数量大，则应该选择分散的形式。这样，可以防止紊乱，保证文书工作的及时和便利。

第三节　行文规则

为了保证文书处理工作高效和有序地进行，不仅要合理地选择文书工作的组织形式，还必须正确认识行文关系，遵守行文规范。

一、行文关系的概念

所谓行文关系，是指收、发文机关之间根据一定的组织辖属和不同的职权范围而形成的关系。

从上述概念出发，任何一个机关都有其各自的职权范围，都处于一定的组织系统之中，而同一系统内的各级机关也是纵横交错，又派生出很多分支系统。所以说，机关与机关之间的行文关系，实际上就是根据各机关的组织系统、各机关的职权、各机关所处的地位以及由此而决定的各机关之间的工作关系来确定的。正如新发布的《国家行政机关公文处理办法》中所规定的，各级机关的“行文关系根据隶属关系和职权范围确定”。具体地说，机关间的各种行文关系主要表现在以下方面：

1. 同一系统的机关，有上级领导机关和下级被领导机关，上下级机关之间的这种领导与被领导的关系又叫隶属关系。如党中央与各省、自治区、直辖市党委，国务院与各省、自治区、直辖市人民政府就构成了隶属关系。

2. 上级主管业务部门与下级业务部门之间，一般具有业务上的指导关系，如国家财政部对各省财政厅就体现出了这种业务指导关系。

3. 非同一系统的机关之间，无论级别是高是低，均没有领导指导和隶属关系，这种关系称之为非隶属关系。如中央军委与各省人民政府，某省教委与某县卫生局之间就构成了非隶属关系。

4. 不同系统的同级机关和同一系统的同级机关之间都属于平行关系，如某省人民政府与省军区，各省的各厅、局之间的关系即属此类。

为了保证机关之间的联系顺畅，避免行文混乱，各机关在行文中，必须正确认识和确定自己的行文关系。

二、选择恰当的行文方式

机关与机关之间的行文，根据不同的行文关系，可以分为上行文、平行文、下行文三个不同的方向，各机关应按实际工作的需要选择正确的行文方式。行文方式共有三种：

（一）下行文

下行文是上级领导机关向所属的下级机关的行文。根据发文的不同目的和要求，可以采取逐级行文、多级行文和直达基层组织与群众三种方式。

1. 逐级行文。就是采取逐级下达的方式，或者只对直属的下一级机关行文，如中共中央和国务院向各省、直辖市、自治区党委和政府行文，然后再由各省、直辖市、自治区党委和政府结合当地的实际情况向下一级传达，如只要求下一级机关办理或答复，可以只发给有关的下级机关，也可以根据办理要求同时发给所属的各个下级机关。

2. 多级行文。即上级领导机关向下行文时，根据工作的需要同时发给所属的几级下属机关。这种行文方式可以使下属的几级组织都能及时地了解更高一级领导机关的意图，从而及时地贯彻上级的文件精神。

3. 直达基层组织与群众的行文。高一级领导机关的行文，必要时可采取直接发至最基层组织或者传达到人民群众的形式。对于不带有机密性质的文件，还可以采取组织宣讲、登报、广播、电视等方式下达，直接与广大人民群众见面。这种行文方式能使基层组织和人民群众及时地、原原本本地了解文件的精神和内容，起到组织群众、宣传群众、教育群众、动员群众的作用。

（二）上行文

上行文是下级机关向所属的上级领导机关的行文。根据工作需要又可分为逐级行文、多级行文和越级行文三种方式。

1. 逐级行文。即下级机关向直属的上一级领导机关的行文。它是上行文中最常用、最基本的方式。除特殊情况以外，下级机关一般都应当直接向自己所属的上级领导机关请示与报告工作，以保持正常的领导关系及业务工作关系。

2. 多级行文。即指下级机关同时向自己的直属上级机关和更高级的上级领导机关的一种行文方式，如某市人民政府行文给省人民政府并报国务院。这种情况往往是事项比较重大，需要同时报请上级领导机关和更高一级的领导机关，使其及时地了解情况，及时地作出答复。多级行文一般使用较少。

3. 越级行文。主要指下级机关在非常必要时，可以越过自己直属的上级机关而向更高级的上级机关直至向最高的领导机关行文。这种行文方式不能随意采用，以免打乱正常的领导与被领导的关系。当遇到以下极特殊的情况或问题时，才可以考虑采用：

发生了特殊紧急情况（如发生战争、严重自然灾害等），逐级上报会延误时机造成损失的问题；

经过多次请示直属的上级机关，但长期没能得到解决的问题；

直属的上下级机关之间有争议而无法解决的问题；

上级机关交办的并指定越级直接上报的事项；

对直属的上级机关进行检举、揭发的问题；

询问与联系极个别的、必要的具体问题等。

（三）平行文

凡是相互之间没有隶属关系和业务指导关系的机关，同级机关或者不属于同一系统的机关和部门之间的行文，都属于平行文。不论属于什么系统、级别、地区的党政军机关、团体、企业、事业单位之间，需要相互联系工作时，都可以采用平行文的方式。这样可以免去按系统传递、增加运转层次的麻烦，便于节省时间，提高效率。

以上分别讲了三种不同的行文方式及行文要求，各机关在行文中究竟采用哪一种行文方式，应根据实际工作的需要和有关规定来确定。

三、遵守行文规则

综上所述，行文是一项十分严肃的事情，不得有随意性。行文应严格遵守以下规则：

第一，行文应当确有必要，讲求实效，注重针对性和可操作性。

第二，行文关系根据隶属关系和职权范围确定。一般不得越级行文，特殊情况需要越级行文的，应当同时抄送被越过的机关。

第三，向上级机关行文，应当遵循以下规则：

1. 原则上主送一个上级机关，根据需要同时抄送相关上级机关和同级机关，不抄送下级机关。

2. 党委、政府的部门向上级主管部门请示、报告重大事项，应当经本级党委、政府同意或者授权；属于部门职权范围内的事项应当直接报送上级主管部门。

3. 下级机关的请示事项，如需以本机关名义向上级机关请示，应当提出倾向性意见后上报，不得原文转报上级机关。

4. 请示应当一文一事。不得在报告等非请示性公文中夹带请示事项。

5. 除上级机关负责人直接交办事项外，不得以本机关名义向上级机关负责人报送公文，不得以本机关负责人名义向上级机关报送公文。

6. 受双重领导的机关向一个上级机关行文，必要时抄送另一个上级机关。

第四，向下级机关行文，应当遵循以下规则：

1. 主送受理机关，根据需要抄送相关机关。重要行文应当同时抄送发文机关的直接上级机关。

2. 党委、政府的办公厅（室）根据本级党委、政府授权，可以向下级党委、政府行文，其他部门和单位不得向下级党委、政府发布指令性公文或者在公文中向下级党委、政府提出指令性要求。需经政府审批的具体事项，经政府同意后可以由政府职能部门行文，文中须注明已经政府同意。

3.党委、政府的部门在各自职权范围内可以向下级党委、政府的相关部门行文。

4.涉及多个部门职权范围内的事务，部门之间未协商一致的，不得向下行文；擅自行文的，上级机关应当责令其纠正或者撤销。

5.上级机关向受双重领导的下级机关行文，必要时抄送该下级机关的另一个上级机关。

第五，同级党政机关、党政机关与其他同级机关必要时可以联合行文。属于党委、政府各自职权范围内的工作，不得联合行文。党委、政府的部门依据职权可以相互行文。部门内设机构除办公厅(室)外不得对外正式行文。

综上所述，行文方式和行文规则体现了民主集中的原则，既保证集中统一领导，又充分发挥各地区、各部门的作用，保证了信息的畅通，保证了机关之间的正常工作联系。因此，行文必须严格遵守行文规则，提高办文效率。

第十四章　公文处理程序

第一节　公文处理程序的概念

公文处理程序指的是在一个机关内部公文运转处理的一系列环节。它反映了各个处理环节之间的紧密衔接关系，也反映了公文在机关内运转的全部过程。公文处理各环节之间前后衔接，排列有序，从整体上构成公文的处理流程。一个机关如能科学地组织与安排公文处理程序，对于机关各类公文的正常运转处理，建立机关正常的工作秩序，提高机关的办事效率，是非常重要的。

由于各类机关的规模、工作性质、文件数量各不相同，文件处理的要求和方法也不一样，所以不同的机关对文件的处理程序也就不尽相同，但总有一般的规律可循。为了便于说明问题，以下将公文处理的全部程序分为两大方面：发文处理程序和收文处理程序。

收文处理程序主要包括：文件的签收、启封、登记、初审、分送、拟办、批办、承办、传阅、催办、注办、清退、答复等。

发文处理程序包括：草拟、审核、签发、复核、缮印、校对、盖印、登记、装封、发出、注办、归卷等。

公文处理的各个环节，是在机关内各有关部门和承办人中分工负责完成的。为使机关的公文处理工作有所规范，各机关均应根据党和国家的有关规定，结合各自的实际情况，制订出本机关的文书工作制度，对公文处理程序的各个环节作出明确的规定，提出具体的要求。

第二节　发文处理程序

一、拟稿与审核

（一）拟稿

拟稿是根据领导的交拟意见或批办意见撰拟文稿的过程，它是发文的第一个环节，也是发文处理的中心环节。拟稿一般分为以下步骤：

1. 交拟。交拟是机关领导人将撰拟任务交给有关撰稿人员，即立意明题。它是公文写作的起点程序。交拟并非简单地交任务，而是经过了领导人的深思熟虑、慎重考虑、反复讨论后才实施的步骤。交拟还包括交意图、交思想、交政策等。那些有关全局性的重要文件，往往需要领导人亲自撰拟。

2. 拟议。拟议是指撰稿人在下笔之前，对撰写文件的酝酿构思过程。包括明确发文的目的、确定文件的主题、抓住文件的中心内容、选择适当的文种、确定发送对象和阅读范围，等等。拟议主要指撰稿的准备工作，只有认真地做好这一环节的工作，才能保证文稿的质量。

3. 撰写。即写出文件初稿。在拟稿过程中，应严格遵守撰拟的原则和要求，高质高效地完成工作任务。

撰拟文稿应注意以下方面：

第一，符合国家的法律、法规，符合党和政府的方针政策，如提出新的政策规定，应切实可行并加以说明。

第二，情况要真实，观点要明确，条理要清楚，层次要分明。

第三，使用的文种应根据行文目的、发文机关的职权与主送机关的关系来确定。

第四，如是紧急公文，应当体现出紧急的原因，并根据实际需要确定紧急程度。

第五，人名、地名、数字、引文要准确。引用公文应当先引标题，再引发文号。日期应写明具体的年、月、日。如引用外文应注明中文含义。

第六，注意公文的层次序数。如前所述，第一层为“一”，第二层为“（一）”，第三层为“1.”，第四层为“（1）”。

第七，应当使用国家法定的计量单位。

第八，用词要规范准确。行文中如使用规范化简称，应先使用全称并注明简称。如使用国际组织外文名称或其缩写形式，应在其首次出现时准确地标出中文译名。

第九，公文中的数字，除成文时间，部分结构层次序数和词、词组、惯用语、缩略语和具有修辞色彩语句中作为词素的数字必须使用汉字外，应当使用阿拉伯数字。

（二）审核

1. 审核的意义

公文审核是指将文稿送领导人签发前，对文稿进行全面的检查和修正。这一环节通常是由办公厅（室）负责或由具有工作经验、水平较高的秘书人员承担。对公文进行审核，主要有三个方面的意义：

（1）为领导简政。机关的秘书、文书部门是为领导提供综合服务的，应协助领导督促机关的文书工作，将报请领导阅批的文件进行认真的审核把关。

（2）是为了贯彻集中统一的原则。对文件进行把关，有利于在行文中集中统一领导，克服和防止分散主义。

（3）是为了利于下级机关的贯彻执行。公文是传达政令的依据，只有政策界限明确，方法措施得当，才能有利于贯彻执行。审核可以严把文件质量关。

2. 审核的内容

公文审核的重点是：是否确需行文，行文方式是否妥当，是否符合行文规则和撰拟公文的有关要求，是否符合有关的格式规定等。

根据上述基本原则，文稿审核时应着重注意以下方面：

（1）是否需要行文，以什么名义行文。

（2）有无矛盾抵触。审查文稿内容与党和政府的有关政策、法令，与上级的指示、决定等，有无相互矛盾抵触之处，与本机关以前的发文，有无前后不一致和自相矛盾之处。如发现问题，则按有关程序解决。

（3）要求、措施是否明确具体，切实可行。检查本机关草拟的指示、决定、条例等文件的内容，其中的政策界限是否写得清楚明确，有无笼统含糊、模棱两可、前后不一致之处，有无规定过于机械、繁琐之处，检查文稿中所提的措施是否切实可行等。

（4）处理程序是否完备。即审核文稿在处理程序上是否妥善完满。如发文的名义是否合适，是否还需交一定的会议讨论通过，涉及其他部门或地区职权范围内的问题是否协商一致并经过会签或上级机关的批准等。

（5）文字表达。检查文字叙述是否通顺、简练、准确，是否合乎语法逻辑，有关数字是否已经核对，写法是否得当，标点符号是否正确等。

（6）文件体式。检查文种是否适当，标题是否达意，文件的密级、处理时限定得是否妥当，主送机关和抄送机关是否符合规定等。

在审核中发现的问题，必须逐一加以纠正。一般性的问题，可直接修改；

如需作较大的改动，应附上具体修改意见，退回撰拟人员或与承办部门共同研究解决。

总之，文稿审核是一项十分严肃而重要的工作，审核中必须注意研究，认真对待。

二、签发、复核、缮校

（一）签发

签发是形成文件的最后一个关键性环节，文件经过领导人核准签发即成为定稿，可以据此打印正本。签发人代表机关或部门对文件负有完全的责任，要从政治上到文字上给予负责。签发是领导人履行职权的一种表现，因此，必须是自己职权范围内的有关文件，才有权签发，不得越权签发。各个机关对签发文件的职权分工，应有一个明确的规定。

签发文件的原则是：

以本机关名义制发的上行文，由主要负责人或者主持工作的负责人签发；以本机关名义制发的下行文或平行文，由主要负责人或由主要负责人授权的其他负责人签发。

签发文件时，必须对文件的内容和文字作严格的审阅修改，对发文负责。有个别机关单位采取先签发然后交秘书核稿审定的做法，这是不负责任的表现。所以，领导人对签发工作应切实负责，不能过分依赖核稿的秘书人员，对文稿未经仔细过目就签字同意。领导人在签署意见时，应明确具体，一般可写明“同意打印下发”“请某某同志审阅后印发”等字样，并署上自己的姓名和签发年月日。签发文稿要用毛笔或钢笔。

（二）复核

公文在正式印制前，应当进行认真的复核，重点检查一下文件审批、签发的手续是否完备，附件材料是否齐全，格式是否统一、规范等。复核工作主要由文秘部门来负责。经复核如果需对文稿进行实质性的修改，应按规定的程序复审。

（三）缮校

缮校是指对发文的缮印和校对工作。

缮印的正本是发文处理的最后成品，代表本机关的意图，对外发生效力，所以缮印工作一定要正确无误，做到文字准确，字迹工整清晰，符合规定体式，页面美观大方，以便收文机关阅读、处理和保管。同时，还要在缮印过程中爱护文稿，防止破损。

校对也是保证文件质量的重要一环，它以签发的定稿为基准，对缮印本进行核对。校对工作要求精神集中，一丝不苟，对任何一点错误也不能放过。对文稿中的人名、地名、时间、数字等关键词语，尤其要反复核对，不能有“一字之差，一点之漏”。重要的文件应进行“二校”或“三校”。要正确使用校对符号。

三、用印、封发和传递

印章是权力的象征。在文件上加盖印章，就使文件具有了法律意义上的正式行政效用。文件用印应以领导人的签发字样为准，原稿上如无领导人签发的意见，则不得用印。重要的文件要填写用印登记簿。

不需要用印的文件主要有以下几类：党委机关有特定版头的普发文件；抄收的电报；以领导人个人名义行文、须经领导者本人签署的文件。

封发是文件形成的最后一个环节，是指文件的封装和发送。虽然这一步更多的是动手操作，但同样不可忽视。封装文件要仔细，待发的文件，应在入封以前，根据签发人批准的分发范围，准确地书写封皮。对于大批的、经常发送的单位，可以事先印制出收文机关及其地址的标签，以备用时剪贴到封皮上。封皮准备好后，对照开列的分发单位和份数，边核点边入封。对急件、密件与一般平件，均须分别装封，不可以混装，以免装错。封装密件、急件时，应在封筒的明显处加盖戳记标识。入封的文件需折叠时应折叠平整，留出封口和启封余地，以免损坏文件。封口必须严密，绝密文件应加“密封”封条，以利安全与保密。要正确填写封套封面，地址、名称要准确，字迹要清晰、工整。封装后的文件要及时发送，以免误事，并填写发文登记簿。（见发文登记簿参考式样）

××××**发文登记簿（内收发用）**

顺序号	发文日期	发文号	密级	文件标题	发往机关	份数	附件	归卷情况	备注

文件装封完毕即可以交付传递。

现行文件的传递有机要通信、专人递送、文件交换、普通邮寄等途径。文件传递也是公文处理的重要一环，要保证发出的文件不被遗失。目前，随着办公自动化的发展，利用计算机、传真机等传输文件已很普遍。但传输秘密文件，必须采用加密装置。

第三节　收文处理程序

收文处理程序是指本机关对收到公文的办理过程，主要包括以下各环节：

一、签收和登记

（一）签收

签收是文件处理的第一个环节，是文件进入必经的“关口”。文件的签收必须严格实行统一管理，由机关指定的收发工作人员负责。从目前情况看，在大机关和中等机关，由于文书工作的组织多采用分工形式，与之相适应，也多设有内、外两种收发。机关的总收发室负责外收发，主要负责清点好文件的件数，即对收进的文件进行简要登记，不启封，然后转送有关部门签收。发往业务部门的可直接送业务部门，没有表明业务部门的一律送内收发进行签收。内收发一般指机关办公部门的收发室或机要秘书。内收发工作多由部门办公室的专职或兼职的文书工作人员负责。

签收文件要注意“四查”：一查来文封套上所注的收文机关是否与本机关名称相符；二查来文封套有无拆封或破损现象；三查来文封号是否与递送人签收簿上所登记的封号相符；四查所列文件总件数与实有件数是否相符。

（二）登记

内收发在签收后，负责拆封、登记。拆封时，对写明某某领导人“亲收”“亲启”的来件，应由领导人本人拆封，密件必须由机要人员拆封。拆封后应检查封内文件是否还有遗漏，并检查文件是否完整、齐全，有无缺页少份、错发等差错，发现问题要及时查询，错发的应及时退回。封内填有文件清单的，应对照清单检查；填有回执单的，应在回执单上签收并将回执单退回原发机关。

登记是管理文件的账目，其作用主要是：

1. 便于管理和保护文件，防止积压丢失。

2. 便于查找和检索文件。

3. 便于文件的统计和催办工作。

4. 可以作为核对与交接文件的依据。

因此，登记文件时，必须手续清楚，防止错漏。凡属正式往来的文件、机关内部使用的文件、会议文件等均应逐件登记，只有那些纯事务性的便条、日常通知等例外。

登记前，应根据领导授权，对下列收文审查并退回：违背行文规则，如乱抄乱送、无特殊理由而越级请示等；不符合规范，如漏盖印章、字迹模糊不清等；上报不符合要求，如未标注签发人等。

文件登记的方式主要有以下三种：

1. 簿册式登记。即采用预先装订成册的登记本。这是目前仍比较普遍采用的登记形式，其优点是容易保存，适宜按时间顺序进行流水登记。登记时，如来文数量较多，可根据情况对来文进行分类登记，如上级来文、下级来文、平级来文等，也可以根据需要再进一步地细分。

2. 卡片式登记。即使用单张的卡片进行登记。每张卡片登记一份文件，必要时也可以登记一组联系紧密的文件，如一次会议的几份主要文件。使用卡片登记的优点主要是它可以按照管理文件的需要，在卡片盒里灵活地分类排列。

3. 联单式登记。即使用比较软而且薄的纸张按两联或三联来进行登记。这种登记方法的优点是通过一次复写两联或三联，可以减少重复登记的某些项目，简化登记手续。

××××收文登记簿（内收发用）

顺序号	收文日期	来文机关	文件标题	密级	附件	份数	签收人	承办单位	备注

二、公文的拟办、传阅和批办

（一）拟办

拟办是指对来文按照其内容、性质和办理要求提出初步的处理意见。

拟办的作用是：

1. 可以及时准确地将收来文件分送给有关领导、有关部门和有关人员处理，提高办文时效。

2. 对需要转承和办理的文件，供领导人在批办时参考。

拟办工作的承担者，有许多文件是由具体的承办人进行拟办的，也有些文件须由秘书部门的负责人或有关业务部门的负责人提出拟办意见。所以说，拟办可以使秘书部门的人员更好地发挥参谋助手作用。

当然，并非每一份文件都需要拟办，对那些不需要拟办的文件如一般性的材料、会议通知等，可由内收发人员直接分送有关部门和人员。

对不同的来文，拟办的具体做法与要求是有区别的。一般说来，机关经常收到的文件主要有以下类型：

1. 上级来文，如指示、通知等。对此类文件，一是根据领导的分工情况，提出送哪个领导或业务部门阅读，如“请某某阅知”等；二是根据职能部门的分工情况提出交由哪个部门阅读或研究实施办法，如属联合承办，应指明主办单位；三是根据文件的密级，提出传达范围等要求。

2. 下级机关报送的需要办理的公文。首先应注意审核。审核的重点是：是否应由本机关办理；是否符合行文规则；内容是否符合国家的法律、法规及有关规定；涉及其他部门或地区职权的事项是否已经协商、会签；文种、格式是否规范。经审核，对符合规定的公文，应及时提出拟办意见。拟办时须认真阅读来文，研究文件所反映的问题和发文的具体要求以及需采取的处理方案。如果原文较长，可将内容归纳，列出提要，位于原件之前，以节省机关领导人审阅的时间。其次，要审查原文内容的真实性、可行性、必要性，要考虑下级提出的要求是什么，能否同意和批准，有无值得注意的问题或倾向等等。第三，查有关政策规定，以便于提出处理意见。第四，在深思熟虑的基础上提出拟办意见。

拟办意见应当简捷明了，抓住关键，譬如，对下级机关的请示事项，要考虑同意或不同意，主要的理由是什么。文字不宜过多，尽可能地用两三句话将考虑好的处理方案写明。如果认为有两种以上的处理方案，可以一并提出，但应同时提出自己的倾向性意见及理由。提出拟办意见时，要尽量保持来文页面的整洁，以便于领导人阅读，所以拟办的意见应写在“文书处理单”上，不要随手在来文上写画。来文如与本机关、有关机关或来文机关以前发来的某份文件有关，应将原件找出一并附上送批，以便于领导人参阅。拟办意见的具体写法有以下几种：

1. 如不能答复，需转有关业务部门的，可根据情况写明“拟转请某某处研究提出意见”等。

2. 应由主管业务部门处理的，写明“拟转请某某处阅处”。

3. 需要批复的，可写明“拟批复同意”或“拟以办公室名义批复同意”。

4. 请求批转的，可写明“拟同意批转，待原则同意后再进行文字审修”。

（二）传阅

传阅是指对拟办的需送有关领导同志和部门阅知的文件组织传递和阅读，以利于文件的及时处理，提高办文效率。

供传阅的文件主要分两种情况：一是阅知文件，要求阅文人了解、知晓文件内容，阅文人在阅读后签名表示已阅知即可。另一种是需要办理的文件，领导人在阅知后要签具意见。但不管是哪一种文件，需传阅的文件都是多人阅读的，所以，对于需要传阅的文件，应由文书人员先在文件封面粘贴“文件传阅单”，然后组织传阅。机密文件需在阅文室阅读的，应向有关人员发送“阅文通知单”，组织在阅文室阅读。

阅知文件与阅批文件两者是有差异的。阅批，是以有关的领导人为阅文范围，在阅文后写出批示意见，并署上姓名和日期。阅知的范围就不一定仅限于领导人，同时也不要求阅文人作批示，只需了解文件的内容，再署上阅文人姓名和日期。

组织好文件的传阅应注意以下问题：

1. 要注意阅文顺序，一般应将文件先送给主要领导人、主管负责人阅读，其他需要阅知的有关领导人与有关部门，可以适当排在后面。如果阅文范围较大，时间性较强，不涉及保密的文件可以打印、复印多份，以便提高阅文速度。

2. 传阅工作的组织应机动灵活。文书工作人员要尽可能地了解有关领导人和各部门的工作活动规律与时间安排，尽量不要使文件在阅读对象手中积压，力求以最快的速度使需要传阅的对象全部阅知。

3. 应以负责组织传阅的文书工作人员为中心点，各个阅文对象收退文件均应直接与组织传阅的文书人员发生联系，以利于文件的保密和安全。除少数急件需特殊处理外，应尽量避免在传阅对象之间进行传递，以免失去控制，造成文件积压或下落不明、交接责任不清等现象。

4. 有条件的机关，应开辟阅文室，由文书人员负责管理。对普通阅知件可不分先后，通知各阅文人利用闲暇时间来阅读，这样可以缓解因领导人忙闲不一而造成的文件积压的矛盾，可减少文件在每一位阅文人手中停留的时间，简化交接手续，提高文件的周转效率。

5. 应设置文件夹存放阅知文件。传送给每个阅读对象的文件一次不宜份数太多，并应分清主次缓急，以方便阅读。

6. 文书人员应及时检查了解与掌握文件的阅读情况。已阅的文件须及时催退，一时不能阅读的可适当调整传阅顺序。如领导同志有批示意见，应及时处理。文书人员应对传阅的文件及时催阅，阅毕的文件，领导人应签署姓名和阅文时间，文书人员亦应对阅文情况进行登记掌握。

公文传阅登记单

<table>
<tr><td>收文日期</td><td colspan="2">年　月　日</td><td>发文字号</td><td colspan="2"></td></tr>
<tr><td>传阅范围</td><td colspan="5"></td></tr>
<tr><td>阅后签名</td><td>签阅时间</td><td>备注</td><td>阅后签名</td><td>签阅时间</td><td>备注</td></tr>
<tr><td></td><td></td><td></td><td></td><td></td><td></td></tr>
<tr><td></td><td></td><td></td><td></td><td></td><td></td></tr>
<tr><td></td><td></td><td></td><td></td><td></td><td></td></tr>
<tr><td></td><td></td><td></td><td></td><td></td><td></td></tr>
<tr><td></td><td></td><td></td><td></td><td></td><td></td></tr>
</table>

阅文通知单

<table>
<tr><td colspan="5">__________同志：
请在　　月　　日前抽空来本室阅读下列文件。

××机关阅文室
年　月　日</td></tr>
<tr><td>发文单位</td><td>文件标题</td><td>文件编号</td><td>密级</td><td>阅读范围</td></tr>
<tr><td></td><td></td><td></td><td></td><td></td></tr>
<tr><td></td><td></td><td></td><td></td><td></td></tr>
<tr><td></td><td></td><td></td><td></td><td></td></tr>
<tr><td></td><td></td><td></td><td></td><td></td></tr>
</table>

（三）批办

批办是对收文处理所作的批示。批办的作用是：

1. 使机关或部门的领导人及时阅读重要的文件，掌握有关的文件精神。

2. 便于加强对文书工作的领导，便于向承办人及时交代意图和要求，合理分工，提高效率。

3. 是决定收文承办责任、原则、方法的关键。批办不仅直接影响文件的办理效果，同时也可以反映出机关领导的工作作风、领导艺术、政策水平和文化素养。

领导人进行批办，既是在行使权力，也是在履行职责。就拟办的范围来看，主要分为两种类型：一种是领导人对承办部门的批示，这是对整个机关范围内的批办；另一种是由部门负责人对本部门承办人的批示，这是对某一部门范围内的批办。当然，并不是每一份文件都需要批办，因此，确定批办的范围必须适度。通常，批办的文件分为三种类型：一是重要的文件送领导人阅批；二是一些日常业务问题，可先由承办人提出意见，再送领导人批示；三是某些具体的工作问题，由承办人直接答复或处理，然后将文稿送领导人审核签发。这就要求文书工作人员对来文进行筛选，一方面，不能事无巨细，把大量的文件都首先集中给机关领导人、部门负责人批办，这样做会使领导的精力过多地陷入到繁琐的文书处理事务中，从而影响对重大问题的研究考虑和决策，同时也不利于发挥各部门与承办人员的积极主动性去做好本职工作。而且，由于批办工作过于集中，必然会造成文书处理上的积压和迟缓。另一方面，又不要出现疏漏，如果将一些全面性的、重大问题的、重要指导性的文件漏送领导阅批，而直接分送给具体业务部门或承办人员去办，或者是领导人、负责人不重视批办工作，过多地依靠或推给下级，让下级去考虑如何处理，这样就有可能出现文书处理上的不当或返工现象，不仅浪费人力和时间，甚至会延误时机，影响工作。

领导人批办的文字内容一般包括两方面：

1. 对拟办意见表态；

2. 变更拟办意见中的部分内容并作适当补充。

领导人通过阅读文件，仔细斟酌拟办意见后，应及时明确提出处理意见，不能延误。审批公文时，对有具体请示事项的，主批人应当明确签署意见、姓名和日期，其他审批人圈阅视为同意；没有请示事项的，圈阅表示已阅知。领导人在批办中的表态用语大致分为三种类型：（1）同意。即全部肯定拟办意见，别无补充，是结束批办的最后结论。（2）原则同意。即对拟办意见和文中所请示事项大体同意，其后要作出具体的指示性的补充意见。

3. 拟同意。遇有文件需由多位机关领导人共同批办的情况，往往先由参与批办的其他领导人批示，最后由主批人参考和综合考虑其他领导人的表态用语。拟同意，是参与批办的其他领导人的表态用语，其后，要写出自己的提示性意见，如“拟同意，请某某同志审示”等。

从总的要求来看，批办意见应注意把握原则，把握分寸，措施要切实可行，切忌笼统、空泛。

公文处理单

来文机关		发文号	
文件标题			
拟办意见			
批示意见			
办理结果			

三、承办、催办和注办

（一）承办

承办是指机关有关部门根据拟办和批办的意见对文件进行具体的处理和办理。对于业务部门来说，承办包括对工作问题的具体执行和处理；而对于文书部门来说，承办主要是根据拟办和批办意见对那些需要回复的来文进行办理。

承办部门在接到需办理的收文后，应在本部门内指定承办人。如果领导人批示、指定承办人员的，可按领导人的意见指派。对于那些特别重要的文件，应由职能部门负责人亲自承办。此外，部门负责人应综合考虑本部门人员的经验、水平、能力等因素，指定恰当的人员来承办。

承办人员接受承办任务时，要注意弄清以下方面：办理什么事项？办理的具体要求是什么？何时完成？在具体承办时，应注意下面几点：

1. 收到交办的公文后应及时办理，不得延误、推诿。

2. 紧急公文应按时限要求办理。确有困难的，应及时予以说明。

3. 对不属于本单位职权范围或不宜由本单位办理的公文，应及时退回并说明理由。

4. 对有领导具体批示意见的文件，要准确领会领导意图，传达领导的批示意见，严格按批示意见去办，不能加进自己的想法。

5. 对于没有具体批示的文件，要请示清楚，或先拟出计划方案，请示领导同意后再办。

6. 对于联合承办的文件，主办部门要主动联系协商，协商时要注意相互尊重；协办部门也要积极配合，不能互相推诿。

7. 工作要分轻重缓急，急件先办。

8. 承办工作结束或告一段落后，应向原交办的领导人、负责人汇报办理结果。

9. 承办中，要遵守有关制度。

（二）催办

催办是指对那些需要办复的文件，根据承办时限和要求，对承办情况进行督促和检查，以防止文件积压，从而加速文件的运转速度。对公文处理的各环节实行催办很有必要，它可以促进机关工作作风的改变，提高办文的效率和质量。催办工作要有专人负责，较小的机关，也要有人兼管，以使催办工作得以落实。

催办分为对内催办和对外催办两个方面：对内催办，是对收文处理情况的催办；对外催办，是对本机关发出去的文件，向受文机关催询办理和答复。无论是对内还是对外催办工作，都不是针对全部的收文或发文，而是针对那些要求限期办复的文件，或有关负责人指定催办的文件。

一般地说，需要催办的文件有以下各类：

1. 上级机关的来文，需要及时回复的文件；
2. 本机关的重要决定事项需组织落实的文件；
3. 平行或没有隶属关系的机关单位来文联系商洽工作需要回复的文件；
4. 下级的请示性来文；
5. 本机关发出需要对方答复的文件；
6. 领导人的批示件、交办件；
7. 群众来信的回复。

催办也是文书工作一项必要的制度和工作环节，应当给予重视，做到紧急公文跟踪催办，重点公文重点催办，一般公文定期催办。有些机关对催办工作认识程度不够，缺少催办这一环节，这不利于保证办文效率，所以，应增强工作责任心，切实负起责任。对于领导人限期处理的重要文件、紧急文件的办理情况，催办人应向有关领导人及时汇报，以便于领导人及时了解，发现问题可采取措施加以解决。对于那些特别紧急特别重要的文件，领导人则应亲自过问和督促。

催办的方式方法主要有三种：一是电话催办；二是当面催办；三是使用“文件催办单”进行催办。在机关内部应尽可能由催办人上门当面催询，了解办文进展情况，或者采用电话催询的方式。对外催办，可由承办人采用电话或发便函、催办单等方式进行。

（三）注办

注办指的是对文件的承办情况和承办结果所作的说明，这项工作应由承办人随手完成。承办完毕后，应填写“文件处理单”上面的“处理结果”一栏。一件收文承办完毕以后，应注明是否已经办复，注明复文号及日期。如使用电话或口头答复的，也应注明答复情况，并签上承办人的姓名。无须答复的或传阅的文件，应签注阅知的日期。发出的文件，应由文书人员注明具体发出日期、发送的单位、份数等。不需要复文的文件要注明“已办”“已阅”“已摘记”等相关内容。

签注文件的承办情况很有必要，便于文件的整理和日后的工作查考。

第十五章 电子文件管理

当前，计算机信息处理技术已成为本世纪发展最快的科学技术之一，同时，网络传播也已成为最重要的信息传播形式。随着科学技术的飞速发展，公文电子化已成为一种必然的发展趋势。因此，我们必须转变观念，树立适应网络传播的电子公文新观念，丰富电子公文的信息形态，充分发挥网络传播的特点，使电子公文在提高办公效率，降低办公成本等方面的独特优势得以实现。

第一节 电子文件的特征

一、电子文件的概念

如前所述，公文是指各机关、团体、企事业单位在在各种公务活动中形成并使用的书面材料，也就是通常所说的纸质文件。但随着信息科学技术的快速发展，人们在各种活动中已经普遍地以电子计算机为工具，由此产生了一类在性质、形态、存储方式等很多方面不同于纸制文件的数字化信息记录形式，即所谓的电子文件。概言之，电子文件是能被计算机系统识别、处理，并按一定格式记录在磁带、磁盘或光盘等介质上，并可在网上传送的数字代码序列。

二、电子文件的特征

1. 数字化信息形态

由于电子文件是在电子计算机中生成和处理的，其信息形态是数字化的以二进制数字代码来记录和表示的，因此，电子文件也可称为“数字文件”。电子文件从一个载体复制到另一个载体，或者从一台计算机传递到另一台计算机，实质上是在电子计算机内进行数字信号的传输处理。当然，这种处理与通常的纸质文件复制是有着很大的区别的。

2. 对系统的依赖性

电子文件的制作、处理，以至归档后的全部管理活动都必须借助于计算机系统才能实现，所以电子文件与电子计算机中的各种设备，包括硬件和软件，有着密切的关系。可以说电子计算机是电子文件产生、处理的前提和基础。因此，不兼容的计算机和应用软件生成的文件在交换使用时会遇到很大困难，如电子文件对其他设备环境的不兼容性，使其只能在某种设备上处理，而不能在其他环境下处理，这就决定了电子文件对设备的依赖性。电子文件对系统的这种依赖性给电子文件的保管和保存都带来了诸多问题。因此，电子文件的运作环境对标准化的要求很高，无论是信息加工、存储、传递、检索，还是软件的运行、载体的更换都会受到标准的制约。

3. 信息载体的非直读性

纸质文件的信息内容是可以直读的，不需要其他中介。电子文件则不同，电子计算机内形成的电子文件，第一次使用了人工不可识读的记录符号，也就是数字代码，因而人们不能直接观看其内容，必须通过特定的程序，由相应的电子计算机软硬件将载体上的数字编码序列读取出来，转换成输入前的状态，并将其显示在屏幕上或打印到纸上，人们才能了解其内容。电子文件的非直读性主要表现在以下几方面：一是以数字编码记录在载体上，二是载体上的信息记录密度极高，三是载体上记录的数字信息往往进行过压缩编码、加密等处理，而且即使有设备，如果不解压、解密也不能读取其内容。

4. 信息与载体的可分离性

纸质文件的内容被固定在某一载体上，其信息与载体之间成为不可分离的一个整体。

电子文件中的信息不再对原记录载体“从一而终”，不再具有物理意义上的固定实体状态，也不再具有固定的物理位置，而电子文件则不然，其内容存储的位置不是固定的，而是可以变化的，甚至可以从一个载体转换到另一个载体上，在不同的载体上可以同时存在或相互转换，其内容却不发生任何变化。同时，电子文件生成和运作的网络环境已经初具规模，而且扩展速度越来越快，它使得电子文件上的信息可以通过网络系统传给远方的一个或多个接收者。当然，这一特征也给电子文件的保管带来了新问题，如处理不好，会给电子文件的真实性和完整性。

5. 信息的易变性

电子文件的一个很大优势就是文字处理上的方便、快捷，而且不留痕迹。而纸制文件则不同，其载体不仅是信息的承载物，而且它一旦与特定信息结合为一体，还具有一种对信息的固化作用，信息的原有面貌都被凝固在特定的载体上边，不能改变。造成电子文件易被更改的原因，主要是由于电子计算机的存储载体具有可重写性和具有随机读写的功能，此外，电子文件与载体的可分离性质，也造成了电子文件在被传递或更换至其他载体时，存在着被改动而不被察觉的可能性。因为处理后得到的电子文件是否与原来一样，存在认定上的困难，使我们不能用判定纸质文件的办法去判断电子文件的原始性和真实性。

6. 信息媒体的集成性

电子文件与纸质文件一个很大的不同点在于，纸质文件主要承载文字和图形信息，电子文件可以将文字、图形、图像、影像、声音等各种信息形式加工组合成所谓的“多媒体文件”。多媒体文件集图、文、声、像各种功能，能够更加形象地真实地再现当时的活动情况，从而强化文件记载和再现以及凭证等方面的功能和作用。当然，电子文件的这种多媒体的集成性也使得电子文件的信息形态要比纸制文件复杂，由此也给电子文件的保管提出了许多特殊的要求。

7. 信息操作的灵活性

与纸制文件相比，电子文件中的数字信息不是固态不变的，其信息的操作具有很大的灵活性。比如，前面我们提到电子文件的信息具有易变性的特征，那么从操作的角度来看，这一特点可以使我们比较方便地改变其信息的存在状态，可以根据需要增删修改文件信息，可以重新组织文件信息结构，可以利用已存在的文件信息来形成各种资料库、文件库等，从而大大地提高文件制作的效率。

第二节　电子文件的管理

一、电子文件的管理原则

目前，电子文件已广泛地应用于各个领域，电子文件的可靠性、安全性、凭证行也已经得到了越来越多的认可，与此同时，电子文件的法律效力问题也得到了越来越多的国家和有关人士的关注。鉴于此，加强对电子文件的管理，确定相关的管理原则和管理方法，是有效地发挥电子文件作用的必要前提。电子文件作为文件的一种形式，具有文件的一般特征，因此，国家颁布的有关文件、档案管理的基本原则和要求同样适用于电子文件的管理。此外，由于电子文件又有许多不同于其他类型文件的特点，所以，实施电子文件的管理还应遵循符合电子文件特征的相关原则和要求。

（一）制度保障原则

制度是实施管理的保障，要有效地实施对电子文件的管理，就必须加强相关制度的建立。针对电子文件管理的特点，这一制度的建立应主要包括两大方面：一方面是实行对人的管理制度，另一方面是明确职责分工。首先，电子文件是由人制作的，其存储、检索、传输等处理都是由人来完成的，因此，人员的业务水平如何，职业道德如何就显得至关重要。必须建立一套严格的用人制度，严格把关，同时还必须对相关人员提出严格要求，明确具体措施。其次，要明确各相关人员的责任范围，各司其职，各负其责。可以说，制度的建立是保证电子文件真实可靠性的首要条件。制度健全了，其他地原则才能得到保证。

（二）完整性保障原则

这一原则一方面是指要保证电子文件的数量齐全，另一方面是要求每一份电子文件的信息完整。完整性是电子文件价值的重要保障，因此，必须熟练掌握电子文件的形成规律和分布状况，将具有有机联系和保存价值的电子文件收集齐全，以确保电子文件内容的完整性和可利用性。

（三）前端控制原则

如前所述，我们把文件从形成到永久保存或销毁的各个阶段看作一个完整的体系。那么，在这个体系中，文件的前端就是指文件的形成过程。前端控制是实现电子文件全程管理的重要前提，它可以确保电子文件的真实可靠性，正如加拿大的知名教授露西安娜·杜兰蒂所说：如果形成者不从电子文件产生之时起就采取措施来保证它们的可靠性（包括内容的可靠性和文件本身作为‘文件’的可靠性）的话，未来将没有多少电子文件值得保留。”当然，我们也将为此付出很大的代价。所以，确立电子文件的前端控制原则是优化电子文件的管理功能，提高管理效率的必要条件。

（四）全程管理原则

电子文件的形成、收集、积累、鉴定、归档、保管、利用的全过程管理，不仅注重每个阶段的结果，也重视每一项工作的具体过程。电子文件全过程管理中有关维护其信息安全方面的措施，根据电子文件的特点和管理要求，必须建立一个完整的管理体系，对电子文件实施全程管理，它涉及电子文件的流程、管理规则、管理方法以及管理的质量要求等方面，是一种全方位的管理体系。这种管理体系不仅涉及电子文件形成过程中的各个阶段的总体效应，而且涉及如何利用管理系统的各种资源，以求信息资源的最大效益。电子文件的全程管理是一种过程管理，确立电子文件全程管理的原则，是因为电子文件从形成到开发利用，中间经过很多环节。其间任何一个环节的地差错都可能造成对电子文件的原始性、真实性的危害。因此，对电子文件生成、流转、利用、保管等每一项具体管理内容的实施过程进行监控，明确各自职责和任务，就能够及时发现和纠正失误，不断调整管理策略，以确保电子文件的质量和作用，保证电子文件流程的通畅和高效。

（五）建立电子文件管理的记录系统

纸质文件一旦形成，其原件中所包含的内容和形式特征就被确定下来，不再发生变化，其原始性也容易得到确认。而电子文件形成后，因其载体、格式等转换而改变了自身的存在形式，其原始性便难以得到确认。因此，从收集、积累开始，就应该为每一份电子文件建立必要的记录制度，准确地记录电子文件的形成、管理和使用等情况。由于电子文件从形成、处理到保管的全过程都有真实记录可查，这就为我们鉴定电子文件的原始性和真实性提供了必要的条件和真实可靠的依据。因此，在电子文件管理系统的设计中，必须包括科学、准确的记录功能。

二、电子文件的管理方式

由于业务范围的不同，电子文件的种类和内容的差异是很大的，因此，不同的机关和单位对电子文件的管理方法不尽相同，但以下两方面应该是具有比较普遍地适用性的，下面简要地加以说明以供参考。

（一）实行统一管理

电子文件和纸质文件的分口管理可能造成两种文件内容和管理方法上的不一致，为日后的查找利用带来困难。《CAD电子文件光盘存储、归档与档案管理要求》以及《电子文件归档与管理规范》中都明确规定机构内部的电子文件、电子档案应该由文件、档案部门归口管理，机关文件、档案管理部门可以通过建立统一的管理系统，制定和推行统一的管理制度等措施，对本机关的电子文件实行统一管理、统一开发利用，这对于保证电子文件信息资源的完整安全、有效利用，降低管理成本以及文件流程与机关业务流程的协调运行，都有明显的优越性，同时对于机关文件、档案部门扩展职能，提升地位也会产生积极的影响。

（二）文档一体化管理

在计算机信息系统中，文件与档案的界限难以截然分清，电子文件的大量出现及其长久保存的需要将促使多年来提倡的文件、档案一体化管理进人实质性阶段。事实上，将电子文件和电子档案分而管之无论在理论上还是实践中都是难以成立的，在对电子文件的全程管理中，计算机软硬件的配置、网络和节点的规划、文件格式和数据库结构的确定以及索引的编制等都需要从文件形成阶段开始统筹设计，电子文件的归档、整理、鉴定、著录、生成元数据等档案管理性工作也需要在文件的形成或运转阶段进行，因此，电子文件管理选择文件、档案一体化模式是势在必行的。

第三节 电子文件的整理与归档

一、电子文件的整理

电子文件的整理，是指按照一定原则和方法，将电子文件分门别类组成电子档案的一项工作。电子文件的整理，应按年度、机构、问题、保管期限、秘级等因素相对集中，并填写电子文件登记表；归档的电子文件以盘为单位填写登记表首页。概括起来，电子文件的整理工作包括两个层次：一是进行分类、排序；二是建立数据库。

（一）分类、排序

分类、排序是将存储载体传递的零散的、杂乱的电子文件通过分类、标引、组合等，使电子文件存储格式处于一致有序状态。通常，这项工作应由归档人员来完成，归档以后，档案保管部门还要进行检查和系统地整理。如对电子文件的调整，目录和表格的编写、填写，电子文件的格式转换等一系列的加工整理工作。

（二）建立数据库

组建数据库的主要工作内容有：首先是对电子文件进行分类编号。一个单位的电子文件类别是多种多样的，对这些电子文件要进行分门别类的管理，就要进行科学的分类。要按门类划分的标准，结合本单位的专业和电子文件内容，制定本单位的分类方案。分类编号就是按照分类方案的规定对电子文件进行划分，并给每份电子文件一个固定的号码，从而使全部电子文件成为一个有机的排列有序的整体。其次对电子文件的登记。电子文件分类编号后，要建立检索文件，检索文件是对电子文件进行快速访问的有效工具。

二、电子文件的归档

（一）归档范围

电子文件归档是指电子文件的形成部门将加以保存价值的电子文件按照有关规定和要求向档案部门移交的过程，它标志着电子文件管理由其生成部门向档案部门的正式转移。而电子档案则是具有保存价值的已归档的电子文件及相应的支持软件、参数和其他相关数据。电子文件归档，不同于纸质文件归档。因为电子文件是数字化的，它的归档基本属于无纸形式，是在一定的技术环境下进行的，需要采取一系列技术保障措施，才能使归档的电子文件具有纸质档案的功能。因此，电子文件归档不能盲目地套用纸质文件归档的做法，必须按电子文件归档的工作程序和要求进行。电子文件的形成、承办、归档等工作应当由电子文件形成部门负责，档案保管部门予以指导监督，并对保管方法提出意见和建议。总之，整个过程既要有统一领导，明确分工，严格管理，还要有相互支持，才能保证电子文件及其归档后形成的电子档案具有原始性、真实性和完整性。

电子文件归档的范围，应首先参照国家关于文件归档的有关执行规定，并应包括相应的支持软件和相关数据。同时，结合电子文件的特点，应将反映机关主要职能活动、具有查考利用价值的电子文件，纳入归档范围。此外，还应从以下几个方面考虑收集相关材料：其一，电子文件具有软硬件依赖性，因而归档文件的支持软件及软件的文档、表达电子文件内容的基本格式及有关元数据都应属于归档范围。其二，目前，信息技术的应用并未涉及所有领域，在同一活动中，除电子文件外，有时还会生成其他形式的重要文件，如纸质文件、缩微胶片等，这些文件不同于由电子文件制作的拷贝件。为保持这些文件之间的历史联系，确保同一活动中形成的档案信息的完整性，需要将这些文件作数字化处理，作为电子文件归档和保存。其三，电子计算机的软硬件环境，表达电子文件内容的基本格式及有关元数据等也必须列入归档范围。

（二）归档方式

电子文件的归档方式有两种：

1. 逻辑归档

逻辑归档是指在计算机网络上进行，不改变原存储方式和位置而实现的电子文件向档案部门移交的过程。也就是说，文件形成部门仅将存储归档电子文件的逻辑地址通知档案部门，使档案部门能够通过网络直接查阅该电子文件。逻辑归档后的档案信息可以全部在网络中显示和检索利用，电子文件生成在什么位置，归档后的物理位置仍保持不变。逻辑归档有助于充分利用机构内部的网络资源，实现信息共享。

2. 物理归档

物理归档是把计算机及其网络上的电子文件集中传输至独立的或可脱机保存的载体上，向档案部门移交的过程。物理归档的方式又可以区分为以网络传输方式归档和以介质传递方式归档两种。网络归档是指将归档电子文件通过网络直接传输到档案部门，或加工后传输到档案部门规定的地址中，并存储在档案部门本地载体的过程，也称在线式归档。介质归档是指将电子文件存储在一定的介质上移交给档案部门，也称卸载式归档。物理归档，可以实现电子文件的集中管理，保证电子文件的安全性。

(三)归档时间

按归档方式的不同，电子文件的归档时间要求亦不相同。一般要求是：逻辑归档可实时进行，以免发生失控；物理归档应按照纸制文件的归档要求定期完成，视情况或在次年的年初归档，或在项目完成之后归档。

(四)归档要求

归档的电子文件首先应齐全完整。凡是归档范围内的文件均应及时向档案部门移交。尤其应注意相关电子文件的支持软件和管理数据的收集。

其次，归档的电子文件应真实有效。如文本文件应是最后定稿，图形文件如经更改，应将最新版本及更改记录予以归档，各种文件的草稿、定稿根据需要决定是否归档。有条件的机构应采用电子文件签署技术，以便确认电子文件的有效性。

再次，备份归档。电子文件在长期保存过程中可能会出现读取的错误，所以，归档的电子文件一般要求有一式两套脱机文件，其中一套封存，一套提供利用。必要时还可以一式三套，其中两套封存，异地保管。这样可以提高其安全性和可靠性。

(五)归档手续

电子文件经过整理和鉴定以后，应按有关规定移交至档案管理部门。移交时，移交双方应履行验收手续，验收合格后，档案管理部门应填写档案验收检验登记表，并签字盖章。登记表一式两份，一份交电子文件形成单位，一份自存。

电子档案接收检验登记表

接收单位	
外观检验	
病毒检验	
有效性检验	
完整性检验	
登记表、软件、说明资料检验	

填表人（签名） 年 月 日

审核人（签名） 年 月 日

接收单位（盖章） 年 月 日

第十六章　归档文件整理规则

第一节　实行立卷改革的意义

一、颁布《归档文件整理规则》的意义

何为立卷？立卷也叫“组卷”，是指在件办理完毕后，经过系统整理进行归档保存。公文立卷既能真实地反映机关职能活动的整体面貌，同时也方便日后的查找和利用，并为档案的利用和查考奠定基础。在我国，传统上是以案卷为文书档案的基本保管单位，以立卷为归档文件材料的整理方法。所以说，立卷就是将零散的文件材料按照其在形成过程中的相互联系和特征，以及不同的保存价值分类组成案卷。

早在1956年国务院颁发的《关于加强国家档案工作的决定》中就要求：“各级机关的档案材料（包括机关的收发文电、内部文书、会议记录、电话记录、技术文件、出版物原件、印模、照片、影片、录音等），应该由机关的档案业务机构—档案室—集中管理，不得由承办单位或个人分散保存。”要“全面推行文书处理部门立卷，以建立统一的归档制度”。

在1983年颁布的《机关档案工作条例》中，则对归档制度作出了明确的规定：“机关应建立健全文件材料的归档制度。凡机关工作活动中形成的具有保存价值的文件材料（包括党、政、工、团以及人事、保卫、财会等工作中形成的文件材料），均由文书部门或业务部门进行整理、立卷，并定期向档案部门归档。机关领导人和承办人员办理完毕的文件材料应及时交有关部门整理立卷。”

1987年，国家档案局颁布了《机关档案工作业务建设规范》，正式确定了立卷是机关档案室归档文件的规范整理方法，并在全国范围内对这一方法加以

推广和普及。

新修订的《档案法》及其《实施办法》中也对此作出了规定："对国家规定的应当归档的文件材料，必须按照规定，定期向本单位的档案机构或者档案工作人员移交，集中管理，任何个人不得据为已有。按照国家档案局关于文件材料归档的规定，应当归档的文件材料要由各单位的文书或业务机构收集齐全，并进行整理，定期交本单位档案机构或者档案工作人员集中管理；任何人都不得据为已有或者拒绝归档。"从而把归档制度以法律条文的形式固定下来，使归档制度有了法律保证。

应当承认，传统的立卷方法对我国档案的保存和利用的确发挥过重要的作用。

但是，多年的实践证明，传统的立卷方法，手续繁琐，过程复杂，且主观随意性较大，因此案卷质量很难保证，加之立卷的工作量大，加重了立卷人员和档案人员的工作负担，这就使许多单位无法真正完成公文工作，使立卷制度在某种程度上成为空谈。这既降低了机关档案工作的效率，同时也影响了档案事业的发展。

另一方面，随着我国档案事业的发展和档案工作外部环境的变化，档案工作已经开始了由封闭型向开放型、由被动服务向主动服务的转变，传统思维模式被打破，人们开始认识到归档文件的整理形式应从便于档案利用的角度来进行，所以，改革传统的立卷方式就成为各级机关档案工作人员的共识和普遍要求。

2000 年 12 月 6 日，中华人民共和国档案行业标准《归档文件整理规则》正式颁布实施。《规则》由国家档案局档案馆（室）司起草，由国家档案局提出并归口。它从改革我国传统的公文立卷归档的方法出发，为适应档案管理现代化的需要，规范归档文件的整理方法，提高工作效率，对归档文件整理的原则和具体方法作出了规定，提出了完全不同于传统立卷方法的"文件级"整理方法，为归档文件整理工作提供了技术依据，是我国机关档案工作改革的一项重大举措。

2015 年 10 月 25 日，国家档案局发布了新的档案行业标准《归档文件整理规则》（DA/T 22—2015）（代替 DA/T 22—2000），经全国档案工作标准化技术委员会审查通过，由国家档案局批准为推荐性行业标准，并于 2016 年 6 月 1 日开始实施。新《规则》对档案文件的整理规则做出了新的调整和规定。

综上所述，《归档文件整理规则》颁布具有十分重要的意义：

（一）可以缓解机关公文档案工作的压力，为机关公文档案工作的发展提供保障。

《归档文件整理规则》以“简化整理、深化检索”为宗旨，对原有的通过“立卷”来进行归档的文件整理方法进行了改革，实行文件级整理，这就大幅度地简化了原来立卷整理工作中的大量手工劳动，免除了繁琐、复杂的组卷过程。比如，《规则》在界定“件”的概念时，正是考虑到文件检索的需要和减轻文件整理工作压力的需要，确定了归档时将文件正本与定稿（包括法律法规等重要文件的历次修改稿）定为一件，转发文与被转发文为一件的整理方法。再如，《规则》中对档案盒的项目设置也有了较大变化，封面只设“全宗名称”项，取消了原类目名称、案卷题名、起止时间、保管期限、全宗号、目录号、案卷号等项目，并根据需要在盒脊或底边设置了“全宗号、年度、保管期限、起止件号、盒号”等各项。正是通过对上述诸多环节的调整，使新的归卷方法更加简便，更容易操作。这样，不仅减轻了公文档案工作人员的工作量，使其从繁琐的事务中解脱出来，同时又提高了归卷的质量。

（二）《规则》兼顾了档案现代化的管理方式和传统的手工管理方式的不同，使其具有更广泛的适用范围和更实际的指导意义

《规则》从我国的实际情况出发，既考虑到计算机技术对档案管理现代化的重要意义，同时又兼顾了目前我国机关的文书档案工作全面普及计算机管理的实际情况，使《规则》的制定在立足适应现代化管理需要的前提下，既兼顾了过去手工管理的历史，又体现出信息化时代的特点，这就大大增加了《规则》的适用范围及其前沿性。各级、各类机关在遵循《规则》基本原则的前提下，可根据各自的实际情况采取切实可行的做法。当然，随着文书档案工作的进一步发展，随着机关办公自动化进程的不断加快，计算机技术已普遍地应用于文书档案管理领域，因此，过去手工管理条件下即便是比较成熟的标准和做法也已经明显落后于时代的要求，这就要求我们尽快适应形势的需要，全面实现公文档案管理工作的现代化。

（三）进一步明确了机关公文档案工作的职能，提高了归档文件的利用效率

《规则》推行文件级管理的方法，改变了传统的归档文件的整理方法，不仅从人力、物力、财力上为机关减轻了负担，同时也使机关公文档案工作的职能更加明确，使归档文件的利用效率得到了有效的提高，从而使其更好地为机关的各项工作服务。因为传统的立卷方法过程比较繁复，检索层次多，这不仅增加了机关的人力、物力和财力，而且繁琐的立卷过程也使机关公文档案工作的职能交叉、重复，同时也影响档案的利用效率。因此，采用适宜的科学的归

档文件整理方法，不仅可使机关公文档案的工作职则更加明确，而且可为归档文件的检索利用提供便利，并为发展档案事业打下良好的基础。

（四）推进了档案管理现代化的进程

档案管理现代化是我国档案工作面临的一场重大变革，如何适应档案管理现代化发展的需要，对传统的档案管理技术和方法进行改革，为档案管理创造出良好的环境和条件，是档案界面临的重大课题。《规则》提出的文件级整理方法，并且将这一方法与文档一体化相互配合，既简化了文件整理归档工作的程序，又能够进一步理顺公文处理和档案管理两个环节之间的关系，提高工作效率，并使计算机技术能够有条件得以运用和发挥，为互联网时代下全面推进档案事为打下基础。

二、归档文件的整理原则

传统立卷原则规定，文书立卷要“按照机关活动的规律，保持文件之间的共同联系，反映机关工作的面貌，方便保管和利用”。《规则》中提出归档文件的整理原则是：“遵循文件的形成规律，保持文件之间的有机联系，区分不同价值，便于保管和利用。”二者相比较，其内涵是基本一致的，这说明归档文件整理的基本规律是客观存在的。文件整理归档的目的，就是将机关职能活动中形成的、能反映出机关基本职能活动面貌的文件材料保存下来，以便今后的查考和利用。

这一原则的基本点是：

（一）遵循文件的形成规律，保持文件之间的有机联系

文件在形成过程中总有一个自然过程，如发文的原因，文件形成的先后顺序、前后衔接、相应的程序等，这个过程反映了文件的来龙去脉，体现了它们之间不可分割的联系。如围绕一项工作、一次会议所形成的文件，就是一个不可分割的整体，整理时就不宜将其分散、打乱。文件之间的这种联系既能反映出机关职能活动的历史面貌，同时也为文件的检索提供了线索。因此，进行归档文件整理工作，必须遵循文件的形成规律，保持文件之间的有机联系。比如，在具体操作上，《规则》在实体分类时，将归档文件按照不同年度、不同机构（问题）等形成中的客观规律进行相对集中，维护不同文件之间的有机联系；在最低一级类目内排列文件时，强调了“事由原则”，即将同一事由形成的文件排列在一起，使文件间的有机联系得以充分体现。

（二）区分不同价值，便于保管和利用

正确区分归档文件的不同价值，便于保管和利用，这是归档文件整理最基本的原则。文件的价值也就是日后对文件的查考利用价值。区分文件的不同价

值，就是在对归档文件整理时，依照《机关档案归档与不归档范围》和文书档案保管期限的规定，区分归档范围内不同文件的价值，划定不同保管期限。机关工作活动中所形成的文件，来源不同，种类多样，文件的重要程度也不一致，有的要长期使用，有的只需短期查考。如不加以区别，同样对待，就不符合归档文件整理的要求，不仅会造成工作的繁复，而且将来利用起来也非常麻烦。因此，通过将不同价值的文件区别整理，可以合理使用人力、物力、财力和时间，同时不同价值的文件经过整理后相对集中，为日后档案室进行保管利用，也提供了方便。

（三）符合文档一体化管理要求，便于计算机管理或计算机辅助管理

文档一体化管理即从文书管理和档案管理的连续性和整体性出发，实现从文件生成到归档管理的全过程控制。在这一过程中，全面应用计算机技术，并按照统一的规则和标准实现对文书处理和档案管理信息的收集、存储、整理、传输，可以实现机关工作的高效化和有序化，减少重复劳动，保证归档文件的齐全和完整。新《规则》增添了此条规则，要求我们在实际的整理工作中遵循文件的形成规律和计算机辅助档案管理的发展趋势，促进办公自动化的实现和档案信息资源的开发、利用，实现更多的社会效益和经济效益。

（四）保证纸质文件和电子文件整理协调统一

传统办公模式的改变，要求我们从公文的产生到保管、利用的全过程都需要计算机和网络技术的应用，但是由于网络安全、档案属性、电子文件的法律效力等问题，在办公过程中还需要要纸质文件和电子文件的长期共存。这就要求我们，在当下的整理工作中，改变传统的纸质文件归档整理模式，做到电子文件和纸质文件整理方法的科学、统一，保证档案工作各个环节的有序进行。

在我们掌握了归档文件归档文件整理的基本原则后，还应对这一原则中的基本概念加以明确，它是做好整理工作的必要前提。

（一）归档文件

《规则》中对这一概念界定是："立档单位在其职能活动中形成的、办理完毕、应作为文书档案保存的文件材料（包括纸质和电子文件材料）。"其中，"办理完毕"是指文件在文书处理程序上已经完成，而不是指文件本身在实际工作中是否还在发挥作用。比如，上级的决定，在经领导人批阅，或已传达贯彻，在公文处理程序上就已完毕；再如，一份通知收到后经过相关人员传阅，也算是办理完毕；而本机关的发文，文件印发后也就算办理完毕。另外，《规则》对适用的归档文件种类进行了限定，明确为纸质文书材料和电子文件材料。暂未涉及科技、会计等专门档案，以及声像等特殊载体档案的整理工作。

（二）整理

《规则》中对这一概念界定是："将归档文件以件为单位进行组件、分类、排列、编号等（纸质归档文件还包括修整、装订、编页、装盒、排架；电子文件还包括格式转换、元数据收集、归档数据包组织、存储等）使之有序化的过程。"这是与传统的"立卷"相对应提出的一个概念，明确了"以件为单位"的基本原则，并概述了归档文件整理工作的基本环节。

第二节　归档文件范围和价值的确定

一、确定归档文件的范围和归档时限

为了完整、系统地保存本单位在工作活动中形成的公文、电报、簿册、图表、书信、日记、录音、录像、盘片等各种门类和各种载体的档案，提高归档文件材料的质量，各机关事业单位应建立、健全文件材料的归档制度。国家档案局制定的《机关档案工作条例》和《机关文件材料归档和不归档的范围》等文件，对文件材料的归档范围和归档时限都作出了明确而具体的规定。

（一）归档范围

凡是反映本单位工作活动，具有查考利用价值的文件材料均属归档范围。一个单位应归档案的文件材料，主要有四个部分：

1. 上级单位的文件材料

包括上级召开的需要贯彻执行的会议的主要文件；上级颁发的属于本单位主管业务并要执行的文件以及普发的、非本单位主管业务但需要贯彻执行的法规性文件；党和国家领导人、人民代表、上级领导等视察本地区本单位工作时的重要指示、讲话、题词、片和有特殊保存价值的录音、录像等材料；代上级单位起草并被采用的文件的最后草稿和印本；上级单位转发本单位的文件（包括报纸、刊物转载）。

2. 本单位的文件材料

包括本单位各种会议的文件材料和各种声像资料；本单位颁发的各种正式文件的签发稿、印制稿，重要文件的修改稿；奉单位的请示与上级单位的批复文件；下级单位的请示与本单位的批复文件；本单位及其内部职能部门活动形成的工作计划/总结、报告；反映本单位业务活动和科学技术管理的专业文件材料；本单位检查下级单位工作、调查研究形成的重要文件材料；奉单位或本单位汇总的统计报表和统计分析资料（包括计算机盘片等）；本单位形成的财务报表、凭证、账簿、审计等文件材料；本单位领导人公务活动中形成的重要

文件、电报、电话记录，从外单位带回的与本单位有关的未经文书处理登记的文件材料；反映本单位历史沿革、人员编制等基本历史面貌方面的文件材料以及其他有保存价值的文件材料。

3. 同级单位和非隶属单位的文件材料

包括同级单位和非隶属单位颁发的非本单位主管业务但是需要执行的法规性文件；有关业务单位对本单位工作检查形成的重要文件；与本单位联系、协商工作的重要来往文件。

4. 下级单位的文件材料

包括下级单位报送的重要的工作计划、报告、总结、典型材料、统计报表、财务预算、决算等文件；直属单位报送的重要的科技文件材料；下级单位报送的法规性备案文件等。

《档案法》明文规定："国家规定不得归档的材料，禁止擅自归档。"根据有关规定，各单位不归档的文件材料也主要包括四个方面的内容：

1. 上级单位的文件材料

包括上级单位任免、奖惩非单位工作人员的文件，普发供参阅、不办的文件材料；上级单位发来供工作参考的抄件；上级单位征求意见未定稿的文件。

2. 本单位的文件材料

包括重份文件；无查考利用价值的事务性、临时性文件；未经会议讨论，未经领导审阅、签发的未生效文件、电报草稿，一般性文件的历次修改稿（重要法规性文件除外）、校对稿（主要领导人亲笔修改稿和负责人签字的最后定稿除外）；从正式文件、电报上摘录的供工作参阅的非证明材料；无特殊保存价值的信封，一般性表态、询问一般性问题、提出一般性建议或意见的人民来信；单位内部互相抄送的文件材料，不应履行公文的行文、介绍信等；本单位负责人兼任外单位职务形成的与本单位无关的文件材料；为参考目的从各方面收集的文件材料。

3. 同级单位和非隶属单位的文件材料

包括参加非主管单位召开的会议不需要贯彻执行和无查考价值的文件材料；非隶属单位抄送的不需要办理的文件材料。

4. 下级单位的文件材料

包括下级单位送来参阅的简报、情况反映、不应抄报或不必备案的文件材料；越级抄送的一般的、不需要办理的文件材料；下级机关抄报备案的一般性文件材料。

各单位应当根据《机关文件材料归档和不归档的范围》的精神，结合本单位实际情况，制定本单位、本系统文件材料归档和不归档的具体范围。

（二）归档时限

根据有关规定和实际需要，各单位文书机构或业务机构一般应在下一年度的第一季度向档案机构部门移交档案，交接双方对移交的各项内容加以确定，并履行签字手续。对于某些专门文件、特殊载体的文件或驻地分散的单位的文件，为了便于日常工作查考，也可适当延长归档时间。

二、归档文件保管期限的确定

归档文件保管期限的确定是进行归档文件整理工作的重要环节，这一环节主要包括两个方面的内容。首先，在机关文件归档时，对每一份文件能否转化为档案进行鉴定，确定其是否属于归档的范围，同时剔除没有保存价值的文件材料，也就是对应该归档的文件价值进行初步判定。其次，要对已确定归档范围的文件材料划分其保存期限。

那么，如何确定归档文件的保管期限呢？

确定归档文件保管期限的原则是要坚持辩证唯物主义和历史唯物主义和观点，正确分析和鉴别归档文件内容的现实作用和历史作用，根据本单位工作的需要和为国家积累历史文化财富的需要，注意文件之间的联系，考察文件的实际内容，全面地分析，准确地判定。

根据 1987 年国家档案局发布的《关于机关档案保管期限的规定》和《文书档案保管期限表》等有关规定，各单位文书档案的保管期限定为永久、长期和短期 3 种。长期为 16 年至 50 年左右，短期为 15 年以下。

（一）永久保管：凡是反映单位主要职能活动和基本历史面貌的，对本单位、国家建设和历史研究有长远利用价值的档案，列为永久保管。

主要包括：本单位制定的属于法规政策性的文件，处理重要问题形成的文件材料，召开重要会议的主要文件材料，重要的请示、报告、总结，综合统计报表，机构演变、单位领导人任免的文件材料；直属上级机关颁发的属于本单位主管业务并要贯彻执行的重要文件材料等。

（二）长期保管：凡是反映本单位一般工作活动在较长时间内对本单位工作有查考利用价值的文件材料，列为长期保管。

主要包括：本单位一般工作问题文件材料，各种普查工作形成的原始记录，一般会议的主要文件材料，人事管理工作形成的一般文件材料：直属上级机关颁发的属于本单位主管业务并需要贯彻执行的一般文件材料，下级单位报送的重要总结、报告和统计报表等文件材料；与国内外有关单位签订的有较长时效性的合同、协议书、协定等文件材料；外事活动中形成的一般文件材料；有上级机关或本机关领导人重要批示和处理结果的人民来信来访的文件材料等。

（三）短期保管：凡是在较短时间内对本单位有参考利用价值的文件材料，列为短期保管。

主要包括：本单位一般事务性的文件材料，上级单位和同级单位颁发的非本单位主管业务但要贯彻执行的文件材料，下级单位报送的一般工作总结、报告和统计报表等文件材料；重要会议文件中的小组会议记录、参考文件，会议服务机构的计划、总结；一般专业会议的典型材料、代表发言材料、简报；季度、月份的计划、规划；控制数字、统计报表；与国内外关单位签订的只具有短期时效性的合同、协定、协议书；机关之间协商工作的来往文书；没有处理结果的人民来信来访材料；上级机关、同级机关和非隶属机关制发的非本机关主管业务，但要贯彻执行的文件材料；下级机关报送的年度以下的总结、统计报表，一般专题报告和备案的材料等。

各单位应当依照《国家档案局关于机关档案保管期限的规定》和《文书档案保管期限表》以及有关的专门档案保管期限表等相关的法规文件，并结合本单位的实际情况，编制本单位或本系统的档案保管期限表，经本单位领导人审批后执行，并报同级档案行政管理部门备案。

2006 年 9 月 19 日，国家档案局印发了《机关文件材料归档范围和文书档案保管期限的规定》（以下简称《规定》），对机关文件材料的归档范围和档案保管期限的规定进行了修订。这次修订对归档文件的保管期限作了较大的改动，将原有的“永久”“长期”“短期”三种保管期限的划分方法改为“永久”和“定期”两种。

在永久保管的档案中，明确提出了房屋买卖、征用土地、资产登记、重要合同协议等法律凭证性文件材料也属于永久保管。定期保管的文件再实行标时法，根据文件发挥效用的时间长短，保管期限分为 30 年和 15 年两个档次，改变了过去比较模糊的划分方法。明确规定归档文件的保管期限，更方便单位档案部门对到期的定期档案及时地进行价值鉴定，可以有效地减少工作压力，节省人力物力财力，更好更快地为社会提供利用。

《规定》中，把机关文件材料归档范围和档案保管期限表的备案制改为审批制。各单位制定的文件材料归档范围和档案保管期限表，要报同级档案行政管理部门审批，不再是以前的备案。

2015 年 10 月 25 日，国家档案局新颁布的《归档文件整理规则》中对归档文件保管期限的划分亦承袭《规定》中的方法，将保管期限设定为永久、定期 30 年、定期 10 年，分别以代码“Y”“D30”“D10”标识。

机关事业单位应定期对已超过保管期限的档案进行鉴定。鉴定档案必须在单位分管负责人的主持下，由档案机构和有关业务机构人员共同组成鉴定小组，按规定进行。鉴定工作结束后，应提出工作报告，对确无保存价值的档案进行登记造册，经单位分管负责人批准后销毁。销毁档案，应按规定进行。

第三节　归档文件整理工作的组织

一、确定归档文件整理工作的组织形式

归档文件整理工作既是公文处理工作的最后一个环节，也是档案管理工作的开始，它直接关系到归档文件的安全保管和有效利用。因此，归档文件的整理工作涉及机关形成文件的各个部门，只有进行周密地组织和有效地监督，才能保证这项工作高质高效地完成。

（一）归档文件整理工作部门的确定

一个立档单位如何选择和确定归档文件整理工作的部门，一般应与机关文书处理工作的组织形式相适应，根据本机关的实际情况，把整理环节设在最能掌握文件材料的形成和处理情况的地方。只有这样，才能保证归档文件材料的齐全和完整，便于保管和利用。

长期以来，文书部门立卷制度是我国机关文书工作中实行的一项基本制度。

实行文书部门立卷制度，是相对于档案部门立卷而言的。所谓文书部门立卷，就是由机关文书部门或业务部门的专职或兼职的文书工作人员负责立卷工作。在我国，确立和推行文书部门立卷制度，曾经历了一个发展变化的历程。建国初期，这项工作是由承办人将单份公文随办完随归档，然后由档案室负责立卷。但由于档案室对机关各个部门的业务及公文处理过程中的具体情况并不熟悉了解，不容易把握公文之间的相互联系，很难保证立卷的质量。1955 年 1 月发布的《中国共产党中央和省（市）级机关文书处理工作和档案工作条例》明文提出了实行文书处理部门或文书工作人员立卷制度，1954 年 12 月在党的第一次全国档案工作会议上，确立了文书部门立卷制度。但在当时，这项规定还只是在少数机关实行，大多数机关仍然是采用老的办法，“随办随归”，或是办完之后堆积起来，到时候就将成堆的文件送档案室清理立卷。1956 年 4 月，在周总理的主持下，国务院作出了《关于加强国家档案工作的决定》，其中明确指出：“全面推文书处理部门立卷，以建立统一的归档制度，各机关办完的文件材料，应该由文书处理部门整理立卷，定期向机关档案室归档，改变把零散文件随办随归档和成堆归档的错误做法。”为贯彻国务院的决定，1956 年 12 月，第一次全国档案工作会议召开，制定了《国家机关文书立卷工作和档案室

工作暂行通则》，使文书立卷制度在我国正式确立。1981 年 2 月国务院办公厅发布的《国家行政机关公文处理暂行办法》中规定：“公文办理完毕后，承办人员应当根据文书立卷的要求，把公文原稿和有关材料整理好送交文书部门或者主管人员清理立卷。”1987 年 2 月，国办公厅发布的《国家行政机关公文处理办法》又明确规定：“公文办完后，应根据文书立卷、归档的有关规定，及时将公文定稿、正本和有关材料整理立卷。”“立好的案卷，应按照有关规定定期向档案部门移交，个人不得保存应存档的公文。”1993 年 11 月，国务院办公厅重新修订了《国家行政机关公文处理办法》，其中规定：公文办完后，应按照《档案法》和有关规定，及时将公文定稿、正本和有关材料整理立卷。文电统一立卷。2001 年 8 月，国务院发布的新《办法》进一步重申了对办理完毕的公文要及时整理、归档的要求。

2012 年，中共中央办公厅、国务院办公厅发布了《党政机关公文处理条例》，对党政机关公文工作进一步作出了相应的规定。

应当说，实行文书部门立卷制度，在保证立卷质量和效率等方面，的确发挥了非常重要的作用。

当前在简化文件整理，改革文书立卷方法的前提下，由文书部门承担归档文件的整理工作是应该坚持的。

（二）实行文书部门整理的优点

第一，便于明确区分文书工作与档案工作的界限。两者虽都为机关领导工作和职能工作服务，但发挥的效用是有所区别的。文书工作是传达机关意图、进行公务联系的手段；而档案工作主要是为机关工作提供查考和利用。

第二，文书人员熟悉文书处理的全过程，参与了文书的撰拟、审核、处理、承办等环节，对文件的形成和处理情况十分熟悉和了解，由文书部门进行整理，可以发挥文书人员熟悉文书办理情况的优势，可以确保应归档文件的齐全完整，利于保持归档文件之间的联系，利于正确区分归档文件的不同保存价值。

第三，由文书部门集中保管当年的文件，便于平时调阅，也便于平时文件的收集。

第四，利于档案工作的开展。

二、归档文件整理地点的选择

（一）确定整理地点的基本原则

地点的选择是说将整理工作放在机关的哪一层机构、由谁来负责的问题。由文书部门进行整理，并不是说所有的文书承办部门和人员都要进行此项工作。机关的设置情况、人员构成等情况各不相同，因此，整理地点的选择，应以提高文件整理的质量为目的，根据各机关的不同情况来确定。那么，如何选择归档文件整理的地点呢？

总的原则应该是把整理地点设在最掌握文件形成和处理情况的地方。从便于平时文件的整理，保证整理工作的质量，节省人力和时间，提高机关工作效率的前提出发，根据各个机关的具体情况，一般可从以下几个方面进行综合考虑，权衡利弊，选择最佳方案，确定整理工作的地点。

确定整理地点应考虑的基本因素：

第一，机构的设置情况，如机关的大小，机构层次的多少。

第二，文书工作人员的数量和配备情况。

第三，文件数量的多少。

第四，机关或组织单位的业务性质。

第五，文书人员对业务的熟悉程度。

第六，机关的驻地状况。

（二）整理地点的确定

对以上各主要因素综合考虑后，一般说来，各机关单件对整理地点可作以下不同选择：

一是那些比较小的机关或基层单位，由于它们内部的组织机构比较简单，工作人员的数量也不多，而且办公地点又相对集中，且每年形成的文件数量不大，可以考虑由机关的办公室（秘书室）负责进行整理。

二是中等机关或大机关，一般有两层以上的组织机构，可根据驻地、业务分工、文件数量、文书工作组织等方面的情况采取或分散或部分集中部分分散的方法。

三是一些组织机关的业务具有特殊性，如财会、人事、保卫等部门，可以考虑由他们自己单独进行整理，然后向档案室归档。

第四节　归档文件的整理

一、归档文件的整理单位和质量要求

（一）整理单位

《规则》规定，将归档文件以件为单位进行文件级整理，件成为归档文件的基本整理单位。归档文件一般以每份文件为一件。正文、附件为一件；文件正本与定稿（包括法律法规等重要文件的历次修改稿）为一件；转发文与被转

发文为一件；原件与复制件为一件；正本与翻译本为一件；中文本与外文本为一件；报表、名册、图册等一册（本）为一件（作为文件附件时除外）；简报、周报等材料一期为一件；会议纪要、会议记录一般一次会议为一件，会议记录一年一本的，一本为一件；来文与复文（请示与批复、报告与批示、函与复函等）一般独立成件，也可为一件。有文件处理单或发文稿纸的，文件处理单或发文稿纸与相关文件为一件。

（二）件内文件排序

归档文件排序时，正文在前，附件在后；正本在前，定稿在后；转发文在前，被转发文在后；原件在前，复制件在后；不同文字的文本，无特殊规定的，汉文文本在前，少数民族文字文本在后；中文本在前，外文本在后；来文与复文作为一件时，复文在前，来文在后。有文件处理单或发文稿纸的，文件处理单在前，收文在后；正本在前，发文稿纸和定稿在后。

（三）质量要求

整理归档文件的质量要求是：

归档文件应齐全完整。已破损的文件应予修整，字迹模糊或易退变的文件应予复制。

修裱破损文件主要针对具有重要保存价值的归档文件，无需移交进馆的档案一般保持原貌即可。复制字迹模糊或易退变的文件，通常是指对以纯蓝墨水、红墨水、复写纸、圆珠笔、印台油、铅笔等字迹材料制成的文件材料以及传真件进行复印。对超大纸张按照国际标准的A4型进行折叠，文件页数较多的，宜单张折叠，以方便文件归档后的查阅利用。整理归档文件所使用的书写材料、纸张、装订材料等应符合档案保护要求。在具体选择装订方式和用品时要考虑以下几个方面：材质符合档案保护要求，装订方式能较好维护文件的原始面貌，成本低廉，简便易用。

二、归档纸质文件的整理要求

（一）分类与排列

1. 分类

归档单位应对归档文件进行科学分类，同一全宗应保持分类方案的一致性和稳定性。归档文件一般采用年度—机构（问题）—保管期限、年度—保管期限—机构（问题）等方法进行三级分类。同一全宗应保持分类方案的稳定。

（1）按年度分类

即按文件形成年度进行分类。这是目前运用得最广泛的分类方法。归档文件按年度特征分类，可以反映出一个机关单位每年工作的特点面貌以及历年发展变化的情况，并且同现行机关以年度为单位将文件整理归档的制度相吻合。

但应注意，运用年度分类法时，能否正确地判定文件的日期并归入相应年度，是决定分类质量的关键。这里有几种情况需要注意：

一份文件往往有多个时间特征，如成文日期、签发日期、批准日期、会议通过日期、公布日期、发文和收文日期等等。分年度时，跨年度一般来说应以文件签发日期为准，对于计划、总结、预算、统计报表、表彰先进以及法规性文件等内容涉及不同年度的文件，《规则》取消了原有的按针对年度归类的做法，统一规定为按文件签发日期判定文件所属年度。

召开会议、处理某一案件等等，可能会跨年度形成文件，那么跨年度形成的会议文件归入闭幕年。跨年度办理的文件归入办结年。当形成年度无法考证时，年度为其归档年度，并在附注项加以说明。

几份文件作为一件时，“件”的日期如何确定？《规则》规定，单份文件可作为一件，正本与定稿、原件与复制件、来文与复文等也可作为一件。这时判定“件”的日期，应以装订时排在前面的文件的日期为准。具体地说，正本与定稿为一件，以正本为准；正文与附件为一件，以正文为准；转发文与被转发文为一件，以转发文为准；来文与复文为一件，以复文为准。

有专门年度的文件，应按照专门年度进行分类。

（2）按保管期限分类

按保管期限分类是指将文件按划定的保管期限进行分类。采用保管期限分类法，能够正确区分不同价值的归档文件，为档案管理工作提供便利。

（3）按机构（问题）分类

按机构（问题）分类是指将文件按其形成或承办机构（问题）分类。

机构分类法——是根据文书处理阶段形成和处理文件的承办单位对归档文件分类，涉及多部门形成的归档文件。应归入文件主办部门。此种分类法能体现出全宗内文件在来源方面客观联系，从而反映出立档单位的历史面貌；同时由于每个机构都承担某方面的职能和任务，按机构分类在一定程度上集中反映了某一方面工作内容的文件，便于档案的查找和利用。

采用机构分类法时，一般来说，有一个机构就设置一个类，机构名称就是类的名称。各类的次序可按照本机关机构序列表的规定或习惯上的顺序来排列。一般是领导机构、综合性机构排在前面，再依次排列各业务部门。

问题分类法——是指按文件内容所说明的问题对归档文件进行分类。采用问题分类法，可以避免或减少同类问题文件分散的现象，便于按专题查找和利用档案。

但要注意，采用问题分类法不能主观随意，类目体系应合乎逻辑。

在实际工作中，当归档文件数量较多时，分类工作需要分层进行，单纯采用一种分类方法的情况是比较少见的，较多的是将几种分类方法结合使用，《规则》提供的年度、保管期限、机构（问题）3 种分类方法，可以组合成多种复式分类法。采用复式分类法时，其中的年度、保管期限是必选项，机构（问题）一般为选择项，例如，可采用“年度—机构（问题）—保管期限”“保管期限—年度—机构（问题）”、机构—年度—保管期限、年度—问题—保管期限、保管期限—年度—问题、问题—年度—保管期限、年度—保管期限、保管期限—年度分类法等各种不同的分类方法。但是规模较小或公文办理程序不适于按机构（问题）分类的立档单位，可以采取年度—保管期限等方法进行两级分类。

分类方案是进行分类工作的基本依据，应保持相对稳定，以使分类体系具有连续性，便于查找和利用。

2. 排列

通过排列可使归档文件进一步系统化。归档文件应在分类方案的最低一级类目内，根据一定的方法确定归档文件先后次序，按事由结合时间、重要程度等排列。会议文件、统计报表等成套性文件可集中排列。

按事由排列，即将同一事由的相关文件排列在一起。事由可以是指一项具体的工作，也可以是一个具体的问题。按事由排列归档文件，遵循了文件的形成规律，能够保持文件之间的有机联系，充分体现文件的价值，客观地反映出这些文件之间的内在观联系，方便检索和利用。当然，事由排列方法可以有较大的灵活性，在尺度的把握上应综合考虑文件办理的各方面情况，本着便于整理和利用的原则科学地加以掌握。

具体的操作上，对同一事由文件的排列，可按文件形成时间的先后顺序进行，或者按文件的重要程度排列。不同事由间的归档文件排列可以有多种方法，如按时间排列，只要将不同事由的文件，按其办结时间的先后顺序排列就可以了，而不必过多考虑其他因素。这种方法比较容易掌握，适用于实行“随办随归”的机关和采用年终集中整理文件的机关。如按事由的重要程度排列，应将主要职能或重要活动形成的文件排在前面，

其他工作形成的文件材料排在后面，或将综合性工作形成的文件排在前面，具体业务工作形成的文件排在后面。如按责任者或承办部门分别集中排列，可以将不同处（室）形成的文件分别集中排列。

（二）编号与编目

1. 编号

归档文件编号是指将归档文件在全宗中的位置加以确定，并以归档章的形式在归档文件上注明。它是反映归档文件在全宗中的位置和固定归档文件的排列先后顺序的重要标识。

归档文件应依分类方案和排列顺序编写档号。档号编制应遵循唯一性、合理性、稳定性、扩充性、简单性原则。档号的结构宜为：全宗号－档案门类代码·年度－保管期限－机构（问题）代码－件号。上、下位代码之间用“-”连接，同一级代码之间用“·”隔开。如“Z109-WS·2011-Y-BGS-0001”。

档号应按以下要求编制

（1）全宗号

全宗号是档案馆对其接收范围内各立档单位所编制的代号，用4位数字或者字母与数字的结合标识，按照DA/T13－1994编制。填写此项是便于档案馆对各单位移交进馆的档案进行区别管理。实际工作中，全宗号往往由各级档案馆按照进馆计划给定，有些新组建单位或暂未列入档案馆接收计划的单位，可将此项空置，留待同级档案馆给定全宗号后再行填写。

（2）档案门类代码·年度

归档文件档案门类代码由“文书”2位汉语拼音首字母“WS”标识。年度为文件形成年度，以4位阿拉伯数字标注公元纪年，如“2013”。

（3）保管期限

保管期限是指在整理归档文件时，按照新颁布的《归档文件真理规则》等有关规定给归档文件划定的保管期限，填写保管期限时可直接采用代码的形式。永久、定期30年、定期10年的代码分别为“Y、D30、D10”。

（4）机构（问题）代码：机构（问题）代码采用3位汉语拼音字母或阿拉伯数字标识，如办公室代码“BGS”等。归档文件未按照机构（问题）分类的，应省略机构（问题）代码。

（5）件号

件号是指单件归档文件在分类方案最低一级类目内的排列顺序号，用4位阿拉伯数字标识，不足4位的，前面用“0”补足，如“0032”

当然，实际中各单位的档案部门也可以根据需要设置其他一些选择项目。

2. 盖章

以上我们对编号项目作了说明，在编号项目确定后，应以归档章的形式逐件标识，在每一件归档文件上，以明确归档文件在全宗中的位置。

归档章应将档号的组成部分，即全宗号、年度、保管期限、件号以及页数作为必备项目，机构（问题）可以作为选择项目。归档章中全宗号、年度、保管期限、件号、机构（问题）按照档号的编制方法进行编制，页数用阿拉伯数字标识。为便于识记，归档章保管期限也可以使用“永久”“30年”“10年”简称标识，机构（问题）也可以用“办公室”等规范化简称标识。

填写归档章项目时应使用符合档案保护要求的字迹材料，也可使用打号机打号。

归档章一般应加盖在归档文件首页上端的空白位置，并填写相关项目。电子文件可以由系统生成归档章样式或以条形码等其他形式在归档文件上进行标识。

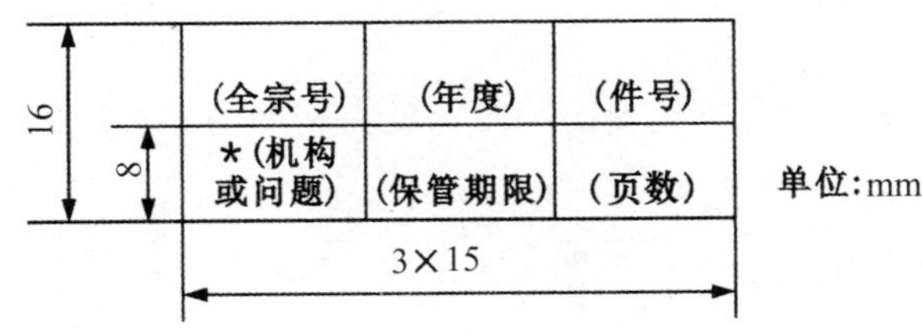

归档章式样

3. 编目

编目是指编制归档文件的目录。编目可以反映全宗内归档文件的内容体系，为档案的保管、鉴定、检索和利用等方面提供便利。按照《规则》的规定，“归档文件应依据档号顺序编制归档文件目录”，也就是说，编目应系统、全面地揭示归档文件的全貌。同时，应注意，编目时以件为单位逐件编目，来文与复文作为一件时，只对复文进行编目。

编目的项目包括序号、档号、文号、责任者、题名、日期、密级、页数和备注等，它们是由不同条目按照一定的体系和方法排列而成的，因此进行归档文件整理时，填写目录项目一定要仔细、全面、准确，不能马虎草率。

以下简要介绍各项目的具体编写要求。

（1）序号

填写归档文件顺序号

（2）档号

按照编号规则中对档号的编制要求进行编制。

(3) 文号

文号即发文的字号。填写文号项时应照实抄录，否则将给查找和利用带来困难。

(4) 责任者

责任者是指制发文件的组织或个人，也就是文件的发文机关或署名者。填写责任者一项时一般应注意使用全称或规范化简称，

(5) 题名

题名即文件标题。一般情况下，填写题名项应照实抄录。有的文件没有标题或标题不能规范的，应根据文件内容重新拟写标题，外加“[ ]”号。

(6) 日期

日期即文件的形成时间，以国际标准日期表示法标注年月日，如20001001。

(7) 密级

文件密级按文件实际标注情况填写，没有密级的，不用标识。

(8) 页数

页数一项填写每一件文件的页数。应填写文件中有图文的一页，空白页不计。

(9) 备注

备注项用于填写归档文件需要补充和说明的情况，包括密级、缺损、修改、补充、移出、销毁等等。

归档文件目录推荐由系统生成或使用电子表格进行编制，对以上归档文件目录的各项内容的填写应注意使用符合档案保护要求的字迹材料，用纸幅面尺寸采用国际标准A4型（长×宽为297mm×210mm)，除保存电子版本外，还应打印装订成册并编制封面。

归档文件目录封面的格式应与目录的编制方式一致，设置全宗号、全宗名称、年度、保管期限、机构（问题）等项目。其中全宗名称应使用全称或规范化简称，其他项目根据目录编制成册的具体方式选择设置并填写。归档文件目录可以按年装订成册，也可每年区分保管期限装订成册。

归档文件目录

件号	责任者	文号	题　名	日期	页数	备注

归档文件目录封面式样

归 档 文 件 目 录

*全 宗 号__________

*全宗名称__________

*年　　度__________

*保管期限__________

*机　　构
（问题）__________

（三）修整和装订

1. 修整

在对纸质归档文件进行装订前应对不符合要求的文件材料进行修整。另外，归档文件应按照保管期限要求去除易锈蚀、易氧化的金属或塑料装订用品，以免对文件本身造成伤害。修整文件时，应做到既方便保管，便于利用，又不至于毁坏归档文件。

2. 装订

归档文件一般以件为单位装订。归档文件装订应牢固、安全、简便，做到文件不损页、不倒页、不压字，装订后文件平整，有利于归档文件的保护和管理。装订应尽量减少对归档文件本身的影响，原装订方式符合要求的，应维持不变。

应根据归档文件保管期限确定装订方式，装订材料与保管期限要求相匹配。为便于管理，相同期限的归档文件装订方式应尽量保持一致，不同期限的装订方式应相对统一。

用于装订的材料，不能包含或产生可能损害归档文件的物质。不使用回形针、大头针、燕尾夹、热熔胶、办公胶水、装订夹条、塑料封等装订材料进行装订。

永久保管的归档文件，宜采取线装法装订。页数较少的使用直角装订（见附录 3）或缝纫机轧边装订，文件较厚的使用“三孔一线”装订。永久保管的归档文件，使用不锈钢订书钉或糨糊装订的，装订材料应满足归档文件长期保存的需要。

永久保管的归档文件，不使用不锈钢夹或封套装订。

定期保管的、需要向综合档案馆移交的归档文件，装订方式应按照永久保管的归档文件的装订方式进行装订。定期保管的、不需要向综合档案馆移交的归档文件，装订方式可以执行永久保管的归档文件的装订方式，也可以使用不锈钢夹或封套装订。

（四）编页、装盒和排架

1．编页

纸质归档文件一般应以件为单位编制页码。页码应逐页编制，宜分别标注在文件正面右上角或背面左上角的空白位置。

文件材料已印制成册并编有页码的；拟编制页码与文件原有页码相同的，可以保持原有页码不变。

2．装盒

即将归档文件按顺序装入档案盒，并填写档案盒盒脊及备考表项目。要注意不同年度、机构（问题）、保管期限的归档文件不能装入同一个档案盒。

（1）档案盒

档案盒封面应标明全宗名称。档案盒的外形尺寸为 310mm × 220mm（长×宽），盒脊厚度可以根据需要设置为 20mm、30mm、40mm、50mm 等。

档案盒应根据摆放方式的不同，在盒脊或底边设置全宗号、年度、保管期限、起止件号、盒号等必备项，并可设置机构（问题）等选择项。其中，起止件号填写盒内第一件文件和最后一件文件的件号，起件号填写在上格，止件号填写在下格；盒号即档案盒的排列顺序号，按进馆要求在档案盒盒脊或底边编制。

档案盒应采用无酸纸制作。

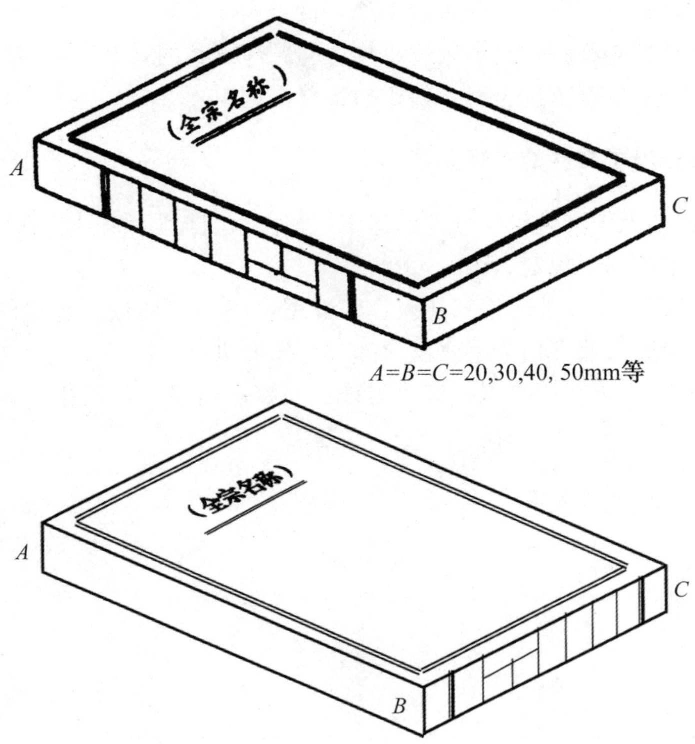

图 D1　档案盒封面式样及规格

档案盒盒脊式样：（见附录 3）

（2）备考表

备考表置于盒内文件之后，项目包括盒内文件情况说明、整理人、整理日期、检查人、检查日期

①盒内文件情况说明：填写盒内文件缺损、修改、补充、移出、销毁等情况。

②整理人：负责整理归档文件的人员签名或签章。

③整理日期：归档文件整理完成日期。

④检查人：负责检查归档文件整理质量的人员签名或签章。

⑤检查日期：归档文件检查完毕的日期。

备考表式样：（见附录 3）

3．排架

归档文件整理完毕装盒后，上架排列方法应与本单位归档文件分类方案一致，排架方法应避免频繁倒架。

归档文件按年度—机构（问题）—保管期限分类的，库房排架时，每年形成的档案按机构（问题）序列依次上架，便于实体管理。

归档文件按年度—保管期限—机构（问题）分类的，库房排架时，每年形成的档案按保管期限依次上架，便于档案移交进馆。

三、归档电子文件的整理要求

（一）归档电子文件组件（件的组织）、分类、排列、编号、编目，应符合新《规则》中的基本规定。

（二）归档电子文件的格式转换、元数据收集、归档数据包组织、存储等整理要求，参照《数字档案室建设指南》等标准执行。

（三）归档电子文件整理，应使用符合《数字档案室建设指南》等标准的应用系统。

附录1　党政机关公文处理工作条例

第一章　总则

第一条　为了适应中国共产党机关和国家行政机关（以下简称“党政机关”）工作需要，推进党政机关公文处理工作科学化、制度化、规范化，制定本条例。

第二条　本条例适用于各级党政机关公文处理工作。

第三条　党政机关公文是党政机关实施领导、履行职能、处理公务的具有特定效力和规范体式的文书，是传达贯彻党和国家方针政策，公布法规和规章，指导、布置和商洽工作，请示和答复问题，报告、通报和交流情况等的重要工具。

第四条　公文处理工作是指公文拟制、办理、管理等一系列相互关联、衔接有序的工作。

第五条　公文处理工作应当坚持实事求是、准确规范、精简高效、安全保密的原则。

第六条　各级党政机关应当高度重视公文处理工作，加强组织领导，强化队伍建设，设立文秘部门或者由专人负责公文处理工作。

第七条　各级党政机关办公厅（室）主管本机关的公文处理工作，并对下级机关的公文处理工作进行业务指导和督促检查。

第二章　公文种类

第八条　公文种类主要有：

（一）决议。适用于会议讨论通过的重大决策事项。

（二）决定。适用于对重要事项作出决策和部署、奖惩有关单位和人员、变更或者撤销下级机关不适当的决定事项。

（三）命令（令）。适用于公布行政法规和规章、宣布施行重大强制性措施、批准授予和晋升衔级、嘉奖有关单位和人员。

（四）公报。适用于公布重要决定或者重大事项。

（五）公告。适用于向国内外宣布重要事项或者法定事项。

（六）通告。适用于在一定范围内公布应当遵守或者周知的事项。

（七）意见。适用于对重要问题提出见解和处理办法。

（八）通知。适用于发布、传达要求下级机关执行和有关单位周知或者执行的事项，批转、转发公文。

（九）通报。适用于表彰先进、批评错误、传达重要精神和告知重要情况。

（十）报告。适用于向上级机关汇报工作、反映情况，回复上级机关的询问。

（十一）请示。适用于向上级机关请求指示、批准。

（十二）批复。适用于答复下级机关请示事项。

（十三）议案。适用于各级人民政府按照法律程序向同级人民代表大会或者人民代表大会常务委员会提请审议事项。

（十四）函。适用于不相隶属机关之间商洽工作、询问和答复问题、请求批准和答复审批事项。

（十五）纪要。适用于记载会议主要情况和议定事项。

第三章　公文格式

第九条　公文一般由份号、密级和保密期限、紧急程度、发文机关标志、发文字号、签发人、标题、主送机关、正文、附件说明、发文机关署名、成文日期、印章、附注、附件、抄送机关、印发机关和印发日期、页码等组成。

（一）份号。公文印制份数的顺序号。涉密公文应当标注份号。

（二）密级和保密期限。公文的秘密等级和保密的期限。涉密公文应当根据涉密程度分别标注“绝密”“机密”“秘密”和保密期限。

（三）紧急程度。公文送达和办理的时限要求。根据紧急程度，紧急公文应当分别标注“特急”“加急”，电报应当分别标注“特提”“特急”“加急”“平急”。

（四）发文机关标志。由发文机关全称或者规范化简称加“文件”二字组成，也可以使用发文机关全称或者规范化简称。联合行文时，发文机关标志可以并用联合发文机关名称，也可以单独用主办机关名称。

（五）发文字号。由发文机关代字、年份、发文顺序号组成。联合行文时，使用主办机关的发文字号。

（六）签发人。上行文应当标注签发人姓名。

（七）标题。由发文机关名称、事由和文种组成。

（八）主送机关。公文的主要受理机关，应当使用机关全称、规范化简称或者同类型机关统称。

（九）正文。公文的主体，用来表述公文的内容。

（十）附件说明。公文附件的顺序号和名称。

（十一）发文机关署名。署发文机关全称或者规范化简称。

（十二）成文日期。署会议通过或者发文机关负责人签发的日期。联合行文时，署最后签发机关负责人签发的日期。

（十三）印章。公文中有发文机关署名的，应当加盖发文机关印章，并与署名机关相符。有特定发文机关标志的普发性公文和电报可以不加盖印章。

（十四）附注。公文印发传达范围等需要说明的事项。

（十五）附件。公文正文的说明、补充或者参考资料。

（十六）抄送机关。除主送机关外需要执行或者知晓公文内容的其他机关，应当使用机关全称、规范化简称或者同类型机关统称。

（十七）印发机关和印发日期。公文的送印机关和送印日期。

第十条　公文的版式按照《党政机关公文格式》国家标准执行。

第十一条　公文使用的汉字、数字、外文字符、计量单位和标点符号等，按照有关国家标准和规定执行。民族自治地方的公文，可以并用汉字和当地通用的少数民族文字。

第十二条　公文用纸幅面采用国际标准 A4 型。特殊形式的公文用纸幅面，根据实际需要确定。

第四章　行文规则

第十三条　行文应当确有必要，讲求实效，注重针对性和可操作性。

第十四条　行文关系根据隶属关系和职权范围确定。一般不得越级行文，特殊情况需要越级行文的，应当同时抄送被越过的机关。

第十五条　向上级机关行文，应当遵循以下规则：

（一）原则上主送一个上级机关，根据需要同时抄送相关上级机关和同级机关，不抄送下级机关。

（二）党委、政府的部门向上级主管部门请示、报告重大事项，应当经本级党委、政府同意或者授权；属于部门职权范围内的事项应当直接报送上级主管部门。

（三）下级机关的请示事项，如需以本机关名义向上级机关请示，应当提出倾向性意见后上报，不得原文转报上级机关。

（四）请示应当一文一事。不得在报告等非请示性公文中夹带请示事项。

（五）除上级机关负责人直接交办事项外，不得以本机关名义向上级机关负责人报送公文，不得以本机关负责人名义向上级机关报送公文。

（六）受双重领导的机关向一个上级机关行文，必要时抄送另一个上级机关。

第十六条 向下级机关行文，应当遵循以下规则：

（一）主送受理机关，根据需要抄送相关机关。重要行文应当同时抄送发文机关的直接上级机关。

（二）党委、政府的办公厅（室）根据本级党委、政府授权，可以向下级党委、政府行文，其他部门和单位不得向下级党委、政府发布指令性公文或者在公文中向下级党委、政府提出指令性要求。需经政府审批的具体事项，经政府同意后可以由政府职能部门行文，文中须注明已经政府同意。

（三）党委、政府的部门在各自职权范围内可以向下级党委、政府的相关部门行文。

（四）涉及多个部门职权范围内的事务，部门之间未协商一致的，不得向下行文；擅自行文的，上级机关应当责令其纠正或者撤销。

（五）上级机关向受双重领导的下级机关行文，必要时抄送该下级机关的另一个上级机关。

第十七条 同级党政机关、党政机关与其他同级机关必要时可以联合行文。属于党委、政府各自职权范围内的工作，不得联合行文。党委、政府的部门依据职权可以相互行文。部门内设机构除办公厅（室）外不得对外正式行文。

第五章　公文拟制

第十八条 公文拟制包括公文的起草、审核、签发等程序。

第十九条 公文起草应当做到：

（一）符合国家法律法规和党的路线方针政策，完整准确体现发文机关意图，并同现行有关公文相衔接。

（二）一切从实际出发，分析问题实事求是，所提政策措施和办法切实可行。

（三）内容简洁，主题突出，观点鲜明，结构严谨，表述准确，文字精炼。

（四）文种正确，格式规范。

（五）深入调查研究，充分进行论证，广泛听取意见。

（六）公文涉及其他地区或者部门职权范围内的事项，起草单位必须征求相关地区或者部门意见，力求达成一致。

（七）机关负责人应当主持、指导重要公文起草工作。

第二十条 公文文稿签发前，应当由发文机关办公厅（室）进行审核。审核的重点是：

（一）行文理由是否充分，行文依据是否准确。

（二）内容是否符合国家法律法规和党的路线方针政策；是否完整准确体现发文机关意图；是否同现行有关公文相衔接；所提政策措施和办法是否切实可行。

（三）涉及有关地区或者部门职权范围内的事项是否经过充分协商并达成一致意见。

（四）文种是否正确，格式是否规范；人名、地名、时间、数字、段落顺序、引文等是否准确；文字、数字、计量单位和标点符号等用法是否规范。

（五）其他内容是否符合公文起草的有关要求。

需要发文机关审议的重要公文文稿，审议前由发文机关办公厅（室）进行初核。

第二十一条 经审核不宜发文的公文文稿，应当退回起草单位并说明理由；符合发文条件但内容需作进一步研究和修改的，由起草单位修改后重新报送。

第二十二条 公文应当经本机关负责人审批签发。重要公文和上行文由机关主要负责人签发。党委、政府的办公厅（室）根据党委、政府授权制发的公文，由受权机关主要负责人签发或者按照有关规定签发。签发人签发公文，应当签署意见、姓名和完整日期；圈阅或者签名的，视为同意。联合发文由所有联署机关的负责人会签。

第六章 公文办理

第二十三条 公文办理包括收文办理、发文办理和整理归档。

第二十四条 收文办理主要程序是：

（一）签收。对收到的公文应当逐件清点，核对无误后签字或者盖章，并注明签收时间。

（二）登记。对公文的主要信息和办理情况应当详细记载。

（三）初审。对收到的公文应当进行初审。初审的重点是：是否应当由本机关办理，是否符合行文规则，文种、格式是否符合要求，涉及其他地区或者部门职权范围内的事项是否已经协商、会签，是否符合公文起草的其他要求。经初审不符合规定的公文，应当及时退回来文单位并说明理由。

（四）承办。阅知性公文应当根据公文内容、要求和工作需要确定范围后分送。批办性公文应当提出拟办意见报本机关负责人批示或者转有关部门办理；需要两个以上部门办理的，应当明确主办部门。紧急公文应当明确办理时限。承办部门对交办的公文应当及时办理，有明确办理时限要求的应当在规定时限内办理完毕。

（五）传阅。根据领导批示和工作需要将公文及时送传阅对象阅知或者批示。办理公文传阅应当随时掌握公文去向，不得漏传、误传、延误。

（六）催办。及时了解掌握公文的办理进展情况，督促承办部门按期办结。紧急公文或者重要公文应当由专人负责催办。

（七）答复。公文的办理结果应当及时答复来文单位，并根据需要告知相关单位。

第二十五条　发文办理主要程序是：

（一）复核。已经发文机关负责人签批的公文，印发前应当对公文的审批手续、内容、文种、格式等进行复核；需作实质性修改的，应当报原签批人复审。

（二）登记。对复核后的公文，应当确定发文字号、分送范围和印制份数并详细记载。

（三）印制。公文印制必须确保质量和时效。涉密公文应当在符合保密要求的场所印制。

（四）核发。公文印制完毕，应当对公文的文字、格式和印刷质量进行检查后分发。

第二十六条　涉密公文应当通过机要交通、邮政机要通信、城市机要文件交换站或者收发件机关机要收发人员进行传递，通过密码电报或者符合国家保密规定的计算机信息系统进行传输。

第二十七条　需要归档的公文及有关材料，应当根据有关档案法律法规以及机关档案管理规定，及时收集齐全、整理归档。两个以上机关联合办理的公文，原件由主办机关归档，相关机关保存复制件。机关负责人兼任其他机关职务的，在履行所兼职务过程中形成的公文，由其兼职机关归档。

第二十八条 各级党政机关应当建立健全本机关公文管理制度，确保管理严格规范，充分发挥公文效用。

第二十九条 党政机关公文由文秘部门或者专人统一管理。设立党委（党组）的县级以上单位应当建立机要保密室和机要阅文室，并按照有关保密规定配备工作人员和必要的安全保密设施设备。

第三十条 公文确定密级前，应当按照拟定的密级先行采取保密措施。确定密级后，应当按照所定密级严格管理。绝密级公文应当由专人管理。公文的密级需要变更或者解除的，由原确定密级的机关或者其上级机关决定。

第三十一条 公文的印发传达范围应当按照发文机关的要求执行；需要变更的，应当经发文机关批准。涉密公文公开发布前应当履行解密程序。公开发布的时间、形式和渠道，由发文机关确定。经批准公开发布的公文，同发文机关正式印发的公文具有同等效力。

第三十二条 复制、汇编机密级、秘密级公文，应当符合有关规定并经本机关负责人批准。绝密级公文一般不得复制、汇编，确有工作需要的，应当经发文机关或者其上级机关批准。复制、汇编的公文视同原件管理。复制件应当加盖复制机关戳记。翻印件应当注明翻印的机关名称、日期。汇编本的密级按照编入公文的最高密级标注。汇编，确有工作需要的，应当经发文机关或者其上级机关批准。复制、汇编的公文视同原件管理。复制件应当加盖复制机关戳记。翻印件应当注明翻印的机关名称、日期。汇编本的密级按照编入公文的最高密级标注。

第三十三条 公文的撤销和废止，由发文机关、上级机关或者权力机关根据职权范围和有关法律法规决定。公文被撤销的，视为自始无效；公文被废止的，视为自废止之日起失效。

第三十四条 涉密公文应当按照发文机关的要求和有关规定进行清退或者销毁。

第三十五条 不具备归档和保存价值的公文，经批准后可以销毁。销毁涉密公文必须严格按照有关规定履行审批登记手续，确保不丢失、不漏销。个人不得私自销毁、留存涉密公文。

第三十六条 机关合并时，全部公文应当随之合并管理；机关撤销时，需要归档的公文经整理后按照有关规定移交档案管理部门。

工作人员离岗离职时，所在机关应当督促其将暂存、借用的公文按照有关规定移交、清退。

第三十七条 新设立的机关应当向本级党委、政府的办公厅（室）提出发文立户申请。经审查符合条件的，列为发文单位，机关合并或者撤销时，相应进行调整。

第七章　附　则

第三十八条　党政机关公文含电子公文。电子公文处理工作的具体办法另行制定。

第三十九条　法规、规章方面的公文，依照有关规定处理。外事方面的公文，依照外事主管部门的有关规定处理。第四十条其他机关和单位的公文处理工作，可以参照本条例执行。

第四十条　本条例由中共中央办公厅、国务院办公厅负责解释。

第四十一条　本条例自 2012 年 7 月 1 日起施行。1996 年 5 月 3 日中共中央办公厅发布的《中国共产党机关公文处理条例》和 2000 年 8 月 24 日国务院发布的《国家行政机关公文处理办法》停止执行。

二〇一二年四月十二日

附录 2　党政机关公文格式

（GB/T 9704—2012）

1. 范围

本标准规定了党政机关公文通用的纸张要求、排版和印制装订要求、公文格式各要素的编排规则，并给出了公文的式样。

本标准适用于各级党政机关制发的公文。其他机关和单位的公文可以参照执行。

使用少数民族文字印制的公文，其用纸、幅面尺寸及版面、印制等要求按照本标准执行，其余可以参照本标准并按照有关规定执行。

2. 规范性引用文件

下列文件对于本标准的应用是必不可少的。凡是注日期的引用文件，仅所注日期的版本适用于本标准。凡是不注日期的引用文件，其最新版本（包括所有的修改单）适用于本标准。

GB/T 148　印刷、书写和绘图纸幅面尺寸

GB 3100　国际单位制及其应用

GB 3101　有关量、单位和符号的一般原则

GB 3102（所有部分）　量和单位

GB/T 15834　标点符号用法

GB/T 15835　出版物上数字用法

3. 术语和定义

下列术语和定义适用于本标准。

3.1　字（word）

标示公文中横向距离的长度单位。在本标准中，一字指一个汉字宽度的距离。

3.2　行（line）

标示公文中纵向距离的长度单位。在本标准中，一行指一个汉字的高度加3号汉字高度的7/8的距离。

4. 公文用纸主要技术指标

公文用纸一般使用纸张定量为60g/m^2～80g/m^{2}的胶版印刷纸或复印纸。纸张白度80%～90%，横向耐折度≥15次，不透明度≥85%，pH值为7.5～9.5。

5. 公文用纸幅面尺寸及版面要求

5.1　幅面尺寸

公文用纸采用GB/T 148中规定的A4型纸，其成品幅面尺寸为：210mm×297mm。

5.2　版面

5.2.1　页边与版心尺寸

公文用纸天头（上白边）为37mm±1mm，公文用纸订口（左白边）为28mm±1mm，版心尺寸为156mm×225mm。

5.2.2　字体和字号

如无特殊说明，公文格式各要素一般用3号仿宋体字。特定情况可以作适当调整。

5.2.3　行数和字数

一般每面排22行，每行排28个字，并撑满版心。特定情况可以作适当调整。

5.2.4　文字的颜色

如无特殊说明，公文中文字的颜色均为黑色。

6. 印制装订要求

6.1　制版要求

版面干净无底灰，字迹清楚无断划，尺寸标准，版心不斜，误差不超过1mm。

6.2 印刷要求

双面印刷；页码套正，两面误差不超过 2mm。黑色油墨应当达到色谱所标 BL100%，红色油墨应当达到色谱所标 Y80%、M80%。印品着墨实、均匀；字面不花、不白、无断划。

6.3 装订要求

公文应当左侧装订，不掉页，两页页码之间误差不超过 4mm，裁切后的成品尺寸允许误差±2mm，四角成 90o，无毛茬或缺损。

骑马订或平订的公文应当：

a）订位为两钉外订眼距版面上下边缘各 70mm 处，允许误差±4mm；

b）无坏钉、漏钉、重钉，钉脚平伏牢固；

c）骑马订钉锯均订在折缝线上，平订钉锯与书脊间的距离为 3mm～5mm。

包本装订公文的封皮（封面、书脊、封底）与书芯应吻合、包紧、包平、不脱落。

7. 公文格式各要素编排规则

7.1 公文格式各要素的划分

本标准将版心内的公文格式各要素划分为版头、主体、版记三部分。公文首页红色分隔线以上的部分称为“版头”；公文首页红色分隔线（不含）以下、公文末页首条分隔线（不含）以上的部分称为“主体”；公文末页首条分隔线以下、末条分隔线以上的部分称为“版记”。

页码位于版心外。

7.2 版头

7.2.1 份号

如需标注份号，一般用 6 位 3 号阿拉伯数字，顶格编排在版心左上角第一行。

7.2.2 密级和保密期限

如需标注密级和保密期限，一般用 3 号黑体字，顶格编排在版心左上角第二行；保密期限中的数字用阿拉伯数字标注。

7.2.3 紧急程度

如需标注紧急程度，一般用 3 号黑体字，顶格编排在版心左上角；如需同时标注份号、密级和保密期限、紧急程度，按照份号、密级和保密期限、紧急程度的顺序自上而下分行排列。

7.2.4　发文机关标志

由发文机关全称或者规范化简称加“文件”二字组成，也可以使用发文机关全称或者规范化简称。

发文机关标志居中排布，上边缘至版心上边缘为35mm，推荐使用小标宋体字，颜色为红色，以醒目、美观、庄重为原则。

联合行文时，如需同时标注联署发文机关名称，一般应当将主办机关名称排列在前；如有“文件”二字，应当置于发文机关名称右侧，以联署发文机关名称为准上下居中排布。

7.2.5　发文字号

编排在发文机关标志下空二行位置，居中排布。年份、发文顺序号用阿拉伯数字标注；年份应标全称，用六角括号“〔〕”括入；发文顺序号不加“第”字，不编虚位（即1不编为01），在阿拉伯数字后加“号”字。

上行文的发文字号居左空一字编排，与最后一个签发人姓名处在同一行。

7.2.6　签发人

由“签发人”三字加全角冒号和签发人姓名组成，居右空一字，编排在发文机关标志下空二行位置。“签发人”三字用3号仿宋体字，签发人姓名用3号楷体字。

如有多个签发人，签发人姓名按照发文机关的排列顺序从左到右、自上而下依次均匀编排，一般每行排两个姓名，回行时与上一行第一个签发人姓名对齐。

7.2.7　版头中的分隔线

发文字号之下4mm处居中印一条与版心等宽的红色分隔线。

7.3　主体

7.3.1　标题

一般用2号小标宋体字，编排于红色分隔线下空二行位置，分一行或多行居中排布；回行时，要做到词意完整，排列对称，长短适宜，间距恰当，标题排列应当使用梯形或菱形。

7.3.2　主送机关

编排于标题下空一行位置，居左顶格，回行时仍顶格，最后一个机关名称后标全角冒号。如主送机关名称过多导致公文首页不能显示正文时，应当将主送机关名称移至版记，标注方法见7.4.2。

7.3.3　正文

公文首页必须显示正文。一般用3号仿宋体字，编排于主送机关名称下一行，每个自然段左空二字，回行顶格。文中结构层次序数依次可以用“一、”

“(一)”“1.”“(1)”标注；一般第一层用黑体字、第二层用楷体字、第三层和第四层用仿宋体字标注。

7.3.4　附件说明

如有附件，在正文下空一行左空二字编排“附件”二字，后标全角冒号和附件名称。如有多个附件，使用阿拉伯数字标注附件顺序号（如“附件：1.×××××”）；附件名称后不加标点符号。附件名称较长需回行时，应当与上一行附件名称的首字对齐。

7.3.5　发文机关署名、成文日期和印章

7.3.5.1　加盖印章的公文

成文日期一般右空四字编排，印章用红色，不得出现空白印章。

单一机关行文时，一般在成文日期之上、以成文日期为准居中编排发文机关署名，印章端正、居中下压发文机关署名和成文日期，使发文机关署名和成文日期居印章中心偏下位置，印章顶端应当上距正文（或附件说明）一行之内。

联合行文时，一般将各发文机关署名按照发文机关顺序整齐排列在相应位置，并将印章一一对应、端正、居中下压发文机关署名，最后一个印章端正、居中下压发文机关署名和成文日期，印章之间排列整齐、互不相交或相切，每排印章两端不得超出版心，首排印章顶端应当上距正文（或附件说明）一行之内。

7.3.5.2　不加盖印章的公文

单一机关行文时，在正文（或附件说明）下空一行右空二字编排发文机关署名，在发文机关署名下一行编排成文日期，首字比发文机关署名首字右移二字，如成文日期长于发文机关署名，应当使成文日期右空二字编排，并相应增加发文机关署名右空字数。

联合行文时，应当先编排主办机关署名，其余发文机关署名依次向下编排。

7.3.5.3　加盖签发人签名章的公文

单一机关制发的公文加盖签发人签名章时，在正文（或附件说明）下空二行右空四字加盖签发人签名章，签名章左空二字标注签发人职务，以签名章为准上下居中排布。在签发人签名章下空一行右空四字编排成文日期。

联合行文时，应当先编排主办机关签发人职务、签名章，其余机关签发人职务、签名章依次向下编排，与主办机关签发人职务、签名章上下对齐；每行只编排一个机关的签发人职务、签名章；签发人职务应当标注全称。

签名章一般用红色。

7.3.5.4　成文日期中的数字

用阿拉伯数字将年、月、日标全，年份应标全称，月、日不编虚位（即1不编为01）。

7.3.5.5　特殊情况说明

当公文排版后所剩空白处不能容下印章或签发人签名章、成文日期时，可以采取调整行距、字距的措施解决。

7.3.6　附注

如有附注，居左空二字加圆括号编排在成文日期下一行。

7.3.7　附件

附件应当另面编排，并在版记之前，与公文正文一起装订。“附件”二字及附件顺序号用3号黑体字顶格编排在版心左上角第一行。附件标题居中编排在版心第三行。附件顺序号和附件标题应当与附件说明的表述一致。附件格式要求同正文。

如附件与正文不能一起装订，应当在附件左上角第一行顶格编排公文的发文字号并在其后标注“附件”二字及附件顺序号。

7.4　版记

7.4.1　版记中的分隔线

版记中的分隔线与版心等宽，首条分隔线和末条分隔线用粗线（推荐高度为0.35mm），中间的分隔线用细线（推荐高度为0.25mm）。首条分隔线位于版记中第一个要素之上，末条分隔线与公文最后一面的版心下边缘重合。

7.4.2　抄送机关

如有抄送机关，一般用4号仿宋体字，在印发机关和印发日期之上一行、左右各空一字编排。“抄送”二字后加全角冒号和抄送机关名称，回行时与冒号后的首字对齐，最后一个抄送机关名称后标句号。

如需把主送机关移至版记，除将“抄送”二字改为“主送”外，编排方法同抄送机关。既有主送机关又有抄送机关时，应当将主送机关置于抄送机关之上一行，之间不加分隔线。

7.4.3　印发机关和印发日期

印发机关和印发日期一般用4号仿宋体字，编排在末条分隔线之上，印发机关左空一字，印发日期右空一字，用阿拉伯数字将年、月、日标全，年份应标全称，月、日不编虚位（即1不编为01），后加“印发”二字。

版记中如有其他要素，应当将其与印发机关和印发日期用一条细分隔线隔开。

7.5　页码

一般用4号半角宋体阿拉伯数字，编排在公文版心下边缘之下，数字左右各放一条一字线；一字线上距版心下边缘7mm。单页码居右空一字，双页码居左空一字。公文的版记页前有空白页的，空白页和版记页均不编排页码。公文的附件与正文一起装订时，页码应当连续编排。

8. 公文中的横排表格

A4纸型的表格横排时，页码位置与公文其他页码保持一致，单页码表头在订口一边，双页码表头在切口一边。

9. 公文中计量单位、标点符号和数字的用法

公文中计量单位的用法应当符合GB 3100、GB 3101和GB 3102（所有部分），标点符号的用法应当符合GB/T 15834，数字用法应当符合GB/T 15835。

10. 公文的特定格式

10.1　信函格式

发文机关标志使用发文机关全称或者规范化简称，居中排布，上边缘至上页边为30mm，推荐使用红色小标宋体字。联合行文时，使用主办机关标志。

发文机关标志下4mm处印一条红色双线（上粗下细），距下页边20mm处印一条红色双线（上细下粗），线长均为170mm，居中排布。

如需标注份号、密级和保密期限、紧急程度，应当顶格居版心左边缘编排在第一条红色双线下，按照份号、密级和保密期限、紧急程度的顺序自上而下分行排列，第一个要素与该线的距离为3号汉字高度的7/8。

发文字号顶格居版心右边缘编排在第一条红色双线下，与该线的距离为3号汉字高度的7/8。

标题居中编排，与其上最后一个要素相距二行。

第二条红色双线上一行如有文字，与该线的距离为3号汉字高度的7/8。

首页不显示页码。

版记不加印发机关和印发日期、分隔线，位于公文最后一面版心内最下方。

10.2　命令（令）格式

发文机关标志由发文机关全称加“命令”或“令”字组成，居中排布，上边缘至版心上边缘为20mm，推荐使用红色小标宋体字。

发文机关标志下空二行居中编排令号，令号下空二行编排正文。

签发人职务、签名章和成文日期的编排见 7.3.5.3。

10.3　纪要格式

纪要标志由“××××××纪要”组成，居中排布，上边缘至版心上边缘为 35mm，推荐使用红色小标宋体字。

标注出席人员名单，一般用 3 号黑体字，在正文或附件说明下空一行左空二字编排“出席”二字，后标全角冒号，冒号后用 3 号仿宋体字标注出席人单位、姓名，回行时与冒号后的首字对齐。

标注请假和列席人员名单，除依次另起一行并将“出席”二字改为“请假”或“列席”外，编排方法同出席人员名单。

纪要格式可以根据实际制定。

11. 式样（略）

附录3　归档文件整理规则

1　范围

本标准规定了应作为文书档案保存的归档文件的整理原则和方法。

本标准适用于各级机关、团体、企事业单位和其他社会组织对应作为文书档案保存的归档文件的整理。其他门类档案可以参照执行。企业单位有其他特殊规定的，从其规定。

2　规范性引用文件

下列文件对于本文件的应用是必不可少的。凡是注日期的引用文件，仅所注日期的版本适用于本文件。凡是不注日期的引用文件，其最新版本（包括所有的修改单）适用于本文件。

GB/T 18894 电子文件归档与管理规范

DA/T 1—2000 档案工作基本术语

DA/T 13—1994 档号编制规则

DA/T 25—2000 档案修裱技术规范

DA/T 38—2008 电子文件归档光盘技术要求和应用规范

3　术语和定义

下列术语和定义适用于本标准。

3．1　归档文件 archival document(s)

立档单位在其职能活动中形成的、办理完毕、应作为文书档案保存的文件材料，包括纸质和电子文件材料。

3．2　整理 arrangement

将归档文件以件为单位进行组件、分类、排列、编号、编目等（纸质归档文件还包括修整、装订、编页、装盒、排架；电子文件还包括格式转换、元数据收集、归档数据包组织、存储等），使之有序化的过程。

3．3 件 item

归档文件的整理单位。

3．4 档号 archival code

在归档文件整理过程中赋予其的一组字符代码，以体现归档文件的类别和排列顺序。

4 整理原则

4．1 归档文件整理应遵循文件的形成规律，保持文件之间的有机联系。

4．2 归档文件整理应区分不同价值，便于保管和利用。

4．3 归档文件整理应符合文档一体化管理要求，便于计算机管理或计算机辅助管理。

4．4 归档文件整理应保证纸质文件和电子文件整理协调统一。

5 一般要求

5．1 组件（件的组织）

5．1．1 件的构成

归档文件一般以每份文件为一件。正文、附件为一件；文件正本与定稿（包括法律法规等重要文件的历次修改稿）为一件；转发文与被转发文为一件；原件与复制件为一件；正本与翻译本为一件；中文本与外文本为一件；报表、名册、图册等一册（本）为一件（作为文件附件时除外）；简报、周报等材料一期为一件；会议纪要、会议记录一般一次会议为一件，会议记录一年一本的，一本为一件；来文与复文（请示与批复、报告与批示、函与复函等）一般独立成件，也可为一件。有文件处理单或发文稿纸的，文件处理单或发文稿纸与相关文件为一件。

5．1．2 件内文件排序

归档文件排序时，正文在前，附件在后；正本在前，定稿在后；转发文在前，被转发文在后；原件在前，复制件在后；不同文字的文本，无特殊规定的，汉文文本在前，少数民族文字文本在后；中文本在前，外文本在后；来文与复文作为一件时，复文在前，来文在后。有文件处理单或发文稿纸的，文件处理单在前，收文在后；正本在前，发文稿纸和定稿在后。

5．2 分类

5．2．1 立档单位应对归档文件进行科学分类，同一全宗应保持分类方案的一致性和稳定性。

5．2．2 归档文件一般采用年度—机构（问题）—保管期限、年度—保管期限—机构（问题）等方法进行三级分类。

a）按年度分类

将文件按其形成年度分类。跨年度一般应以文件签发日期为准。对于计划、总结、预算、统计报表、表彰先进以及法规性文件等内容涉及不同年度的文件，统一按文件签发日期判定所属年度。跨年度形成的会议文件归入闭幕年。跨年度办理的文件归入办结年。当形成年度无法考证时，年度为其归档年度，并在附注项加以说明。

b）按机构（问题）分类

将文件按其形成或承办机构（问题）分类。机构分类法与问题分类法应选择其一适用，不能同时采用。采用机构分类的，应根据文件形成或承办机构对归档文件进行分类，涉及多部门形成的归档文件，归入文件主办部门。采用问题分类的，应按照文件内容所反映的问题对归档文件进行分类。

c）按保管期限分类

将文件按划定的保管期限分类。

5．2．3 规模较小或公文办理程序不适于按机构（问题）分类的立档单位，可以采取年度—保管期限等方法进行两级分类。

5．3 排列

5．3．1 归档文件应在分类方案的最低一级类目内，按时间结合事由排列。

5．3．2 同一事由中的文件，按文件形成先后顺序排列。

5．3．3 会议文件、统计报表等成套性文件可集中排列。

5．4 编号

5．4．1 归档文件应依分类方案和排列顺序编写档号。档号编制应遵循唯一性、合理性、稳定性、扩充性、简单性原则。

5．4．2 档号的结构宜为：全宗号－档案门类代码·年度－保管期限－机构（问题）代码－件号。

上、下位代码之间用“－”连接，同一级代码之间用“·”隔开。如“Z109－WS·2011－Y－BGS－0001”。

5．4．3 档号按照以下要求编制：

a）全宗号：档案馆给立档单位编制的代号，用4位数字或者字母与数字的结合标识，按照DA/T 13－1994编制。

b）档案门类代码·年度：归档文件档案门类代码由“文书”2位汉语拼

音首字母“WS”标识。年度为文件形成年度，以4位阿拉伯数字标注公元纪年，如“2013”。

c）保管期限：保管期限分为永久、定期30年、定期10年，分别以代码“Y”“D30”“D10”标识。

d）机构（问题）代码：机构（问题）代码采用3位汉语拼音字母或阿拉伯数字标识，如办公室代码“BGS”等。归档文件未按照机构（问题）分类的，应省略机构（问题）代码。

e）件号：件号是单件归档文件在分类方案最低一级类目内的排列顺序号，用4位阿拉伯数字标识，不足4位的，前面用“0”补足，如“0026”。

5．4．4　归档文件应在首页上端的空白位置加盖归档章并填写相关内容。电子文件可以由系统生成归档章样式或以条形码等其他形式在归档文件上进行标识。

5．4．5　归档章应将档号的组成部分，即全宗号、年度、保管期限、件号，以及页数作为必备项，机构（问题）可以作为选择项（见附录A图A1）。归档章中全宗号、年度、保管期限、件号、机构（问题）按照5．4．3编制，页数用阿拉伯数字标识（见附录A图A2）。为便于识记，归档章保管期限也可以使用“永久”“30年”“10年”简称标识，机构（问题）也可以用“办公室”等规范化简称标识（见附录A图A3）。

5．5　编目

5．5．1　归档文件应依据档号顺序编制归档文件目录。编目应准确、详细，便于检索。

5．5．2　归档文件应逐件编目。来文与复文作为一件时，对复文的编目应体现来文内容。归档文件目录设置序号、档号、文号、责任者、题名、日期、密级、页数、备注等项目。

a）序号：填写归档文件顺序号。

b）档号：档号按照5．4．2—5．4．3编制。

c）文号：文件的发文字号。没有文号的，不用标识。

d）责任者：制发文件的组织或个人，即文件的发文机关或署名者。

e）题名：文件标题。没有标题、标题不规范，或者标题不能反映文件主要内容、不方便检索的，应全部或部分自拟标题，自拟内容外加方括号“[]”。

f）日期：文件的形成时间，以国际标准日期表示法标注年月日，如19990909。

g）密级：文件密级按文件实际标注情况填写。没有密级的，不用标识。

h）页数：每一件归档文件的页面总数。文件中有图文的页面为一页。

i）备注：注释文件需说明的情况。

5.5.3 归档文件目录推荐由系统生成或使用电子表格进行编制。目录表格采用A4幅面，页面宜横向设置（见附录B图B1）。

5.5.4 归档文件目录除保存电子版本外，还应打印装订成册。装订成册的归档文件目录，应编制封面（见附录B图B2）。封面设置全宗号、全宗名称、年度、保管期限、机构（问题），其中全宗名称即立档单位名称，填写时应使用全称或规范化简称。归档文件目录可以按年装订成册，也可每年区分保管期限装订成册。

6 纸质归档文件的修整、装订、编页、装盒和排架

6.1 修整

6.1.1 归档文件装订前，应对不符合要求的文件材料进行修整。

6.1.2 归档文件已破损的，应按照DA/T 25—2000予以修复；字迹模糊或易退变的，应予复制。

6.1.3 归档文件应按照保管期限要求去除易锈蚀、易氧化的金属或塑料装订用品。

6.1.4 对于幅面过大的文件，应在不影响其日后使用效果的前提下进行折叠。

6.2 装订

6.2.1 归档文件一般以件为单位装订。归档文件装订应牢固、安全、简便，做到文件不损页、不倒页、不压字，装订后文件平整，有利于归档文件的保护和管理。装订应尽量减少对归档文件本身影响，原装订方式符合要求的，应维持不变。

6.2.2 应根据归档文件保管期限确定装订方式，装订材料与保管期限要求相匹配。为便于管理，相同期限的归档文件装订方式应尽量保持一致，不同期限的装订方式应相对统一。

6.2.3 用于装订的材料，不能包含或产生可能损害归档文件的物质。不使用回形针、大头针、燕尾夹、热熔胶、办公胶水、装订夹条、塑料封等装订材料进行装订。

6.2.4 永久保管的归档文件，宜采取线装法装订。页数较少的，使用直角装订（见附录C图C1、图C2）或缝纫机轧边装订，文件较厚的，使用“三孔一线”装订。永久保管的归档文件，使用不锈钢订书钉或糨糊装订的，装订材料应满足归档文件长期保存的需要。

6.2.5 永久保管的归档文件，不使用不锈钢夹或封套装订。

6．2．6　定期保管的、需要向综合档案馆移交的归档文件，装订方式按照6．2．4—6．2．5执行。定期保管的、不需要向综合档案馆移交的归档文件，装订方式可以按照6．2．4执行，也可以使用不锈钢夹或封套装订。

6．3　编页

6．3．1　纸质归档文件一般应以件为单位编制页码。

6．3．2　页码应逐页编制，宜分别标注在文件正面右上角或背面左上角的空白位置。

6．3．3　文件材料已印制成册并编有页码的；拟编制页码与文件原有页码相同的，可以保持原有页码不变。6．4 装盒

将归档文件按顺序装入档案盒，并填写档案盒盒脊及备考表项目。不同年度、机构（问题）、保管期限的归档文件不能装入同一个档案盒。

6．4．1　档案盒

6．4．1．1　档案盒封面应标明全宗名称。档案盒的外形尺寸为310mm×220mm（长×宽），盒脊厚度可以根据需要设置为20mm、30mm、40mm、50mm等（见附录D图D1）。

6．4．1．2　档案盒应根据摆放方式的不同，在盒脊或底边设置全宗号、年度、保管期限、起止件号、盒号等必备项，并可设置机构（问题）等选择项（见附录D图D2、图D3）。其中，起止件号填写盒内第一件文件和最后一件文件的件号，起件号填写在上格，止件号填写在下格；盒号即档案盒的排列顺序号，按进馆要求在档案盒盒脊或底边编制。

6．4．1．3　档案盒应采用无酸纸制作。

6．4．2　备考表

备考表置于盒内文件之后，项目包括盒内文件情况说明、整理人、整理日期、检查人、检查日期（见附录E）。

a）盒内文件情况说明：填写盒内文件缺损、修改、补充、移出、销毁等情况。

b）整理人：负责整理归档文件的人员签名或签章。

c）整理日期：归档文件整理完成日期。

d）检查人：负责检查归档文件整理质量的人员签名或签章。

e）检查日期：归档文件检查完毕的日期。

6．5　排架

6．5．1　归档文件整理完毕装盒后，上架排列方法应与本单位归档文件分类方案一致，排架方法应避免频繁倒架。

6．5．2　归档文件按年度—机构（问题）—保管期限分类的，库房排架

时，每年形成的档案按机构（问题）序列依次上架，便于实体管理。

6.5.3 归档文件按年度—保管期限—机构（问题）分类的，库房排架时，每年形成的档案按保管期限依次上架，便于档案移交进馆。

7 归档电子文件的整理要求

7.1 归档电子文件组件（件的组织）、分类、排列、编号、编目，应符合本《规则》“5 一般要求”的规定。

7.2 归档电子文件的格式转换、元数据收集、归档数据包组织、存储等整理要求，参照《数字档案室建设指南》（2014 年）、GB/T 18894、DA/T 48、DA/T 38 等标准执行。

7.3 归档电子文件整理，应使用符合《数字档案室建设指南》（2014 年）、GB/T 18894 等标准的应用系统。

附录 A 归档章式样及示例
（规范性附录）

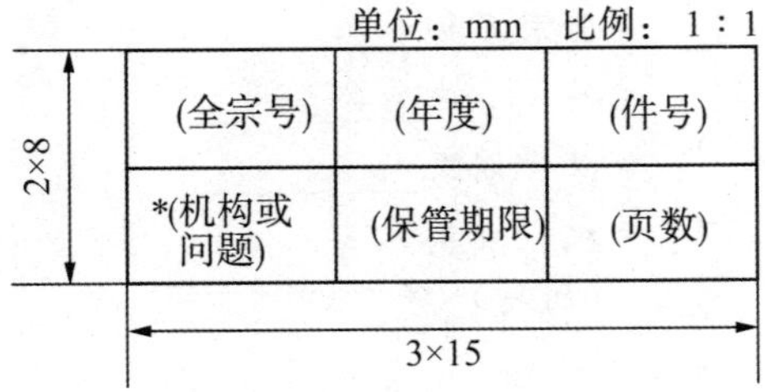

图 A1 归档章式样

注：标有“*”号的为选择项，下同。

Z109	2011	1
BGS	Y	45

图 A2 归档章示例一

Z109	2011	1
办公室	永久	45

图 A3 归档章示例二

附录B 归档文件目录式样
（资料性附录）

归档文件目录

序号	档号	文号	责任者	题　名	日期	密级	页数	备注

图 B1 归档文件目录式样

归档文件目录

* 全 宗 号＿＿＿＿＿＿
* 全宗名称＿＿＿＿＿＿
* 年　　度＿＿＿＿＿＿
* 保管期限＿＿＿＿＿＿
* 机　　构
（问题）＿＿＿＿＿＿

比例 1∶2

图 B2 归档文件目录封面式样

附录C　直角装订（资料性附录）

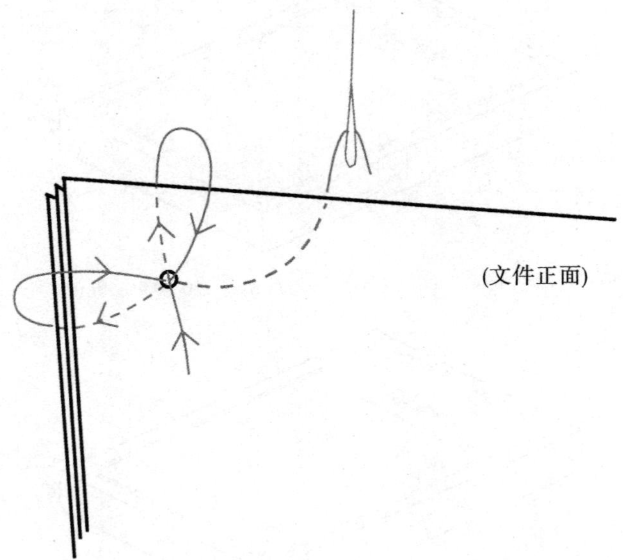

图 C1　装订方法

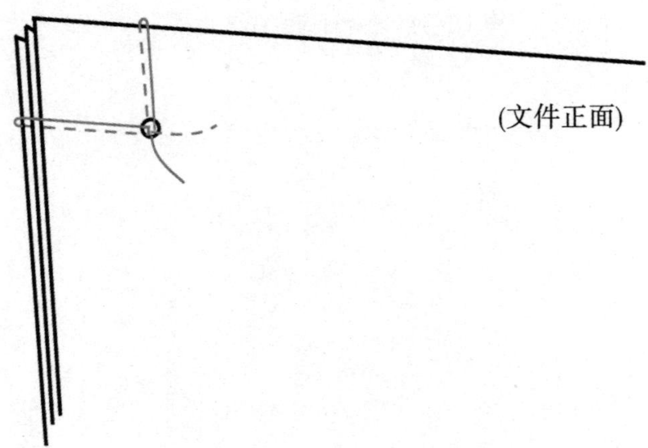

图 C2　装订效果

附录D　档案盒式样
（资料性附录）

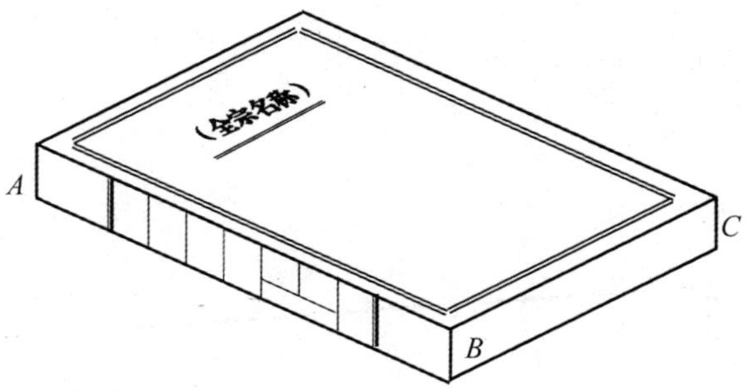

A=B=C=20,30,40,50mm等

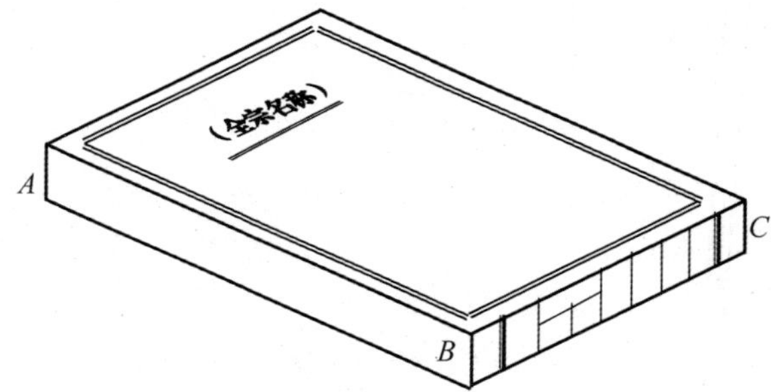

图 D1　档案盒封面式样及规格

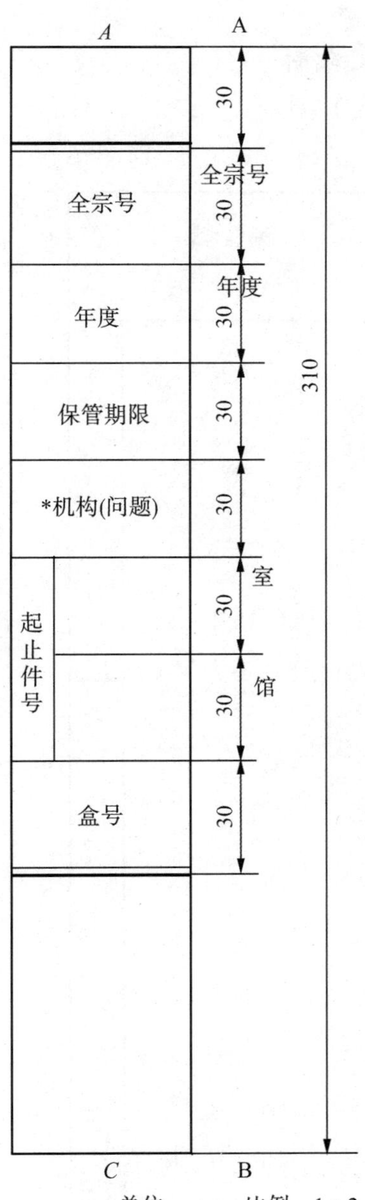

单位：mm　比例：1∶2

图 D3　档案盒底边式样

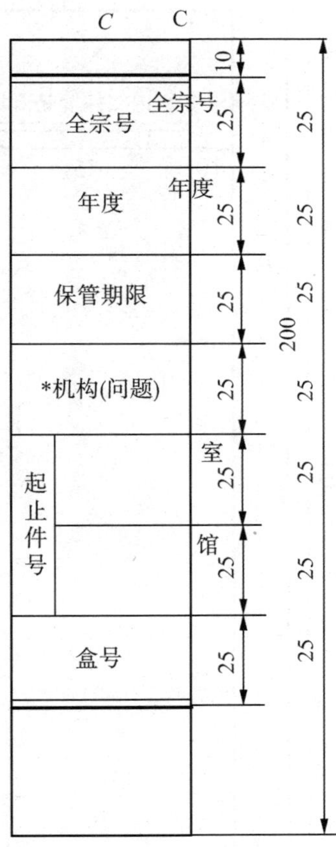

单位：mm　比例：1∶2

图 D2　档案盒盒脊式样

附录E　备考表式样
（资料性附录）

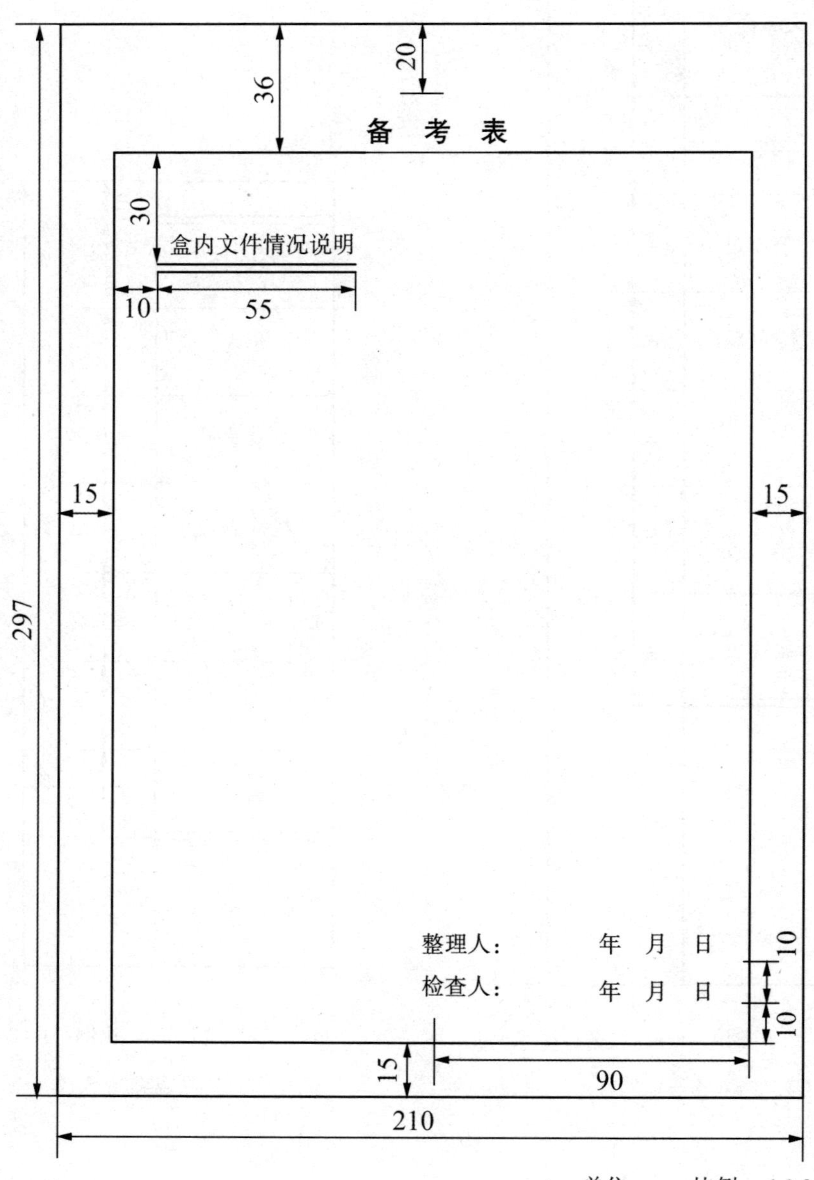

单位：mm 比例：1∶2

图 E1　备考表式样

附录4　电子文件归档与管理规范

（GB/T 18894—2002）

1　范围

本标准规定了在公务活动中产生的，具有保存价值的电子文件的形成、积累、归档、保管、利用、统计的一般方法。

本标准适用于党政机关产生的电子文件的归档与管理，其他社会组织的电子文件管理可参照本标准。

2　规范性引用文件

下列文件中的条款通过本标准的引用而成为本标准的条款。凡是注日期的引用文件，其随后所有的修改单（不包括勘误的内容）或修订版均不适用于本标准，然而，鼓励根据本标准达成协议的各方研究是否可使用这些文件的最新版本。凡是不注日期的引用文件，其最新版本适用于本标准。

DA/T18　档案著录规则

DA/T22　归档文件整理规则

3　术语和定义

下列术语和定义适用于本标准。

3.1　电子文件　electronic records

指在数字设备及环境中生成，以数码形式存储于磁带、磁盘、光盘等载体，依赖计算机等数字设备阅读、处理，并可在通信网络上传送的文件。

3.2　归档电子文件　archival electronic records

指具有参考和利用价值并作为档案保存的电子文件。

3.3　背景信息　context

指描述生成电子文件的职能活动、电子文件的作用、办理过程、结果、上下文关系以及对其产生影响的历史环境等信息。

3.4　元数据　metadata

指描述电子文件数据属性的数据，包括文件的格式、编排结构、硬件和软件环境、文件处理软件、字处理和图形工具软件、字符集等数据。

3.5　逻辑归档　logical filing

指在计算机网络上进行，不改变原存储方式和位置而实现的将电子文件的管理权限向档案部门移交的过程。

3.6　物理归档　physical filing

指把电子文件集中下载到可脱机保存的载体上，向档案部门移交的过程。

3.7　真实性　authenticity

指对电子文件的内容、结构和背景信息进行鉴定后，确认其与形成时的原始状况一致。

3.8　完整性　integrity

指电子文件内容、结构、背景信息和元数据等无缺损。

3.9　有效性　utility

指电子文件应具备的可理解性和可被利用性，包括信息的可识别性、存储系统的可靠性、载体的完好性和兼容性等。

3.10　捕获　capture

指对电子文件进行实时收集和存储的方法与过程。

3.11　迁移　migration

指将源系统中的电子文件向目的系统进行转移存储的方法与过程。

4. 总则

4.1　电子文件自形成时应有严格的管理制度和技术措施，确保其真实性、完整性和有效性。

4.2　应对电子文件的形成、收集、积累、鉴定、归档等实行全过程管理与监控，保证管理工作的连续性。

4.3　应明确规定电子文件归档的时间、范围、技术环境、相关软件、版本、数据类型、格式、被操作数据、检测数据等要求，保证归档电子文件的质量。

4.4　归档电子文件同时存在相应的纸质或其他载体形式的文件时，应在内容、相关说明及描述上保持一致。

4.5　具有永久保存价值的文本或图形形式的电子文件，如没有纸质等拷贝件，必须制成纸质文件或缩微品等。归档时，应同时保存文件的电子版本、纸质版本或缩微品。

4.6　应保证电子文件的凭证作用，对只有电子签章的电子文件，归档时应附加有法律效力的非电子签章。

5. 电子文件的真实性、完整性和有效性保证

5.1　应建立规范的制度和工作程序并结合相应的技术措施，从电子文件形成开始不间断地对有关处理操作进行管理登记，保证电子文件的产生、处理过程符合规范。

5.1.1　登记处理过程中的相互衔接的各类责任者（如起草者、修改者、审核者、签发者等）。

5.1.2　登记处理过程中的各类操作者（打字者、发文者、收文者、存储管理者等）。

5.1.3　登记处理过程中产生的责任凭证信息（指示、签名、印章、代码等）。

5.1.4　登记电子文件传递、交接过程中的其他标识。

5.2　应采取可靠的安全防护技术措施，保证电子文件的真实性。

5.2.1　建立对电子文件的操作者可靠的身份识别与权限控制。

5.2.2　设置符合安全要求的操作日志，随时自动记录实施操作的人员、时间、设备、项目、内容等。

5.2.3　对电子文件采用防错漏和防调换的标记。

5.2.4　对电子印章、数字签署等采取防止非法使用的措施。

5.3　应建立电子文件完整性管理制度并采取相应的技术措施采集背景信息和元数据。

5.4　应建立电子文件有效管理制度并采取相应的技术保证措施。

5.5　电子文件的处理和保存应符合国家的安全保密规定，针对自然灾害、非法访问、非法操作、病毒侵害等采取与系统安全和保密等级要求相符的防范对策，主要有：网络设备安全保证；数据安全保证；操作安全保证；身份识别方法等。

6. 电子文件的收集与积累

6.1　收集积累要求

6.1.1　记录了重要文件的主要修改过程和办理情况，有查考价值的电子文件及其电子版本的定稿均应被保留。正式文件是纸质的，如果保管部门已开始进行向计算机全文的转换工作，则与正式文件定稿内容相同的电子文件应当保留，否则可根据实际条件或需要，确定是否保留。

6.1.2　当公务或其他事务处理过程只产生电子文件时，应采取严格的安全措施，保证电子文件不被非正常改动。同时应随时对电子文件进行备份，存储于能够脱机保存的载体上。

6.1.3　对在网络系统中处于流转状态，暂时无法确定其保管责任的电子文件，应采取捕获措施，集中存储在符合安全要求的电子文件暂存存储器中，以防散失。

6.1.4　对用文字处理技术形成的文本电子文件，收集时应注明文件存储格式、文字处理工具等，必要时同时保留文字处理工具软件。文字型电子文件以 XML、RTF、TXT 为通用格式。

6.1.5　对用扫描仪等设备获得的采用非通用文件格式的图像电子文件，收集时应将其转换成通用格式，如无法转换，则应将相关软件一并收集。扫描型电子文件以 JPEG、TIFF 为通用格式。

6.1.6　对用计算机辅助设计或绘图等设备获得的图形电子文件，收集时应注明其软硬件环境和相关数据。

6.1.7　对用视频或多媒体设备获得的文件以及超媒体链接技术制作的文件，应同时收集其非通用格式的压缩算法和相关软件。视频和多媒体电子文件以 MPEG、AVI 为通用格式。

6.1.8　对用音频设备获得的声音文件，应同时收集其属性标识、参数和非通用格式的相关软件。音频电子文件以 WAV、MP3 为通用格式。

6.1.9　对通用软件产生的电子文件，应同时收集其软件型号、名称、版本号和相关参数手册、说明资料等。专用软件产生的电子文件原则上应转换成通用型电子文件，如不能转换，收集时则应连同专用软件一并收集。

6.1.10　计算机系统运行和信息处理过程中涉及的与电子文件处理有关的参数、管理数据等应与电子文件一同收集。

6.1.11　对套用统一模板的电子文件，在保证能恢复原形态的情况下，其内容信息可脱离套用模板进行存储，被套用模板作为电子文件的元数据保存。

6.1.12　定期制作电子文件的备份。

6.2　电子文件的登记

6.2.1　每份电子文件均应在《电子文件登记表》中登记。

6.2.2　电子文件登记表应与电子文件同时保存。

6.2.3　电子文件登记表如果制成电子表格，应与电子文件一同保存，永久保存的电子表格应附有纸质等拷贝件并与相应的电子文件拷贝一起保存。

6.2.4 电子文件笔记本代码：T—文本文件；I—图像文件；G—图形文件；V—影像文件；A—声音文件；O—超媒体链接文件；P—程序文件；D—数据文件。

7. 电子文件的归档

7.1 归档要求

文件形成部门或信息管理部门应定期把经过鉴定符合归档条件的电子文件向档案部门移交，并按档案管理要求的格式将其存储到符合保管期限要求的脱机载体上。

7.2 鉴定

7.2.1 电子文件的鉴定工作，应包括对电子文件的真实性、完整性、有效性的鉴定及确定密级、归档范围和划定保管期限。

7.2.2 归档前应由文件形成单位按照规定的项目对电子文件的真实性、有效性进行检验，并由负责人签署审核意见，检验和审核结果填入《归档电子文件移交、接收检验登记表》。如果文件形成单位采用了某些技术方法保证电子文件的真实性、完整性和有效性，则应把其技术方法和相关软件一同移交给接收单位。

7.2.3 电子文件的归档范围参照国家关于纸质文件材料归档的有关规定执行，并应包括相应的背景信息和元数据。

7.2.4 电子文件保管期限和密级的划分工作，参照国家关于纸质文件材料密级和保管期限的有关规定执行。电子文件的背景信息和元数据的保管期限应当与内容信息的保管期限一致。应在电子文件的机读目录上逐件标注保管期限的标识。

7.3 归档时间

逻辑归档可实时进行，物理归档应按照纸质文件的规定定期完成。

7.4 检测

在进行电子文件归档工作时，应对归档电子文件的基本技术条件进行检测，检测内容包括：硬件环境的有效性，软件环境的有效性及其信息记录格式、有无病毒感染等。

7.5 归档

电子文件的归档，按照鉴定标识进行。电子文件的归档可分两步进行，对实时进行的归档先做逻辑归档，然后定期完成物理归档。归档时，应充分考虑电子文件的技术环境、相关软件、版本、数据类型、格式、被操作数据、检测数据等技术因素。

7.5.1　逻辑归档

将电子文件的管理权从网络上转移至档案部门，在归档工作中，存储格式和位置暂时保持不变。

7.5.2　物理归档

7.5.2.1　凡在网络中予以逻辑归档的电子文件，均应定期完成物理归档。

7.5.2.2　把带有归档标识的电子文件集中，拷贝至耐久性好的载体上，一式3套，一套封存保管，一套供查阅使用，一套异地保存。对以加密电子文件，则应在解密后再制作拷贝。

7.5.2.3　本标准推荐采用的载体，按优先顺序依次为：只读光盘、一次写光盘、磁带、可擦写光盘、硬磁盘等。不允许用软磁盘作为归档文件长期保存的载体。

7.5.2.4　存储电子文件的载体或装具上应贴有标签，标签上应注明载体序号、全宗号、类别号、密级、保管期限、存入日期等，归档后的电子文件的载体应设置成禁止写操作的状态。

7.5.2.5　特殊格式的电子文件，应在存储载体中同时存有相应的查看软件。

7.5.2.6　将相应的电子文件机读目录、相关软件、其他说明等一同归档，并附《归档文件登记表》。

7.5.2.7　需要长期保存的电子文件，应在每一个电子文件的载体中同时存有相应的机读目录。

7.5.2.8　归档完毕，电子文件形成部门应将存有归档电子文件的载体保存至少1年。

8. 归档电子文件的整理

8.1　归档电子文件的整理按DA/T22规定的要求进行。

8.2　归档电子文件以件为单位整理。

8.3　同一全宗内的电子文件按照年度—保管期限—机构（问题）或保管期限—年度—机构（问题）等分类方案进行分类。

8.4　按电子文件类别代码相对集中组织存储载体。

8.5　电子文件的著录应参加DA/T18进行著录，同时按照保证其真实性、完整性和有效性的要求补充电子文件特有的著录项目和其他标识（参见本标准第5章中列举的责任者、操作者、背景信息、元数据等）。

8.6　将著录结果制成机读目录和纸质目录。

9. 归档电子文件的移交、接收与保管

9.1　移交、接收与保管要求

对归档电子文件、应按有关规定进行认真检验。在检验合格后将其如期移交至档案馆等档案保管部门，进行集中保管。在已联网的情况下，归档电子文件的移交和接收工作可在网络上进行，但仍需履行相应的手续。

9.2　移交、接收检验

9.2.1　文件形成单位在移交电子文件之前，档案保管部门在接收电子文件之前，均应对归档的每套载体及其技术环境进行检验，合格率达到百分之百时方可进行交接。

9.2.2　检验项目如下：

—载体有无划痕，是否清洁；

—有无病毒；

—核实归档电子文件的真实性、完整性、有效性检验及审核手续；

—核实登记表、软件、说明资料等是否齐全；

—对特殊格式的电子文件，应核实其相关的软件、版本、操作手册等是否完整。

检验结果分别由移交单位、接收单位填入《归档电子文件移交、接收检验登记表》的相应栏目。

9.2.3　档案保管部门应按照要求及检验项目对归档电子文件逐一验收。对检验不合格者，应退回形成单位重新制作，并再次对其进行检验。

9.3　移交手续

档案保管部门验收合格，完成《归档电子文件移交、接收检验登记表》的填写、签字、盖章环节。登记表一式2份，一份交电子文件形成单位，一份由档案保管部门自存。

9.4　保管要求

归档电子文件的保管除应符合纸质档案的要求外，还符合下列条件：

a）归档载体应作防写处理。避免擦、划、触摸记录涂层。

b）单片载体应装盒，竖立存放，且避免挤压。

c）存放时应远离强磁场、强热源，并与有害气体隔离。

d）环境温度选定范围：17度至20度；相对湿度选定范围：百分之三十五至百分之四十五。

归档电子文件在形成单位的保管，也应参照上述条件。

9.5 有效性保证

9.5.1 归档电子文件在形成单位和档案保管部门每年均应对电子文件的读取、处理设备的更新情况进行一次检查登记。设备环境更新时应确认库存载体与新设备的兼容性；如不兼容，应进行归档电子文件的载体转换工作，原载体保留时间不少于3年。保留期满后可擦写载体清除后重复使用，不可清除内容的载体应按保密要求进行处置。

9.5.2 对磁性载体每满2年、光盘每满4年进行一次抽样机读检验，抽样率不低于百分之十，如发现问题应及时采取恢复措施。

9.5.3 对磁性载体上的归档电子文件，应每4年转存一次。原载体同时保留时间不少于4年。

9.5.4 档案保管部门应定期将检验结果填入《归档电子文件管理登记表》。

9.6 迁移

随着系统设备更新或系统扩充，应及时对归档电子文件进行迁移操作，并填写《归档电子文件迁移登记表》。

9.7 利用

9.7.1 归档电子文件的封存载体不应外借。未经批准任何单位或人员不允许擅自复制电子文件。

9.7.2 利用时应使用拷贝件。

9.7.3 利用时应遵守保密规定。对具有保密要求的归档电子文件采用联网的方式利用时，应遵守国家部门有关保密的规定，有稳妥的安全保密措施。

9.7.4 利用者对归档电子文件的使用应在权限规定范围之内。

9.8 归档电子文件的鉴定销毁

9.8.1 归档电子文件的鉴定销毁，参照国家关于档案鉴定销毁的有关规定执行，且应在办理审批手续后实施。

9.8.2 属于保密范围的归档电子文件，如存储在不可擦除载体上，应连同存储体一起销毁，并在网络中彻底清除。不属于保密范围的归档电子文件可进行逻辑删除。

9.9 统计

档案保管部门应及时按年度对电子文件的接收、保管、利用和鉴定销毁情况进行统计。

附录5　中华人民共和国保守国家秘密法实施条例

第一章　总　　则

第一条　根据《中华人民共和国保守国家秘密法》（以下简称“保密法”）的规定，制定本条例。

第二条　国家保密行政管理部门主管全国的保密工作。县级以上地方各级保密行政管理部门在上级保密行政管理部门指导下，主管本行政区域的保密工作。

第三条　中央国家机关在其职权范围内管理或者指导本系统的保密工作，监督执行保密法律法规，可以根据实际情况制定或者会同有关部门制定主管业务方面的保密规定。

第四条　县级以上人民政府应当加强保密基础设施建设和关键保密科技产品的配备。

省级以上保密行政管理部门应当加强关键保密科技产品的研发工作。

保密行政管理部门履行职责所需的经费，应当列入本级人民政府财政预算。机关、单位开展保密工作所需经费应当列入本机关、本单位的年度财政预算或者年度收支计划。

第五条　机关、单位不得将依法应当公开的事项确定为国家秘密，不得将涉及国家秘密的信息公开。

第六条　机关、单位实行保密工作责任制。机关、单位负责人对本机关、本单位的保密工作负责，工作人员对本岗位的保密工作负责。

机关、单位应当根据保密工作需要设立保密工作机构或者指定人员专门负责保密工作。

机关、单位及其工作人员履行保密工作责任制情况应当纳入年度考评和考核内容。

第七条　各级保密行政管理部门应当组织开展经常性的保密宣传教育。机关、单位应当定期对本机关、本单位工作人员进行保密形势、保密法律法规、保密技术防范等方面的教育培训。

第二章　国家秘密的范围和密级

第八条　国家秘密及其密级的具体范围（以下称“保密事项范围”）应当明确规定国家秘密具体事项的名称、密级、保密期限、知悉范围。

保密事项范围应当根据情况变化及时调整。制定、修订保密事项范围应当充分论证，听取有关机关、单位和相关领域专家的意见。

第九条　机关、单位负责人为本机关、本单位的定密责任人，根据工作需要，可以指定其他人员为定密责任人。

专门负责定密的工作人员应当接受定密培训，熟悉定密职责和保密事项范围，掌握定密程序和方法。

第十条　定密责任人在职责范围内承担有关国家秘密确定、变更和解除工作。具体职责是：

（一）审核批准本机关、本单位产生的国家秘密的密级、保密期限和知悉范围；

（二）对本机关、本单位产生的尚在保密期限内的国家秘密进行审核，作出是否变更或者解除的决定；

（三）对是否属于国家秘密和属于何种密级不明确的事项先行拟定密级，并按照规定的程序报保密行政管理部门确定。

第十一条　中央国家机关、省级机关以及设区的市、自治州级机关可以根据保密工作需要或者有关机关、单位的申请，在国家保密行政管理部门规定的定密权限、授权范围内作出定密授权。

定密授权应当以书面形式作出。授权机关应当对被授权机关、单位履行定密授权的情况进行监督。

中央国家机关、省级机关作出的授权，报国家保密行政管理部门备案；设区的市、自治州级机关作出的授权，报省、自治区、直辖市保密行政管理部门备案。

第十二条　机关、单位应当在国家秘密产生的同时，由承办人依据有关保密事项范围拟定密级、保密期限和知悉范围，报定密责任人审核批准，并采取相应保密措施。

第十三条　机关、单位对所产生的国家秘密，应当按照保密事项范围的规定确定具体的保密期限；保密事项范围没有规定具体保密期限的，可以根据工作需要，在保密法规定的保密期限内确定；不能确定保密期限的，应当确定解密条件。

国家秘密的保密期限，自标明的制发日起计算；不能标明制发日的，确定该国家秘密的机关、单位应当书面通知知悉范围内的机关、单位和人员，保密期限自通知之日起计算。

第十四条　机关、单位应当按照保密法的规定，严格限定国家秘密的知悉范围，对知悉机密级以上国家秘密的人员，应当作出书面记录。

第十五条　国家秘密载体以及属于国家秘密的设备、产品的明显部位应当标注国家秘密标志。国家秘密标志应当标注密级和保密期限。国家秘密的密级和保密期限发生变更的，应当及时对原国家秘密标志作出变更。

无法标注国家秘密标志的，确定该国家秘密的机关、单位应当书面通知知悉范围内的机关、单位和人员。

第十六条　机关、单位对所产生的国家秘密，认为符合保密法有关解密或者延长保密期限规定的，应当及时解密或者延长保密期限。

机关、单位对不属于本机关、本单位产生的国家秘密，认为符合保密法有关解密或者延长保密期限规定的，可以向原定密机关、单位或者其上级机关、单位提出建议。

已经依法移交各级国家档案馆的属于国家秘密的档案，由原定密机关、单位按照国家有关规定进行解密审核。

第十七条　机关、单位被撤销或者合并的，该机关、单位所确定国家秘密的变更和解除，由承担其职能的机关、单位负责，也可以由其上级机关、单位或者保密行政管理部门指定的机关、单位负责。

第十八条　机关、单位发现本机关、本单位国家秘密的确定、变更和解除不当的，应当及时纠正；上级机关、单位发现下级机关、单位国家秘密的确定、变更和解除不当的，应当及时通知其纠正，也可以直接纠正。

第十九条　机关、单位对符合保密法的规定，但保密事项范围没有规定的不明确事项，应当先行拟定密级、保密期限和知悉范围，采取相应的保密措施，并自拟定之日起10日内报有关部门确定。拟定为绝密级的事项和中央国家机关拟定的机密级、秘密级的事项，报国家保密行政管理部门确定；其他机关、单位拟定的机密级、秘密级的事项，报省、自治区、直辖市保密行政管理部门确定。

保密行政管理部门接到报告后，应当在 10 日内作出决定。省、自治区、直辖市保密行政管理部门还应当将所作决定及时报国家保密行政管理部门备案。

第二十条　机关、单位对已定密事项是否属于国家秘密或者属于何种密级有不同意见的，可以向原定密机关、单位提出异议，由原定密机关、单位作出决定。

机关、单位对原定密机关、单位未予处理或者对作出的决定仍有异议的，按照下列规定办理：

（一）确定为绝密级的事项和中央国家机关确定的机密级、秘密级的事项，报国家保密行政管理部门确定。

（二）其他机关、单位确定的机密级、秘密级的事项，报省、自治区、直辖市保密行政管理部门确定；对省、自治区、直辖市保密行政管理部门作出的决定有异议的，可以报国家保密行政管理部门确定。

在原定密机关、单位或者保密行政管理部门作出决定前，对有关事项应当按照主张密级中的最高密级采取相应的保密措施。

第三章　保密制度

第二十一条　国家秘密载体管理应当遵守下列规定：

（一）制作国家秘密载体，应当由机关、单位或者经保密行政管理部门保密审查合格的单位承担，制作场所应当符合保密要求。

（二）收发国家秘密载体，应当履行清点、编号、登记、签收手续。

（三）传递国家秘密载体，应当通过机要交通、机要通信或者其他符合保密要求的方式进行。

（四）复制国家秘密载体或者摘录、引用、汇编属于国家秘密的内容，应当按照规定报批，不得擅自改变原件的密级、保密期限和知悉范围，复制件应当加盖复制机关、单位戳记，并视同原件进行管理。

（五）保存国家秘密载体的场所、设施、设备，应当符合国家保密要求。

（六）维修国家秘密载体，应当由本机关、本单位专门技术人员负责。确需外单位人员维修的，应当由本机关、本单位的人员现场监督；确需在本机关、本单位以外维修的，应当符合国家保密规定。

（七）携带国家秘密载体外出，应当符合国家保密规定，并采取可靠的保密措施；携带国家秘密载体出境的，应当按照国家保密规定办理批准和携带手续。

第二十二条　销毁国家秘密载体应当符合国家保密规定和标准，确保销毁的国家秘密信息无法还原。

销毁国家秘密载体应当履行清点、登记、审批手续，并送交保密行政管理部门设立的销毁工作机构或者保密行政管理部门指定的单位销毁。机关、单位确因工作需要，自行销毁少量国家秘密载体的，应当使用符合国家保密标准的销毁设备和方法。

第二十三条　涉密信息系统按照涉密程度分为绝密级、机密级、秘密级。机关、单位应当根据涉密信息系统存储、处理信息的最高密级确定系统的密级，按照分级保护要求采取相应的安全保密防护措施。

第二十四条　涉密信息系统应当由国家保密行政管理部门设立或者授权的保密测评机构进行检测评估，并经设区的市、自治州级以上保密行政管理部门审查合格，方可投入使用。

公安、国家安全机关的涉密信息系统投入使用的管理办法，由国家保密行政管理部门会同国务院公安、国家安全部门另行规定。

第二十五条　机关、单位应当加强涉密信息系统的运行使用管理，指定专门机构或者人员负责运行维护、安全保密管理和安全审计，定期开展安全保密检查和风险评估。

涉密信息系统的密级、主要业务应用、使用范围和使用环境等发生变化或者涉密信息系统不再使用的，应当按照国家保密规定及时向保密行政管理部门报告，并采取相应措施。

第二十六条　机关、单位采购涉及国家秘密的工程、货物和服务的，应当根据国家保密规定确定密级，并符合国家保密规定和标准。机关、单位应当对提供工程、货物和服务的单位提出保密管理要求，并与其签订保密协议。

政府采购监督管理部门、保密行政管理部门应当依法加强对涉及国家秘密的工程、货物和服务采购的监督管理。

第二十七条　举办会议或者其他活动涉及国家秘密的，主办单位应当采取下列保密措施：

（一）根据会议、活动的内容确定密级，制定保密方案，限定参加人员范围；

（二）使用符合国家保密规定和标准的场所、设施、设备；

（三）按照国家保密规定管理国家秘密载体；

（四）对参加人员提出具体保密要求。

第二十八条　企业事业单位从事国家秘密载体制作、复制、维修、销毁，涉密信息系统集成或者武器装备科研生产等涉及国家秘密的业务（以下简称

"涉密业务"），应当由保密行政管理部门或者保密行政管理部门会同有关部门进行保密审查。保密审查不合格的，不得从事涉密业务。

第二十九条　从事涉密业务的企业事业单位应当具备下列条件：

（一）在中华人民共和国境内依法成立 3 年以上的法人，无违法犯罪记录；

（二）从事涉密业务的人员具有中华人民共和国国籍；

（三）保密制度完善，有专门的机构或者人员负责保密工作；

（四）用于涉密业务的场所、设施、设备符合国家保密规定和标准；

（五）具有从事涉密业务的专业能力；

（六）法律、行政法规和国家保密行政管理部门规定的其他条件。

第三十条　涉密人员的分类管理、任（聘）用审查、脱密期管理、权益保障等具体办法，由国家保密行政管理部门会同国务院有关主管部门制定。

第四章　监督管理

第三十一条　机关、单位应当向同级保密行政管理部门报送本机关、本单位年度保密工作情况。下级保密行政管理部门应当向上级保密行政管理部门报送本行政区域年度保密工作情况。

第三十二条　保密行政管理部门依法对机关、单位执行保密法律法规的下列情况进行检查：

（一）保密工作责任制落实情况；

（二）保密制度建设情况；

（三）保密宣传教育培训情况；

（四）涉密人员管理情况；

（五）国家秘密确定、变更和解除情况；

（六）国家秘密载体管理情况；

（七）信息系统和信息设备保密管理情况；

（八）互联网使用保密管理情况；

（九）保密技术防护设施设备配备使用情况；

（十）涉密场所及保密要害部门、部位管理情况；

（十一）涉密会议、活动管理情况；

（十二）信息公开保密审查情况。

第三十三条　保密行政管理部门在保密检查过程中，发现有泄密隐患的，可以查阅有关材料、询问人员、记录情况；对有关设施、设备、文件资料等可以依法先行登记保存，必要时进行保密技术检测。有关机关、单位及其工作人员对保密检查应当予以配合。

保密行政管理部门实施检查后，应当出具检查意见，对需要整改的，应当明确整改内容和期限。

第三十四条　机关、单位发现国家秘密已经泄露或者可能泄露的，应当立即采取补救措施，并在24小时内向同级保密行政管理部门和上级主管部门报告。

地方各级保密行政管理部门接到泄密报告的，应当在24小时内逐级报至国家保密行政管理部门。

第三十五条　保密行政管理部门对公民举报、机关和单位报告、保密检查发现、有关部门移送的涉嫌泄露国家秘密的线索和案件，应当依法及时调查或者组织、督促有关机关、单位调查处理。调查工作结束后，认为有违反保密法律法规的事实，需要追究责任的，保密行政管理部门可以向有关机关、单位提出处理建议。有关机关、单位应当及时将处理结果书面告知同级保密行政管理部门。

第三十六条　保密行政管理部门收缴非法获取、持有的国家秘密载体，应当进行登记并出具清单，查清密级、数量、来源、扩散范围等，并采取相应的保密措施。

保密行政管理部门可以提请公安、工商行政管理等有关部门协助收缴非法获取、持有的国家秘密载体，有关部门应当予以配合。

第三十七条　国家保密行政管理部门或者省、自治区、直辖市保密行政管理部门应当依据保密法律法规和保密事项范围，对办理涉嫌泄露国家秘密案件的机关提出鉴定的事项是否属于国家秘密、属于何种密级作出鉴定。

保密行政管理部门受理鉴定申请后，应当自受理之日起30日内出具鉴定结论；不能按期出具鉴定结论的，经保密行政管理部门负责人批准，可以延长30日。

第三十八条　保密行政管理部门及其工作人员应当按照法定的职权和程序开展保密审查、保密检查和泄露国家秘密案件查处工作，做到科学、公正、严格、高效，不得利用职权谋取利益。

第五章　法律责任

第三十九条　机关、单位发生泄露国家秘密案件不按照规定报告或者未采取补救措施的，对直接负责的主管人员和其他直接责任人员依法给予处分。

第四十条　在保密检查或者泄露国家秘密案件查处中，有关机关、单位及其工作人员拒不配合，弄虚作假，隐匿、销毁证据，或者以其他方式逃避、妨碍保密检查或者泄露国家秘密案件查处的，对直接负责的主管人员和其他直接责任人员依法给予处分。

企业事业单位及其工作人员协助机关、单位逃避、妨碍保密检查或者泄露国家秘密案件查处的，由有关主管部门依法予以处罚。

第四十一条　经保密审查合格的企业事业单位违反保密管理规定的，由保密行政管理部门责令限期整改，逾期不改或者整改后仍不符合要求的，暂停涉密业务；情节严重的，停止涉密业务。

第四十二条　涉密信息系统未按照规定进行检测评估和审查而投入使用的，由保密行政管理部门责令改正，并建议有关机关、单位对直接负责的主管人员和其他直接责任人员依法给予处分。

第四十三条　机关、单位委托未经保密审查的单位从事涉密业务的，由有关机关、单位对直接负责的主管人员和其他直接责任人员依法给予处分。

未经保密审查的单位从事涉密业务的，由保密行政管理部门责令停止违法行为；有违法所得的，由工商行政管理部门没收违法所得。

第四十四条　保密行政管理部门未依法履行职责，或者滥用职权、玩忽职守、徇私舞弊的，对直接负责的主管人员和其他直接责任人员依法给予处分；构成犯罪的，依法追究刑事责任。

第六章　附　　则

第四十五条　本条例自2014年3月1日起施行。1990年4月25日国务院批准、1990年5月25日国家保密局发布的《中华人民共和国保守国家秘密法实施办法》同时废止。

主要参考文献

1. 松世勤编著：《文书学》，北京师范学院出版社 1990 年版。

2. 松世勤主编：《文书学基础》，中国人民大学出版社 1984 年版。

3. 赵映诚编著：《实用文书学》，兰州大学出版社 1997 年版。

4. 张清明编著：《文书学及实用公文》，武汉大学出版社 1984 年版。

5. 苗枫林：《中国公文学》，齐鲁书社 1988 年版。

6. 郭树银主编：《归档文件整理指南》，中国大百科全书出版社 2001 年版。

7. 王桂森、陈群力编著：《最新实用公文规范与写作》，山东人民出版社 2001 年版。

8. 王铭：《文书学理论与文书工作》，武汉大学出版社 1997 年版。

9. 梁毓阶主编：《机关文书与文书工作》，中国档案出版社 1994 年版。

10. 史玉峤主编：《现代文秘写作》，青岛出版社 1995 年版。

11. 朱佳林等编著：《机关文书学概论》，华中理工大学出版社 1984 年版。

12. 国家档案局编著：《电子文件归档与电子档案管理概论》，中国档案出版社 1999 年版。

13. 冯惠玲主编：《电子文件管理教程》，中国人民大学出版社 2001 年版。

14. 张勇、陈艺岚、袁三英：《实用文书写作》，中国人民大学出版社 2015 年版。

15. 纪如曼、王广宁：《文书处理与档案管理》，上海财经大学出版社 2015 年版。

16. 耿云巧、马俊霞：《应用文书写作》，人民邮电出版社 2015 年版。